走向成功的哲学

——从秦山—恰希玛到AP1000

耿其瑞　孙汉虹　程平东　编著

从秦山—恰希玛30万千瓦级压水堆机组的成功建设，到AP1000引领的非能动先进核电技术的持续发展，是我国核电从起步走向世界前列的一个缩影。作为我国核电主战场的一支重要方面军，上海核工程研究设计院在技术发展和管理策划的理念、方法与实践中都有丰富的积累。本书是核电长期开发过程中在管理领域的经验体会与思想结晶。全书共13章，涉及核电发展战略、安全、质量、经济以及工程项目管理等方面的一系列基本问题，不仅自成一个逻辑体系，而且可以清晰地由此看到历史的足迹。

本书适于从事核电工程策划、设计、建造工作的管理人员与技术人员阅读，也可为相关领域的研究人员提供参考。

图书在版编目（CIP）数据

走向成功的哲学：从秦山—恰希玛到 AP1000 / 耿其瑞，孙汉虹，程平东编著. —北京：中国电力出版社，2011.9

ISBN 978-7-5123-2161-8

Ⅰ. ①走…　Ⅱ. ①耿…　②孙…　③程…　Ⅲ. ①核电工业—中国　Ⅳ. ①F426.23

中国版本图书馆 CIP 数据核字（2011）第 197434 号

中国电力出版社出版、发行

（北京市东城区北京站西街19号　100005　http://www.cepp.sgcc.com.cn）

航远印刷有限公司印刷

各地新华书店经售

*

2012年1月第一版　2012年1月北京第一次印刷

710毫米×980毫米　16开本　15.125印张　206千字

印数 0001—3000册　定价 **38.00** 元

三哩岛，切尔诺贝利，福岛，

人类遭遇了三次核风暴的洗礼。

回味曾经的思考，

是苦？是辣？是酸？是甜？

结论仍然是：

科学，求实，向新的历史高度攀登。

作者

2011年3月

序

我国核电是从秦山一期起步的，至今已有40多年的历史。秦山一期以及她在友好邻邦的姐妹工程——巴基斯坦恰希玛工程，首开我国核电自主研发、自主设计、自主建造、自主运营直至自主出口的先河。秦山—恰希玛把一条具有中国特色的自主创新之路推到了历史的前台。AP1000让我们在引进国外先进核电技术基础上的再创新，跨上了一个新的历史高度。

从秦山—恰希玛到AP1000，上海核工程研究设计院在我国核电的成功之路上留下了值得骄傲的记录。我很愿意为手头的这本书作序。一部著作，能用作者在不同历史年代分散发表的文献，系统地构成一个体系去阐明核电发展的种种基本问题，是十分难得的。文献是历史的见证，文献有独特的内涵，文献揭示了作者在历史进程中不断思考的脉络。愿有兴趣的读者与我共享书中的精髓。

历史往往有惊人的相似之处。就在秦山一期的建设遭遇种种质疑的关键时刻，切尔诺贝利事故引发的核风暴席卷全球。25年后的今天，正当三门、海阳的AP1000项目排除万难、胜利潜行的时候，福岛事故引发的核风暴又一次席卷全球。秦山一期是暴风雨中的海燕。三门、海阳也将在暴风雨的洗礼后庆祝自己的新生。吃一堑，长一智。人类是在战胜灾难中开拓自己的发展空间的。中国核电的高效发展是站在人类共同利益的高度，把国际核能界的全部经验教训作为自己的宝贵财富，以确保核安全为基本前提的。从二代技术到三代技术，从能动安全到非能动安全，中国核电的发展之路是核安全水平不断走向高级、不断向顶峰攀登的道路。在中国核电人的心目中，这条道路没有终点，只有新的起点。这是中国核电人的历史观和价值追求。

中国核能行业协会理事长　张华祝

2011 年 4 月 5 日

前　言

从 20 世纪 70 年代至今，已 40 余年。其间，上海核工程研究设计院在核电开发领域撰写的管理类论文多达数百篇，即使是我们也多达数十篇。汇编相应的论文大全也许是有价值的，但是，在我们的脑海中，时常浮现的是从秦山—恰希玛 30 万千瓦级压水堆核电机组的成功建设，到 AP1000 引领的非能动先进核电技术的持续发展所构建的我国核电从起步到走向世界前列的一幕幕缩影。我们力图用具有典型性的原始文献，把这个描绘了过去与未来的缩影推到读者面前，以求共同探讨。这就是本书收录曾经通过不同渠道公开发表的 13 篇文稿的初衷。

13 篇文稿是基于上海核工程研究设计院长期从事核电开发在管理策划中的经验体会与思想结晶，涉及核电发展战略、安全、质量、经济以及工程项目管理等方面的一系列基本问题，自成一个逻辑体系，因此自然地构成了本书的 13 章。

在祖国大地上，秦山核电厂是一座历史的丰碑。它开拓的是一种发展模式，一条中国核电走向成功的可持续发展之路。本书第一章总结的 20 条经验勾勒了这种模式、这条道路的基本特征。恰希玛核电厂的实践，丰富和发展了“秦山之路”，在一个项目中同时实现了我国核电的两个历史性转变：从原型走向商用，从国内走向国外。第二、三章关于恰希玛项目的两篇专论，向世人昭示的不仅仅是一座核电厂的设计过程与建设成果，更多的是我国核电的安全思想、管理准则与创新理念，是中国核电人向世界核电大家庭、向全人类的承诺。在迈入 21 世纪以后，人类面临的环境问题、资源问题、社会发展问题给这种承诺赋予了特殊的价值。第四章论述的我国核电在新征程中的自主化发展战略，正是这种承诺的新载体。

在秦山—恰希玛开拓的发展模式中，管理与技术不是机械贴合的“两张皮”。管理统领技术，也融入技术。管理过程与技术流程并行不悖，既务虚，更务实。这样的管理哲学像一根红线把13篇文稿串成一个整体。安全思想的实现从管理准则的实施中获得保证，这是基本的前提。第五章至第七章把这个前提具体化了。质量保证从“符合型”向“实效型”转变，中心思想是管理运作防止形式主义、克服形式主义。核安全文化是全球性的、实践中的文化，质量文化是它的自然延伸。人品、人的素养，是把哲理化为现实的决定性因素。“献身的工作精神，求索的工作态度，严谨的工作方法，互助的工作习惯”，来源于核安全文化经典文献的要求，在我们的质量文化论述中融入了中国元素，使理念的内涵得到了扩展，演绎成可操作的管理工具。“设计分析”对于设计院保证自己的设计质量无疑是一个关键环节。在 13 篇文稿中列入与此相关的论题，主要意图不是对具体的管理环节展开讨论，而是作为一个案例，解析管理过程如何与技术流程相匹配，达到预期的管理目标。

经济评估在核电工程管理中的重要性是毋庸置疑的。经济评估中的似是而非和莫衷一是，常常给管理决策带来恼人的干扰。本书第八章至第十章引入的3篇文稿都产生在我国新一代核电如何选型的决策期。人们曾经对核电机组大型化如何影响建设单价——比投资产生迷惑，颇带戏剧性地刺激我们产生冲动去研究其中隐藏的规律。这种研究很自然地扩展到机组系列化建设对建设单价的影响，促使我们建立了系列化过程中计算建设单价随累计机组数增加而下降的通用表达式，使系列化建设的比投资定量评估也有了可以遵循的理论依据，同时解释了技术转型期可能出现的比投资“临界区”现象。在这些研究的基础上，影响核电机组比投资的规模效应与学习效应逐渐演绎成一个评估体系，并在AP1000平准化发电成本剖析中得到应用，论证了西屋公司预期的发电成本——从目标值要求的合理依据出发，闭环地回归到目标值实现的必要而可行的条件。

核电工程是按项目一个一个开发建设的。早在我国“九五”规划期间，我们就在国防科工委的推动下，针对先进核电厂开发的需求，开展了核电工程管理技术的研究。在研究逐渐深入以后，我们发现，管理技术的构架、开发、运作与评估都离不开一个施展“演技”的舞台——工程项目的管理模式。这种模式规定了“演员们”——业主与承包商——相互关系的格局。显然，舞台上的“唱”、“念”、“做”、“打”都是在这种格局下编排的。因此，在提交的研究成果报告中出现了一份计划外的、在后来看来却格外有价值的报告《核电工程项目管理模式研究》。这样的研究很快成为人们关注的焦点，并由此得到了系统性的、更为深入的开发，包括针对管理模式选择与评估的种种数学模型、数学方法的建立。收入本书第十一章的仅仅是研究报告中关于管理模式基本问题的界定，以及基于这种界定而提出的关于业主责任制、合同方式、组织体制、AE公司等方面的建议。这些建议的核心理念是模式的渐进过渡，从现实出发，随着条件的成熟，逐步优化。值得庆幸的是，这些建议经受住了实践的检验。在当时的研究中，我们已经注意到了在先进核电厂的开发中，非能动安全技术与模块化建造技术将会对核电工程项目的管理模式、管理技术产生深刻的影响，但是很不具体。第十二章收入“核电转型期的到来与简单化理念的实现”一文，弥补了当时的不足。

从“迈入21世纪的我国核电自主化”到“核电转型期的到来与简单化理念的实现”，两文之间的时间跨度整整10年。在这不平常的10年中，我国核电终于在秦山—恰希玛开辟的登顶之路上跨上了以非能动技术为标志的“第二台阶”。登顶的成功虽然仍有险阻，却已可望可及。在这里，我们再次回到核电发展的永恒主题——核安全。以AP1000为代表的非能动安全技术构筑了概率安全的新高地。在概率随处游荡的世界里，正如1977年诺贝尔化学奖得主伊利亚·普利高津所说，“未来不再由过去所确定，过去与未来之间的对称性被打破了”。我们不能陶醉于过去。在我们“立足于求实，致力于发展”的努力中，我们必须清醒地意识到，我们已经站在一个新起点上。这正是我们把第13篇文稿选为本书最后一章的缘由。

历史的足迹是厚重的，是令人自豪的，逻辑的力量可以超越历史的局限，催发对未来的憧憬。本书不是一部哲学文集，也不是一部核电发展史，却冠以带有“哲学”二字的书名，还加上了带有历史色彩的副题，是因为作者想要表达这样一个主题：历史造就了哲学的逻辑，哲学揭示了历史的内涵。本书在若干文献的篇首选用了一些哲人的名言，用意也是如此。

本书是在我国核电事业的肥沃土地上产生的，是由上海核工程研究设计院的集体经验、智慧和胆识酿成的。在此，我们谨向共同奋斗的战友们致以崇高的敬意。此外，我们也衷心感谢季之风、杨支娜、吴秋静女士以及刘正纶、沈文龙、窦一康先生为本书的编撰在信息汇集、编辑校订等方面提供的支持与帮助。本书很可能存在种种疏漏和不确切，恳请读者不吝指正。

作　者

2011 年 3 月

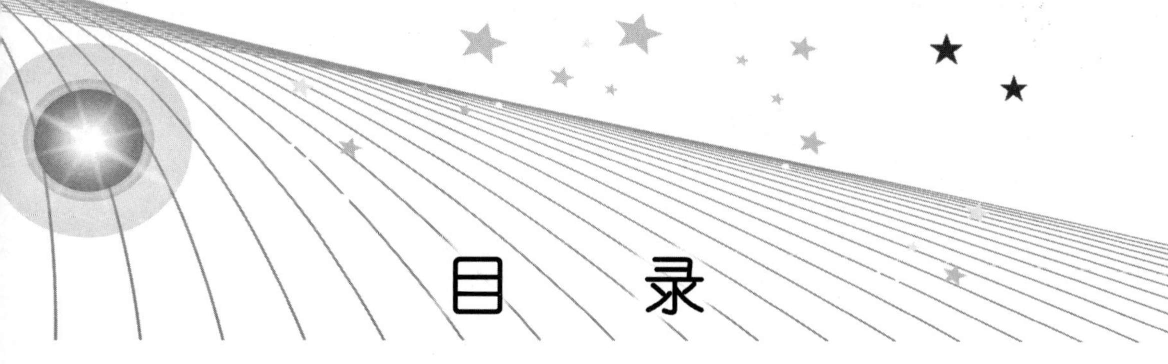

目　录

"认识的真正任务在于经过感觉而到达于思维，到达于逐步了解客观事物的内部矛盾，了解它的规律性，了解这一过程和那一过程间的内部联系，即到达于论理的认识。"

——毛泽东

第一章 核电技术从原型开发到商用开发的基本经验与可持续发展

作为本书的开篇，这里总结了核电技术从原型开发到商用开发并致力于建立可持续发展机制的20条基本经验。这些经验涉及秦山一期为什么能肩负商业运行的重任，恰希玛项目如何把我国核电技术送出国门，秦山三期等在建工程中如何为业主/主包商提供服务，百万千瓦级压水堆核电机组国产化开发如何坚持自主设计。产生于大量典型案例的20条经验覆盖了技术与管理、设计与科研、工程服务与运行支持等广泛的领域，包含着上海核工程研究设计院发展战略的两个基本构架，一个是关于市场开拓的，一个是关于管理体系的。两个构架相互依存，相互补充，形成一个整体。上海核工程研究设计院坚定不移地信赖和依靠国家主管机关和中核集团公司的领导，坚定不移地维护全局利益、整体利益，坚定不移地以企业的发展服务于国家的发展、集团公司的发展[1]。

---

[1] 2007年6月，遵循中央决策，上海核工程研究设计院整建制划归国家核电技术公司。——2010年12月，作者加注。

1 引言：历史的挑战

我国核电产业是从秦山一期工程起步的。在 1964 年 10 月和 1967 年 6 月我国成功地爆炸了第一颗原子弹和第一颗氢弹以后，周恩来总理又在 1970 年及时地作出了同意筹建核电厂的历史性决策。经过 21 年的曲折历程，伟大的决策再一次成为辉煌的现实，我们终于依靠自己的力量在 1991 年 12 月 15 日建成了第一座核电厂——30 万千瓦的秦山核电厂（秦山一期工程），结束了祖国大陆无核电的历史。

秦山核电厂建成并网发电仅 16 天，中国和巴基斯坦两国就签订了以秦山一期为基础建设巴基斯坦恰希玛核电厂的合同，并于 1992 年 2 月生效。恰希玛核电厂是我国第一座全套出口核电厂。上海核工程研究设计院作为设计总包院，承担了这座核电厂工程总体以及除常规岛以外的全部子项、系统、设备及厂房设计，并像秦山一期工程一样提供全方位全过程技术服务。恰希玛工程于 2000 年 6 月 13 日首次并网成功，同年 9 年 25 日移交巴方管理运行。恰希玛核电厂的建成，首次实现了我国核电从原型开发到商用开发的历史性转变，也是上海核工程研究设计院第二个具有里程碑意义的贡献。国际原子能机构（IAEA）认为恰希玛工程符合国际标准，运行安全可靠。朱镕基总理指出，恰希玛核电厂的建成，是中巴两国核电建设者聪明才智和辛勤劳动的结晶，恰希玛核电厂将作为两国人民传统友好关系的象征，作为发展中国家之间“南南合作”的成功典范载入史册。

在秦山一期自主设计建造和大亚湾成套引进设备之后，在秦山和大亚湾两种发展模式的基础上，我国从 1996 年 6 月开始，先后开工建设秦山二期、岭澳、田湾各 2 套压水堆机组和秦山三期 2 套重水堆机组。在这个一方面“铺摊子”、“上规模”，一方面探求我国核电未来发展思路和发展战略的特殊历史阶段，上海核工程研究设计院充分利用在秦山一期和恰希玛工程中形成的技术优势与积累的丰富经验，克服种种困难，积极为在建核电厂和运行核电厂提供各种形式的服务，特别是在我国第一座重水堆核电厂——秦山三期项目中为业主提供全面的技术支持，并首次按照国际上AE公司运行模式作为业主的代理和延伸，管理包括常规岛在内的大 BOP 工程。与此同时，上海核工程研究设计院还积极开展百万千瓦级压水堆核电厂的自主设计研究工作，既为筹建中的三门核电项目作前期准备，也为我国新一代压水堆核电机组的科研设计开发出谋划策。在这个特殊的历史阶段，上海核工程研究设计院全部活动的出发点是力求在我国核电发展的总框架内走出一条适合于上海核工程研究设计院继续发展的道路。

上海核工程研究设计院至今仍然是国内唯一一家从核蒸汽供应系统研究与开发开始，直至完成项目工艺设计、设备设计、工程设计，并经历制造、建造、运行验证，实现从原型堆到商用堆的转变，掌握核电完整技术的研究设计院。站在历史的高度总结我们的基本经验是我们的历史责任。我们深信，我国核电可持续发展机制的建立必将把上海核工程研究设计院重新引入生机勃勃的发展轨道，上海核工程研究设计院有理由、有能力也必定有机会为我国核电的进一步发展再作贡献。

2　作为原型堆的秦山一期为什么能肩负商业运行的重任

从 1991 年 12 月并网发电、1994 年 4 月开始商业运行以来，截至本文编撰时，秦山核电厂已经历 6 个燃料循环，10 年累计发电达 168.75 亿千瓦时（见表 1-1），并已进入第 7 循环。投运以来，没有发生 IAEA 制定的运行事件 8 级分类标准中 3 级以上（包括 3 级）的事件，三道安全屏障完整，流出物排放远低于国家规定的限值，未对周围环境产生可察觉的影响，世界核电营运者协会（WANO）10 项技术性能指标可望在 2005 年达到世界中值水平[1]。

[1] 第 7 燃料循环中，连续安全运行 443 天，创国内核电厂最佳运行业绩。2008～2009 年的第 10 循环又创 469 天的新高。2002 年，WANO 性能指标综合指数达 88，在统计的全球 257 个压水堆机组中排名 126 位，已居世界中值水平。2008 年 12 月，浙江省环保部门确认秦山核电厂外围环境放射性核素浓度与核电厂投产运行前为同一水平。截至 2010 年，放射性流出物排放和公众剂量远低于国家标准，空气中氚含量没有显示性环境影响。——2010 年 12 月，作者加注。

表 1-1　　秦山 30 万千瓦机组运行业绩❶

时间	运行状态	发电量（亿千瓦时）	负荷因子	能力因子
1991 年 10 月 31 日	首次临界			
1991 日 12 月 15 日	并网发电			
1992 年	试运行	5		
1993 年	试运行	17.4	66.28	65.5
1994 年	试运行/商业运行	17.79	67.71	71.5
1995 年	商业运行	22.18	84.41	86.8
1996 年	商业运行	22.25	84.44	81.9
1997 年	商业运行	20.11	76.55	81.3
1998 年	商业运行/大修	11.63	44.27	49.0
1999 年	大修/商业运行	7.32	27.94	27.8
2000 年	商业运行	20.35	77.2	76.8
2001 年	商业运行	24.72	94.05	93.92

作为原型反应堆设计与建造的秦山一期工程为什么能跻身世界商用核电厂的行列，肩负起商业运行的重任呢？本章仅从设计院承担的设计、科研、技术支持和管理服务等角度作一些分析与归纳。

2.1　优良的设计性能为商业运行奠定了基础

秦山一期虽然是原型堆，但是它的功率容量已具有商业规模，它的安全性与经济性指标、技术特征与综合性能，从设计一开始就参照国际上同类商用堆的要求[1,2]。秦山核电厂的研究设计始终坚持“安全、适用、经济、自力更生”的原则，在认真吸取与跟踪核电发达国家设计思想的基础上，通过工程总体、核岛和 35 个子项的设计以及 12 卷 109 册设计文件的编制，反应堆压力容器、堆内构件、蒸汽发生器、控制棒驱动机构、燃料组件等主设备和 290 项非标设备的设计以及 53 类 338 套 15196

❶ 2002～2010 年的运行业绩参阅文后新增附表 1-1。——2010 年 12 月，作者加注。

张设备图纸的绘制，近 500 项科研试验的完成，270 个计算机程序的研制开发和成功应用，10CFR、R.G.、ASME、ASTM、IEEE 等国外核电厂设计法规、导则、规范、标准的消化和应用以及由 2268 项技术标准、176 项管理标准、212 项工作标准组成的标准体系的建立、完善和实施，17 卷23 册 185 万字最终安全分析报告的编写和 2000 多个安全评审问题的解答，18 万人·日的各类现场服务，7091 份工程设计变更的处理，解决了大量技术难题，最终使电厂具有较大的安全裕量，较大的运行灵活性，总体水平达到了预期目标，为实现良好的商业运行业绩奠定了内在基础。

2.2 坚实的技术后援随时解决运行中出现的复杂问题

与国外原型电厂一样，秦山一期也出现过一些因经验不足而造成的问题。这并不奇怪，重要的是能否及时查出原因、解决问题[3]。1998～1999 年大修期间（见表 1-1）发现的吊篮故障是一个曾经引起国内外关注的典型事例。根据 ABB 的检查和有关专家的分析评定，认为吊篮筒体整体结构完整，有足够刚度；经过西屋公司采用秦山原设计 1:5 水力模型实测数据以及西屋 1:7 模型试验结果，并基于西屋丰富的经验，借助最先进的计算机程序进行检验和计算，证明秦山原方案的流场分布和流致振动与西屋设计的核电厂相比，并无不当。故障的根本原因是吊篮下部结构设计中连接件过多，结构复杂，部分紧固件强度不够，某些部位不适当地采用了点焊防松连接，在长期水流振动作用下，引起螺纹连接件防松失效，产生了松动件。针对故障原因，采取了相应的纠正措施，例如将吊篮底板以下的多级套筒结构改为整体结构，增大螺栓强度，将点焊防松改为机械锁紧等。通过一系列分析原因、寻求解决途径的实践活动，我们从机理上和经验上更加透彻、更加全面地掌握了吊篮设计技术。另一个典型事例可以追溯到秦山启动初期。当时，我们自己研制的堆芯核设计和燃料管理软件包预计的首炉堆芯临界硼浓度超出了验收准则，也曾引起不少领导和专家的关注。经过反复分析、论证，确定了调整个别核数据和栅元组件程序的方案，彻底解决了软件包中潜在的问题，使连续

6 次换料设计的全套启动参数和运行参数全面符合验收准则的要求。这套软件还成功地应用于恰希玛项目的设计，并转让给巴方。考察一下核电发达国家的程序体系，也都经历过开发—调整—成熟的发展过程，才从必然王国进入自由王国。有了这样的经验，我们进一步以国外非商用原型软件为基础，独立研制发展了具有先进水平的、适用于自主开发百万千瓦级核电厂的程序体系。这样的程序体系对我们来说，不是也不可能是不知其然也不知其所以然的“黑匣子”，因为技术诀窍在我们手上，产权是自己的。

实践证明，高技术特别是核心技术，不是拿钱就能买到的。秦山一期工程的锻炼，使我们掌握了包括整套关键技术和核心技术在内的一系列设计、分析、验证技术以及研究开发和运行服务技术，夯实了技术功底，因而能够在运行过程中及时有效地发现和解决各种复杂的技术问题，使秦山一期有足够的技术支持来长期维持商业运行的态势。

2.3 支持有计划的技术改造，保证安全与质量的持续改进

国外商用核电厂的大量经验表明，有计划地进行技术改造是确保核电厂安全与质量持续改进、实现长期稳定运行的主要手段。秦山核电厂在 1997～1999 年 3 年期间先后进行了 15 项技术改造，最近在 2001～2005 年第一个五年发展规划纲要中又提出了 20 余项重要技术改进，涉及核岛机械设备、常规岛与 BOP 机械设备以及电气仪表系统。上海核工程研究设计院作为主要技术供应单位，受业主委托编制汇总《秦山三十万千瓦核电机组技术改造项目可行性研究报告》，并通过单项总承包、设计承包、采购服务、现场服务等形式与其他技术供应单位协同动作，分工承担 50 余项具体任务。已经完成的压力容器水位计安装、正在收尾的辐照监督管改造、开始可行性研究的压力容器顶盖更换等都是其中有代表性的项目[1]。20 世纪 90 年代初，法国多座百万千瓦级压水堆核电厂压

[1] 2009 年 11 月 20 日，反应堆压力容器顶盖更换及相关部件改造通过了由中核集团公司、上海市核电办、上海核工程研究设计院等单位专家组成的验收组的验收。该项目在 2007 年第 10 次换料/大修期间完成。——2010 年 12 月，作者加注。

力容器顶盖与驱动机构焊接部位出现应力腐蚀裂纹，驱动机构管座材料与焊材都是世界普遍采用的 Inconel 600，此后，法马通在各核电厂有计划地分步实施顶盖更换，并用 Inconel 690 替代，其他国家也先后采取相应对策。秦山一期至今尚未出现应力腐蚀裂纹，为防患于未然，也决定迈步紧跟。此外，值得一提的是，在秦山一期设计开发与投运后的技术服务中已开始应用概率安全分析（PSA）。现在，秦山核电公司在推行 5 年技术改进规划的同时，又把一级 PSA 技术应用与严重事故管理作为重点任务列入改进安全管理行动规划。上海核工程研究设计院 PSA 专家参与联合开发，并在“现役核电厂应用技术研究”专题下，针对严重事故导则的制订，联合向国防科工委申报科研立项。规划中的改造与改进项目全部完成后，预计秦山核电厂的年平均能力因子将达 72%，负荷因子将从设计值 65%提高到 70%，非计划停堆次数将维持在不超过每堆年 1 次，WANO 10 项技术性能指标将全面提高。

2.4　配合默契的燃料管理服务使运行经济稳定增长

堆芯燃料管理是核电厂几十年寿期中周期性往复不断的工作。燃料管理优化将在确保核电厂安全运行的条件下帮助业主降低燃料循环成本和总的发电成本，使核电厂运行经济不断改善。秦山核电厂已经历 6 次换料。上海核工程研究设计院在历次换料中与业主配合默契，根据运行历史、业主要求搜索最佳方案，提供全套设计数据与运行指导数据，顺利通过安全评审。从第 4 循环开始，秦山核电厂的堆芯装载已引入局部低泄漏概念；从第 5 循环开始，换料富集度已从 3.0%有计划地提高到 3.4%。这些措施将使平均卸料燃耗达到 32500 兆瓦日每吨铀，额定工况下运行的预期循环长度超过 400EFPD，压力容器中子注量下降约 30%。进一步优化管理的策略研究正在进行。上海核工程研究设计院为加强技术支持的力度，一方面，把自主开发的先进的燃料管理程序用于秦山的换料设计，确保各项指标满足国际通行的验收准则，另一方面，继续开展与西屋公司的技术交流与合作，在再装载堆芯设计技术与安全评价技术、换料堆芯延长运行技术、堆芯运行跟踪与预测技术等方面吸取国外先进经验。可以预料，随着运行经验的积累和燃料性能的改善，秦山核电厂的燃料管理将逐步逼近国际先进水平，使运行经济得到稳定增长[4]。

2.5 及时的、科学的定期安全审查与寿命管理为长期可靠运行建立监控机制

根据核安全导则《运行核电厂的定期安全审查（送审稿）》的要求，我国核电厂实行以 10 年为周期的定期安全审查（PSR）制度。秦山核电厂已运行 10 年。10 年间，核电厂状况、安全标准以及技术和对应的基础科学、分析方法发生显著变化，安全部门、核电厂组织机构和人员构成也发生变化，运行经验、安全实践有新的发展，及时进行审查评价，确定必要和有价值的修改或改善才能保持核电厂安全运行的延续性。

目前，秦山核电厂的 PSR 工作正在积极开展，全面审查 11 项安全因素：核电厂的实际状况；安全分析及其他承诺的落实；设备合格鉴定；老化管理；安全性能；其他核电厂的经验和研究成果的利用；程序；组织和行政管理；人因问题；应急计划；环境影响。其中，核电厂的实际状况（设计部分）、安全分析及其他承诺的落实、设备合格鉴定、老化管理由上海核工程研究设计院分担。设备合格鉴定的审查涉及与安全有关的全部设备，覆盖设计、制造、建造、调试、运行各个阶段。老化管理的审查在 10 年审查评价中具有特殊的重要性。老化管理是核电厂寿命管理的组成部分和基础[5]。核电厂寿命管理是为实现预期的运行寿命服务的，也为超越设计寿命的延寿运行提供依据，是老化管理与经济策划的统一。所谓老化管理是指为了在可接受的限度内控制系统、构筑物和部件（SSCs）的老化、退化而采取的工程、运行及维修等方面的措施。我们在老化管理审查中按安全性、必要的安全裕度等原则，从所有 SSCs 中选定 13 项作为审查对象，并对其中的压力容器、蒸汽发生器、安全壳进行老化状态评估。上海核工程研究设计院在“九五”期间承担了国防科工委下达的“反应堆压力容器老化、寿命管理和预测方法研究”课题，探索了针对压水堆核电厂不可更换的关键设备——反应堆压力容器，进行

老化预测与寿命评估的方法，初步建立了分析程序系统，并在“十五”期间针对核电厂关键设备，从方法、工具、数据库、监测、管理等各个方面进一步开展“运行核电厂关键设备寿命评估和寿命管理技术研究”。这些超前的研究开发为上海核工程研究设计院投入秦山一期 10 年评估、协助业主有效实施寿命管理作好了必要的技术准备。

以定期安全审查与寿命管理为核心的监控机制的建立，使秦山核电厂在商业运行的轨道上走向成熟。秦山核电厂正满怀信心地迎接她的第 2 个、第 3 个甚至更多个 10 年[❶]。

3　恰希玛项目是如何把我国核电技术送出国门的

巴基斯坦恰希玛核电厂是以秦山核电厂为基础，经过改进设计的商用核电厂，已安全、高效地运行了约 450EFPD，即将在 2002 年年底进行首次换料。恰希玛项目掀开了我国核电技术出口的历史篇章。以恰希玛一期为基础，恰希玛二期的筹建又已进入中巴两国领导人的议事日程[❷]。中国的核电技术已在国门之外站稳脚跟，正在经受新的挑战。这种挑战来自不断更新的核安全法规，来自期望值越来越高的业主要求。我们敢于面对这些挑战，因为我们有足够的能力把自己开发的核电技术不断推向前进。

3.1　完整的自主知识产权为核电厂出口创造了先决条件

以秦山核电厂为基础，就是以完整的自主知识产权为基础。没有独立自主的知识产权，核电厂出口只能是一种良好的愿望，一句难以兑现的空话。秦山核电厂的建成被誉为“国之光荣”。光荣在哪里？光荣在她

❶ 秦山核电厂已安全运行近 20 年。第二次 PSR 预计在 2011 年启动，实施大纲现已由业主编制并向国家核安全局报批。秦山核电厂设计寿命为 30 年，第二次 PSR 将与电厂延寿有密切关系。——2010 年 12 月，作者加注。

❷ 2003 年 3 月 24 日，中国和巴基斯坦政府签订建造恰希玛二期（C-2）谅解备忘录。C-2 即将建成发电。2008 年 11 月 20 日，中巴又正式签署 C-3 与 C-4 核电项目总包合同。——2010 年 12 月，作者加注。

是中国人自己的创造，是名符其实的“中华牌”。秦山核电厂无法取代的历史地位不是别的，正是她用自己的形象向世人宣告：中国人拥有了自己的核电技术。把自己的技术送出国门是顺理成章的。恰希玛项目使我们获得了迈出这一步的机会。

上海核工程研究设计院在恰希玛项目中充分依靠和运用我们的自主权，认真贯彻核工业总公司提出的“安全、优质、效益、信誉”的方针，借鉴核电发达国家建设核电厂的成功经验，发挥设计总包单位的牵头作用，针对任务重、要求高、时间紧、资料缺的情况，紧紧抓住5个环节开展工作：一抓管理机制优化，推行项目管理，实现管理创新；二抓关键技术攻关，解决特殊厂址的特殊问题，实现设计创新；三抓规范标准与国际接轨，在总体技术与经济性能上瞄准20世纪90年代同类核电厂先进水平；四抓CAD应用和软件升级，显著提高设计效率和设计质量；五抓质量保证的实效性，创导安全文化与质量文化。自1992年合同生效后，在近8年的时间里，上海核工程研究设计院工程技术人员继承和发扬核工业的优良传统和作风，怀着为我国核电事业发展作贡献、为中巴传统友谊作贡献的使命感和责任感，认真处理好技术与管理的关系，以科学的管理推进设计；认真处理好科研与设计的关系，设计以科研为基础，科研紧扣关键的设计问题；认真处理好继承与创新的关系，在总结、借鉴和吸收秦山经验与成果的同时，积极推动技术创新与技术改进；认真处理好设计与现场的关系，在全力做好各项科研设计工作的同时，选派精兵强将，奔赴设备制造厂和工程建造现场，开展技术服务工作；认真处理好进度与质量的关系，始终把核电厂的安全放在首位，把完成恰希玛核电厂设计作为院的首要任务，严格履行国际合同。通过紧抓5个环节，认真处理5对关系，上海核工程研究设计院胜利完成了工程总平面设计、工程设计、核蒸汽供应系统设计、设备设计、现场技术服务、安全分析报告、技术转让和巴方技术人员培训及竣工图的制作等任务，在总公司的领导下，在各兄弟单位的大力协同下，成功地把我国核电技术送出了国门，登上了国际核电市场的大舞台。

3.2　不是简单的工程翻版，而是在秦山一期基础上进行再设计、再创新

恰希玛核电厂位于伊斯兰堡西南280公里，旁遮普平原柴尔沙漠的西北部。恰希玛厂址有两个基本特征：砂土地基，砂性沉积层厚度超过200米；地震烈度较高，设计基准地震加速度（SSE）达0.25*g*。这与秦山厂址地基基岩、SSE（约低50%）有很大差异。尤其是在砂土地基上建造核电厂，在国际上也属少见。核岛厂房总重量约20万吨，如果在砂土地基上产生过量倾斜性沉降，对于核电厂安全将是一个重大问题。厂址的特殊性决定了恰希玛项目不可能是秦山一期的工程翻版，必须再设计、再创新。为了减少不均匀沉降的影响，设计中把反应堆厂房、核辅助厂房、电气厂房和核燃料贮存厂房构成一个整体的核岛建筑群，坐落在同一个85米×87米方形底板上，反应堆厂房位于核岛中央位置，尽可能使核岛重心与底板几何中心重合，使底板受载均匀。施工建造过程中，定期监测沉降量。沉降稳定后实测沉降量51毫米，与计算预计值60毫米十分接近，不均匀沉降量仅3毫米，使恰希玛工程的土建结构设计全面满足安全要求。

针对厂址特点，恰希玛项目的核岛厂房布置、厂区总平面布置以及淡水冷却系统等都进行了重新设计。核岛厂房采用优化布置的模式，安全设施分别布置在厂房中两个集中的区域，利用土建结构墙，做到A、B两个通道的实体分隔，防止了共因故障危及核电厂安全。防火分区、防水淹措施，剂量分区基础图设计方法的应用，使核电厂事故防范的设计更趋完善。大件设备运输基础图设计方法的应用，为电厂施工、安装带来了方便。取消反应堆厂房顶部风机平台，把风机布置在+29.0米标高的安全壳内壁上，把反应堆厂房运行平台降低3.0米，安全壳顶标高降低4.5米等措施，进一步提高了安全壳的抗震性能。

为了确保恰希玛核电厂是一座“先进的、可靠的、安全的”核电厂，上海核工程研究设计院在设计中实施了12条安全原则[6]，它们是：利用足够的安全裕度，维护堆芯完整性；确保事故条件下保护系统具有良好

的特性和足够的能力；提高电厂固有安全性；保证足够的余热排出能力；进行充分的设计分析，确保反应堆冷却剂系统的完整性；改进人机接口，完善信息系统，保持控制能力；减少厂区内的辐射影响；减少正常运行对厂区外的影响；减少事故对厂区外的影响；减少外部事件和内部干扰的影响；提高安全系统的可靠性，保证对假想始发事件作出及时有效的响应；采取切实可行的设计措施，防止严重事故的发生。这 12 条安全原则中的许多方面与国际上 20 世纪 90 年代先进核电厂的开发要求是一致的[7,8]。需要强调的是，严重事故的预防和缓解是新一代核电厂提高安全水平的重点[9]，恰希玛项目不属于新一代核电厂的范畴，它的概率安全水平与新一代核电厂的目标存在差距，但是，它把防止严重事故的发生作为自己的安全原则，这就必然要求从整体上提高安全设计的水平。恰希玛核电厂的经验不但对于它自身是意义重大的，而且对于我们在此后的百万千瓦级机组设计开发中采取相应的安全对策具有重要的参考价值。

为了应对严重事故，恰希玛项目采取了 14 项设计措施，它们是：安全壳底板厚度由 3.0 米增至 4.5 米，延迟底板熔穿时间；设置安全壳宽、窄两种量程压力仪表；设置安全壳宽量程辐射监测仪表；增设压力容器水位测量系统，监测失水事故后堆芯裸露程度；设置对付预期不能停堆瞬态事故的“事故缓解动作（AMSAC）系统”；设置蒸汽发生器管破裂（SGTR）监测装置、N-16 检测仪、蒸汽发生器排污放射性监测仪、凝汽器抽气放射性监测仪；增设核电厂启、停堆给水系统，使应急给水系统作为专一的安全设施；在两序列应急给水系统中各设置一台电动应急给水泵和柴油机驱动应急给水泵，提高安全性和可靠性，降低诱发严重事故的概率；设备冷却水系统两序列各设置两台 100%容量设冷泵，增加系统可靠性，减少因丧失电厂热阱引起严重事故的可能；在堆腔内增设高温监测仪表，提供压力容器熔穿监测指示；二回路主蒸汽管大气排放系统两路管线上各增设一台备用大气排放阀，提高二次侧排出堆芯余热的可靠性，降低严重事故概率；设置第 3 台应急柴油发电机，作为“全厂断电”下的应急供电设施，减少导致严重事故的可能；主控室考虑人因工程；设置技术支援中心；设置应急控制中心。所有这些措施，使恰希玛核电厂的安全设计达到 20 世纪 90 年代同类核电厂的先进水平。

由于核电厂的特殊性，核电厂各种关键设备的设计有很大难度，国际上只有少数国家有自己的设计许可证与知识产权。恰希玛核电厂大部分设备由我国自主设计、自主制造，少量由国外供货。在设计建造过程中，由于西方工业国家对巴基斯坦实行核电设备禁运，致使部分关键设备订货无法落实。为了保证工程的顺利进行，上海核工程研究设计院工程技术人员展开了设备科研攻关，在项目公司的组织领导下，在制造厂商的配合下，联合研制成功堆内测量系统、堆外核测系统、1E 级仪表控制系统、核电厂计算机系统、核电厂全范围培训模拟机系统、N-16 测量系统以及硼浓度仪等。这些系统在总体上达到国际同类产品的水平。通过恰希玛工程，我国 30 万千瓦压水堆核电机组的国产化比率从秦山一期的 70%提高到 80%，我国自主设计制造核电设备的能力全面提高。

3.3　与国际规范接轨，与现代设计理念接轨

由于历史条件的限制，秦山核电厂的设计虽然已能应用一部分先进的国外标准，设计与建造过程中虽然不断得到国际原子能机构的帮助与支持，上海核工程研究设计院与兄弟单位联合攻关，也解决了不少设备设计与系统设计以及材料与设备考核和评价的标准问题，但从整体上看，标准体系和审评体系尚处于形成过程中，工程应用的经验尚处于积累初期。恰希玛核电厂的设计在标准体系和审评体系上有较大的突破与提高，已全面采用、严格执行我国、美国和国际原子能机构的有关法规、规范和标准，使核电厂的核安全满足我国 1991 年核安全法规的要求。国外标准规范涉及：人员和环境放射性剂量防护设计遵照国际辐射防护委员会（ICRP）的相关标准和国际原子能机构 0 版本的安全要求；核岛系统和安全有关的机械设备设计采用美国联邦法规（10CFR）、美国核管会管理

导则（NRC/R.G.）、美国核学会（ANS）标准、美国国家标准学会（ANSI）标准和美国机械工程师学会（ASME）的锅炉与压力容器规范；与安全有关的电气与仪表系统和设备设计采用美国电气与电子工程师学会（IEEE）和国际电工委员会（IEC）的相关标准；土建结构设计采用美国混凝土学会（ACI）、美国钢结构协会（AISC）和美国土木工程师学会（ASCE）的相关标准；核岛和常规岛重要设备材料选用与检验等按照美国材料和试验学会（ASTM）和美国机械工程师学会的相关标准；安全分析报告的编写格式采用美国核管会管理导则 R.G.1.70，安全分析报告的审评要求采用美国标准审查大纲 SRP（NUREG 0800）。这些标准规范代表了国际核电发展的方向，具有先进性、通用性和很强的操作性，构成一个完整自洽的体系。根据核电厂建设的国际惯例，恰希玛项目经历方案设计、初步设计、初步安全分析报告编制与安全审评、建造许可证发放、施工设计、最终安全分析报告编制和安全审评、运行许可证发放，整个过程自始至终遵循中巴两国法律、法规和国际规范。国际原子能机构对初步设计进行全面审查后就在它的总体评价中预言：恰希玛核电厂将是先进的、可靠的、安全的核电厂。

恰希玛核电厂的设计基于经过验证的满足安全审评要求的传统技术，并广泛吸取与采用经过验证的满足安全审评要求的先进技术，与现代设计理念接轨。这主要包括 8 个方面：①在国际上较早、在国内首次应用 PSA 技术发现设计薄弱环节，改进和平衡各安全系统的设计；②在国际上较早、在国内首次采用 LBB 技术及配套的仪表控制监测与报警技术，降低反应堆冷却剂系统布置的复杂性，减少阻尼器的使用数量；③完全满足 NUREG 0700 人因工程原则以及 IEC964 等导则与标准，使主控室设计在模拟与数字化仪表混合控制条件下达到高水平；④广泛采用数字化 1E 级与 N1E 级控制仪表，提高自诊断能力，并在报警系统中采用报警抑制技术，减少无效报警；⑤为攻克砂土地基上建造核电厂的难题，采用核岛厂房整体筏基技术；⑥采用 URD 推荐的单堆布置原则，使整个厂房布置合理、简单，体现了国际发展潮流；⑦继续遵循秦山—

期堆芯低功率密度的设计思想，使堆芯热工裕量留有满足 URD 要求的潜力；⑧积极采取一系列应对严重事故的对策，现实地保持预防措施与缓解措施之间的平衡。

高质量的设计产生于高质量的设计管理。设计管理的目的是保证设计目标的实现。在恰希玛核电厂的设计中，上海核工程研究设计院领先于国内核电企业和兄弟院所，首次在“安全文化”、“质量文化”的框架内对设计实施管理[10]。我们制订和发布了《质量文化手册》，建立和推行 12 条管理准则[6]，它们是：①设计院的决策层对设计的安全和质量负全责；②个人负责与协同管理相结合的管理体制；③充分认识个人行为的重要性，明确提出对人员个体素质的要求；④在设计的全过程中开展质量保证活动，创导实效型质保；⑤在设计中确保采用已被证明有效的工艺；⑥基于安全等级和质保等级，实施分级的管理控制；⑦加强过程控制的计划性和针对性；⑧坚持验证的独立性；⑨程序化、文件化的管理；⑩以质量为中心，实现质量、进度和效益的辩证统一；⑪重视经验反馈；⑫建立自我完善机制，为持续改进不断注入新的活力。这 12 条准则是一个有机的整体，是在一个有效运行的质量保证体系中实施的。这 12 条准则不是僵死的教条，而是上海核工程研究设计院长期实践的产物，必然会在进一步实践中继续发展。

3.4　设计总包与工程总包密切配合，开拓适合国情的项目管理模式

恰希玛核电工程的建设由中国核工业集团公司授权中国中原对外工程公司实行设计—采购—建造总承包（EPC 总承包），履行项目主合同的各项条款。上海核工程研究设计院作为这一总承包模式中的设计总包商，在分包设计院的协同下对整个工程的设计负责。工程的设备采购、土建与安装、调试与试运行和临时验收分别由上海核电器材公司、中原核电建设公司、秦山核电厂负责。由此建立的项目管理模式是我国处于社会主义计划经济向社会主义市场经济转轨的特殊历史时期的产物，是符合我国国情的。与秦山一期一样，恰希玛工程的项目管理完全遵循我

国核电自主发展的原则。但是，相对于秦山一期工程以行政指挥为主的管理模式，恰希玛工程已经引入现代项目管理的理念和方法，迈出了专业化管理的步伐，在工程质量、进度和投资三大控制以及合同管理、接口管理、风险管理、跨国采购等方面积累了宝贵的经验。恰希玛工程是成功的，恰希玛工程的项目管理也是成功的，它为恰希玛工程的顺利建成在管理上提供了保证。

设计在工程全过程中的牵头作用要求作为设计总包商的上海核工程研究设计院与作为整个工程总包商的中原对外工程公司密切配合。上海核工程研究设计院及时提供了用于设备制造/采购、施工建造的全部设计文件，并为确保工程质量、进度和投资三大控制的有效性承担现场技术服务[11]。早在土建施工初期，上海核工程研究设计院就组建了现场经理部，以后则根据工程阶段和工作重点的变化，适时调整经理部组成人员。在 1993～1995 年土建高峰期，由负责土建设计的项目主任担任现场经理，服务人员则以土建专业的设计人员为主。1996 年，现场转入以安装为主的阶段，就由负责工艺设计、设备设计的项目主任担任现场经理，服务人员也转为以工艺、电气仪控专业的设计人员为主。为保证现场服务的质量，派出的设计代表都是有一定设计经验和工程实践经验且能独立处理问题的人员。为了增强我们队伍的新生力量，也适当安排了部分年轻技术人员在现场服务中锻炼提高。现场经理部主要从 5 个方面做好现场服务工作：①组织各工种专业人员向土建、安装公司和项目公司进行技术交底，解释设计图纸和文件的设计意图；②根据土建、安装进展情况，组织设计复查，把设计差错消除在施工前；③及时处理施工中出现的设计问题和相关技术问题；④按原设计程序，及时处理设计补充和设计变更；⑤组织信息反馈，为持续改进质量提供依据。

在恰希玛核电厂建设过程中，除承担设计、现场技术服务外，应中原公司现场项目管理的需要，上海核工程研究设计院还派出 60 多名设计人员到公司的设计管理、施工、调试、质保、资料中心等部门担任部门经理等管理职务，并派出大批设计人员参与器材公司的采购工作，负责技术协调及设备监造和验收工作。

上海核工程研究设计院的现场技术服务和项目管理服务，不仅有力地保证了恰希玛工程的顺利进展，也为上海核工程研究设计院在此后的秦山三期重水堆核电工程中按AE公司的管理模式承担大BOP建造管理培养了干部、积累了经验，为开拓具有中国特色的现代项目管理模式准备了条件。

3.5　不仅是交钥匙，而且是EPC总承包向两端延伸

恰希玛项目的总承包/交钥匙管理模式是符合国际惯例的，是成功的。它的成功不仅取决于管理模式自身的运作，还来源于合同前的战略性研究与策划，这主要包括两个方面：一是站在有利于巴方实现核电国产化的高度，帮助业主从重水堆、压水堆的比较中确定压水堆的技术路线，从60万千瓦与30万千瓦的比较中选择切实可行的30万千瓦方案；二是站在有利于确保合同项目成功并有利于后续发展的高度，帮助业主在充分掌握厂址情况的基础上做好现场规划。实践已经证明，从引进具有中国产权的30万千瓦压水堆机组起步，对于实现巴基斯坦的核电国产化计划无论在政治上、还是技术上都是正确的战略决策。这就为中巴双方在核电领域长期合作奠定了基石。恰希玛核电厂厂址平坦开阔，上海核工程研究设计院在规划中根据已有厂址条件预留了扩建另一座30万千瓦机组的场地，并在设计中采用单堆核岛的厂房布置方案，每个核岛采用相同的设备、相同的布置方向，既保证了单堆设计的合理性，又为双堆的优化配置预先准备了条件。最近，中巴双方继续合作建设恰希玛二期的意向已经形成，各项筹备工作已经展开，早期战略性研究与策划的预见性正在变成新的现实❶。

❶ 恰希玛核电站二期（C-2）建造进展顺利，已于2010年12月22日开始装料，2011年3月14日实现首次并网。在2008年11月，中巴签署C-3、C-4核电项目总包合同后，2011年3月4日C-3反应堆厂房基础浇筑第一罐混凝土，标志着C-3主体工程建设全面启动。——2010年12月，作者加注，2011年3月增补。

帮助业主做好战略策划、确定技术路线、开展厂址选择与评价、进行可行性研究等是设计—采购—建造总承包（EPC 总承包）向前端延伸的主要方面。这种延伸是符合业主利益的，是受业主欢迎的。提供运行服务和运行后的各种技术支持是 EPC 总承包向后端延伸的主要方面。这种延伸同样是符合业主利益的，是受业主欢迎的。在恰希玛工程投产移交后，上海核工程研究设计院将履行主合同关于设备担保期的有关义务（其中压力容器、蒸汽发生器、主管道等主要设备的担保期为 42 个月，一般设备与土建钢结构分别为 24 个月和 12 个月），为 5 年备品备件合同的执行提供技术支持（包括确定供货范围、制订技术条件、处理不符合项等），配合电厂全寿期燃料供货承担全寿期换料技术服务，配合总包商关于整个核电厂全寿期技术服务的承诺按合同提供运行技术支持，包括运行安全评估、设备运行评估和维修、换料检修、核电厂技术改造、疑难技术问题的专家咨询等。所有这些服务与支持，使业主感到安心、放心、有信心。作为设计总包的承担者，作为 EPC 功能前后延伸的主要载体，上海核工程研究设计院也使工程总承包商有了可靠的依托。

上海核工程研究设计院技术专家正在认真研究恰希玛一期的运行反馈，正在进一步总结一系列核电项目的工程经验，正在深入分析最新核安全法规和核安全理念对核电厂设计的新要求。我们深信，当我国核电技术再次走出国门的时候，必将在我国核电发展史上再建一座丰碑。

4 秦山三期等在建工程的新考验让我们学会了什么

秦山二期、秦山三期、岭澳、连云港 4 座核电厂 8 台机组是我国在“九五”期间先后开工的项目[1]。秦山二期与岭澳的一号机组已经并网发电，其余 6 台机组也将陆续建成。在同一个历史时期同一个国度，按各

[1] 参阅程平东、孙汉虹主编的《核电工程项目管理》一书（2006 年 11 月第一版，2009 年 7 月第二次印刷，中国电力出版社）。——2010 年 12 月，作者加注。

种不同的模式建设不同堆型、不同品牌的多座核电厂，无疑是一个难得的历史机遇[12]。面对这个机遇，上海核工程研究设计院未能在秦山二期、岭澳、田湾三个压水堆核电项目中担当任何重要角色，一系列前所未有的重大课题立即严峻地摆到了全院员工的面前：如何尽快熟悉我们不熟悉的重水堆核电技术，做好秦山三期 2×70 万千瓦 CANDU 机组建造的技术后援；如何调整心态当好配角，力争为其他 3 座在建核电厂多做工作；如何在困难的条件下不使长期培育的压水堆技术萎缩；如何重新进入我国核电发展的主战场；如何在我国核电发展战略的总框架中建立上海核工程研究设计院可持续发展机制；如此等等。上海核工程研究设计院是在困难中诞生、曲折中成长的。我们从不怨天尤人、消极颓丧，我们客观地、冷静地总结经验、吸取教训，坚定地、主动地、积极乐观地依靠集团公司的领导、兄弟单位的支持，开始了新的学习、新的探索、新的征程。

4.1 让技术与人才走向市场，让市场促进院的发展

市场不是一个僵化的概念、僵死的对象。需求的多样性和机会的流动性是市场的本性。4 座在建核电厂、2 座运行核电厂与 1 座出口核电厂以及其他核与非核工程，对于一个规模不大、人数不多的研究设计院已经是一个巨大的市场。不因大而惧之，不因小而弃之，这里需要的是胆略和智慧。

在 4 座在建核电厂中，上海核工程研究设计院首先按照所承担的义务全方位多层次满足秦山三期的需要，动用了 200 多个人·月，配合业主参加合同谈判；组建了多达 80 余人的 CMT 公司，向业主承包 BOP（包括常规岛和电厂辅助设施及公共服务设施）的建造管理；组建了秦山三期技术后援现场经理部，与院本部各专业室相互配合，共同为业主提供全面的技术支持；应业主要求向核电公司设计管理处、设备管理处、质量保证处等部门派员 10 多人参与项目管理、设备监造、质量控制等工作，并先后借出 30 余人参加调试队；应总包商加拿大原子能有限公司

（AECL）的要求，派出 10 多名年轻骨干参与工程质保和技术管理工作。秦山二期是我国自主设计与建造的第一座 60 万千瓦级商用核电厂，对开拓我国大型核电厂产业体系具有重要意义。上海核工程研究设计院派出了 23 名专家到业主的工程管理处、设备材料管理处、调试队等部门参加工作，负责核一级设备的监造、检验和主要核级泵与阀门的监造验收，并在调试和施工管理中起骨干作用。在田湾项目中，上海核工程研究设计院也与业主建立了良好的合作关系，派出近 40 名专家到设备采购、工程管理、调试等部门，提供管理上的技术支持，负责俄罗斯制造核级设备及燃料组件的监造工作。对于岭澳工程，上海核工程研究设计院在 2000 年年底前的三年中，派出约 20 名技术骨干，为承接核岛安装的核工业 23 公司提供多工种现场深化设计服务。

上海核工程研究设计院在 4 座在建核电工程中投入的总人力共 303 人。所有外协人员都经业主或总包商、分包商严格挑选，都是他们在关键技术或管理岗位紧缺的人才。市场的法则就是这样：它需要你，你才有用武之地，不存在怜悯和施舍。我们的专家与骨干经过两个核电工程的实践，技术娴熟，经验丰富，能打硬仗，爱岗敬业，是上海核工程研究设计院在各个专业、各个领域的顶梁柱。把技术与人才如此分散地放出去，是要承担巨大风险的。我们认真分析了这种风险，认真采取一系列积极的对策，做到放得出去，收得回来，变风险为机遇。几年来的实际情况已经表明，我们的技术与人才为 4 座在建核电厂作出了巨大贡献，4 座在建核电厂也成了我们培养各方面人才特别是技术与管理复合型人才的特殊战场。当外协的骨干特别是年轻骨干重新返院的时候，上海核工程研究设计院又在新的高度上获得了发展的活力。

如本文前几节曾经提到的那样，上海核工程研究设计院在为 4 座在建核电厂提供服务的同时，还为秦山一期、恰希玛等运行核电厂提供各种类型的技术支持。此外，我们还努力与大亚湾核电厂建立联系，提供专项技术服务；我们还投入大量人力总包特种反应堆工程设计，承接兄弟单位高温气冷堆、快堆、特种同位素生产技术等科研设计项目的分包任务；我们继续在非核民用工程与建筑市场发挥既有的优势，不断拓展业务范围；当然，如本文以后几节将要着重讨论的那样，我们也在不懈地为我国新一代核电技术的预研开发和“十五”、“十一五”潜在的新建核电项目积极工作。我们对市场的作动越深越广，市场对我们的反作动也越深越广。上海核工程研究设计院正在经历一场大转变，这场转变的实质是把上海核工程研究设计院从功能相对单一的核电研究设计院改造成为以核电为主业的具有综合功能的工程公司型的高科技企业❶。

4.2　为业主抓好设计审查，最大限度地维护业主权益

秦山三期是一个进口项目，这与田湾、岭澳是类似的。按《秦山三期核电技术后援服务合同》的要求，上海核工程研究设计院秦山三期技术后援现场经理部的基本任务是协助业主审查总包商 AECL 及其分包商 Bechtel 的设计，处理业主与承包商之间的来往信函，处理工程建造和设备制造、验收、安装过程中发生的技术问题，为安全评审提供技术支持，参加调试准备，协调管理分包单位华东电力设计院的技术后缓工作以及完成业主委托的其他支持性技术工作[13]。其中，设计审查是核心工作，也是涉及业主权益的关键环节。这是因为：作为总承包交钥匙工程，秦山三期的合同价是固定价，必须警惕与防止外商为节约投资而采用低标准的设计方案。按主合同要求，总包商 AECL 按概念设计和详细设计两个阶段向业主提交设计文件，业主按两个阶段进行设计审查。业主在设计审查中遵循以下原则：按合同规定的规范和标准进行审查，按合同规定的合同电厂的技术描述与供货范围进行审查，按合同电厂整体功能、质量和性能至少不低于参考电厂的标准进行审查，确保满足工程的安全性、可运行性、可维修性及性能要求。长达 3 年多的设计审查，评审了设计图纸 20000 余张，设计导则、设计要求、设计手册、技术规格书、

❶ 这导致上海核工程研究设计院在 2005 年 1 月成立国内首批核电工程公司之一——中核东方工程有限公司。这一实体在上海核工程研究设计院转入国家核电技术公司后，从 2007 年 10 月开始，独立发展为国核工程有限公司。——2010 年 12 月，作者加注。

分析报告、程序说明等各种设计文件1300余册，编写评审单约2300份，提出问题单2000余份，把住了设计质量关，为适合我国法规要求和秦山现场条件正确处理了一批设计变更，也及时处理了各种设计接口问题。设计审查增强了业主对合同电厂的信心，也通过发现问题明确了业主在规范、标准、安全原理与准则，安全分析方法与PSA应用，安全系统可靠性，计算机控制可靠性，设计变更合理性与完整性，调试、运行以及老化管理，寿命管理，信息管理等方面应注意加强控制的重点，为长期确保满足工程的安全性、可运行性、可维修性及性能要求提供了具体的依据。设计审查培养形成了一支熟悉重水堆核电技术的专业队伍，对合同电厂今后的生产运行、维护管理和技术改进具有长远的意义。

秦山三期设计审查的主要经验可归结为：设计审查要有一支基本队伍，在这支基本队伍中，现场经理部的派出人员与院本部的支持人员要密切配合，各学科、各专业要有有经验的技术人员主管；设计审查的任务要层层落实，按规定的管理程序形成评审意见；每个问题要有问题单和回答单，直到中外双方意见一致；设计审查的信函要及时处理、及时统计，确保审查方与被审查方的信息传递无疏漏、无脱节；每一项设计变更都要有专题技术总结，给出明确的评价与结论；整个设计审查要有全面总结，并对将来的电厂营运提出必要的建议。

辩证法是无情的，也是公正的。当上海核工程研究设计院承接秦山三期各项任务的时候，我们必须把相当一部分技术力量从熟悉的压水堆核电领域转移到生疏的重水堆核电领域，我们必须从头学起，必须边学习边挑重担，否则就不能胜任复杂的技术工作，就不能有效维护业主的权益。当我们深入重水堆核电技术的时候，我们发现，长期积累的压水堆工程经验有助于我们理解两者的异同，有助于发现问题和解决问题，使我们的认识水平从两种技术的交叉中得到了新的飞跃。当我们走过了艰难的历程准备迎接秦山三期建成发电的时候，我们可以自豪地宣称，上海核工程研究设计院已经成为同时掌握压水堆和重水堆两类核电技术的设计院，上海核工程研究设计院的市场前景更加宽广了。

4.3 推动项目管理专业化，在实践中积累 AE 运作经验

在秦山三期项目中，总包商 AECL 负责总体项目管理以及核岛 NSP 的建造管理，BOP 的建造管理则由业主秦山第三核电公司委托上海核工程研究设计院 CMT 公司承担，AECL 负责 NSP 建造管理与 BOP 之间的接口[14]。BOP 的管理范围覆盖了除核岛以外的所有施工工作包，主要包括常规岛汽轮发电机系统、海水循环系统、输变电系统、取排水口、应急柴油机厂房以及电厂辅助设施和服务设施。

CMT 是上海核工程研究设计院派出的独立运作的项目管理机构。CMT 依托上海核工程研究设计院丰富的人才资源和技术资源，充分利用上海核工程研究设计院秦山一期和恰希玛项目的设计与现场服务经验。在实际运作中，CMT 还通过与美国 Bechtel 公司的合作，向国际工程咨询/承包公司（AE 公司）的运行模式靠拢，对秦山三期 BOP 建造实施质量、进度、投资三大控制，特别是充分发挥设计经验的优势，对现场设计变更、施工质量进行严格的监督与控制。CMT 参照 AECL 的管理程序，制订了一整套适合于国内施工承包商具体情况的工程管理程序。工程管理程序共 112 个，全部管理活动严格按程序办事。CMT 的质量保证大纲每年进行一次评审，大纲与 112 个程序随工程进展和组织机构的变化不断修订升版，每次修订升版都以加拿大 CSA N286.3 现场建造管理标准为指导，并得到 AECL 现场管理机构的认可，也得到业主的认可。CMT 引进了国际上工程公司通用的 P3 软件，用先进的工具与方法进行管理与控制。P3 的引进为应用赢得值原理及配套的工具控制费用与进度打下了良好的基础。通过几年的实践，CMT 培养了一批现代工程项目管理人才。CMT 虽然只是负责核电厂工程的局部，但在功能上已十分接近独立的 AE 公司，已具备专业化项目管理的能力，可以提供国际型的现代管理服务。

长时期来，在我国核电领域，AE 公司一直是空白，在需要引入 AE 公司来改善工程项目管理的时候，我们不得不花高价从国外聘请。因此，

发展我国核电 AE 公司已成为我国核电界的迫切课题[15]。AE 公司的各类活动主要归属软件范畴。从比较完整的意义上考察，AE 公司可为业主或总包商/主包商协调 EPC（设计、采购、建造）各承包商的工作，也可为业主或总包商/主包商提供包括三大控制在内的技术与管理服务和其他咨询服务，硬件工作如设备制造和土建安装则分包给相关供货商和施工、建造单位。但是，AE 公司不是虚设的“皮包公司”，也不是变相的“行政公司”，更不是拿钱的“抽头公司”。AE 公司是 AE 业务专业化和产业化的客观需要和必然产物。在我国的现实条件下，核电 AE 公司的发展可分两步走。在当前，在条件具备的核电设计院内逐步建立比较完善的 AE 功能，承担核电项目的 AE 服务。在条件成熟以后，以这样的核电设计院为基础，从相关的管理机构及核电厂业主单位吸收适量专业技术和管理人员（主要是采购管理人员、经济分析与投资控制人员），正式组建 AE 公司。上海核工程研究设计院在秦山一期、恰希玛项目中积累的设计与现场服务经验，在 4 座在建核电厂和各运行核电厂中提供各类服务的经验，特别是为秦山三期提供技术后援和 BOP 建造管理的经验，已使上海核工程研究设计院具备了比较完全的 AE 功能，因此，上海核工程研究设计院已有条件转变为比较完整意义上的 AE 公司，为我国核电 AE 业的发展作出积极的贡献❶。

4.4 掌握现代管理技术，全面增强工程服务能力

为适应上海核工程研究设计院从功能相对单一的核电研究设计院向具有综合功能的 AE 公司型科技企业转变的需要，我们利用为 4 座在建核电厂提供服务的机遇，通过国防科工委立项，开展了现代核电管理技术的研究，包括核电厂建设项目管理技术研究以及核电厂信息管理系统（IMS）技术研究。在核电厂建设项目管理技术研究中，总结了我国核电建设项目的新经验，吸取了国内外管理领域的新思想、新理念，坚

❶ 参阅 4.1 节注❶。——2010 年 12 月，作者加注。

持实用性、可操作性和通用性原则，提出了适合我国国情的核电工程项目管理模式以及配套的管理技术、管理方法、管理程序，规划了这些模式、技术、方法和程序在三门核电厂等筹建项目中的应用。在 IMS 技术研究中，以美国核电业主要求文件 URD 的相关要求为指导，构建了适用于核电厂广义全寿期的 IMS 框架，设计了相应的技术数据库，开发了适用于核电厂设计的原型分系统 DIMS。最终完成的 IMS 将既是设计工具，又是建造工具和运行工具。

DIMS 已在上海核工程研究设计院投入运行。上海核工程研究设计院在恰希玛项目中就已建立规范的程序化管理体系。DIMS 的投入运行使上海核工程研究设计院的核电设计管理迈入了程序化管理与信息化管理相结合的新阶段。已经建立并有效运行的管理程序体系构成设计信息管理系统 DIMS 的基准程序体系，DIMS 的建立与运行则反作用于已经建立和运行的管理程序体系，推动体系不断改进与完善，使体系更趋自洽与完备。自觉地把握两者之间的这种辩证关系是在管理领域应用信息技术的正确途径。两者相互脱节、“两张皮”的态度与做法必然使信息技术的应用流于形式，归于失败，也必然使已经建立的程序化管理机制僵化、老化、退化，失去本来的积极意义。上海核工程研究设计院新任领导基于这种规律性的认识，加强了行政引导的力度，采取了切实的措施。可以相信，经过艰巨的持久的努力，一定会收到显著的成效。

管理是一个永恒的主题，无所不在的主题，也是一个与时俱进、不断发展的主题。企业兴衰成败从根本上说取决于管理。上海核工程研究设计院能否顺利地渡过转型期，能否更多更好地为我国核电事业服务，能否稳步地建立符合国情、院情的可持续发展机制，从根本上说取决于管理。上海核工程研究设计院在 2001 年 7 月 1 日从事业单位改为企业后，做了大量与改制有关的工作，院党政领导又把 2002 年规定为“管理年”，开展一系列加强管理的活动，进一步优化企业内部管理体系。企业内部管理体系的优化与强化，设计管理中程序化与信息化的有机结合，核电项目现代管理技术研究与开发同丰富的实践经验融为一体，三个不同的层面，一个共同的目的：全面增强工程服务能力，在我国核电市场中再建竞争优势。

4.5 拓宽视野，培育战略思维

战略思维不仅国家高层领导需要，一个企业同样需要。就上海核工程研究设计院而言，面对当前的特殊环境，面对核电要发展却没有新项目的暂时困难，更需要冷静的战略思考。我们在秦山三期等在建核电工程的新考验中得到了许多具有战略价值的新启示，这从前面几节的讨论中可以清楚地看到。现在我们已经有条件更为全面地回答这样一个问题：为了核电的未来发展，为了上海核工程研究设计院的未来发展，我们应该如何进行科学的、现实的战略策划[3,16]。

我国核电的未来发展与我国核电发展战略、能源发展战略、科技发展战略密切相关。我国核电战略管理的根本任务就是，正确处理核电发展在国家能源发展和科技发展中的各种关系问题以及核电产业体系内部的各种关系问题，它涉及方针政策、法律法规、管理体制、发展方向、规划计划、技术路线、融资渠道、国际合作等一系列方面。国家级核电战略管理的机制、目标和方法以及由此产生的战略决策，无疑是指导与影响企业级管理的决定性因素。核电企业的管理者必须清醒地认识到国家级核电战略为自己构筑了一个怎样的操作平台。他们可以设法影响这个平台却无法按照自己的意愿重建这个平台，可以积极地利用这个平台去获取尽可能好的结果，却不能摆脱这个平台的约束去寻求想象中的“最优”。我们正是基于这样的认识来策划我们的企业级发展战略的。

企业级战略策划的根本任务是在企业的作用范围内，正确处理与核电发展有关的各种关系问题以及企业管理体系内部的各种关系问题。就上海核工程研究设计院而言，已经形成和正在形成的与核电发展有关的若干基本关系大体上可以概括为：①30 万千瓦级压水堆机组的市场开拓与百万千瓦级压水堆机组的设计开发；②运行核电厂的技术支持与新建核电项目的 AE 服务；③作为发展主体的核电项目与具有广阔前景的其他核项目以及非核民用项目；④研究开发、业务建设的超前投入与技术实力、技术优势的持续增长；⑤骨干队伍的年轻化与人才结构的合理化；等等。这些基本关系相互交叉，并各有自己的下层展开，可以构成复杂的但是条理清楚的“关系树”。例如，30 万千瓦压水堆机组的市场开拓可展开为商务与技术两大分支，技术分支可进一步展开为设计与工程服务，设计可分解为如何处理运行反馈与如何满足新版法规。又例如，百万千瓦级压水堆机组的设计开发可分解为新一代机组的预研开发与近期国产化项目的项目策划，后者又可展开为设计策划与工程服务策划，设计策划又可引申出自主设计的策划与中外合作的策划。再例如，运行核电厂的技术支持可分解为重水堆与压水堆，新建核电项目的 AE 服务可设想成两步：健全设计院的 AE 功能与组建设计牵头的 AE 公司，如此等等。基于“树”的概念，处理这些关系问题的方针、政策、方法、步骤构成了我们的战略思维的框架。为各个层次、各种关系中关联双方的轻重缓急、交叉配合作出安排则是由这种思维产生的决策。

企业发展战略的形成与有效实施不是个人行为的产物，而是企业管理体系良性运转的结果。因此，企业管理体系的战略构架，即企业管理体系内部各种关系的设计是企业战略思维的另一个重要方面。经过不断完善的上海核工程研究设计院管理体系由 7 个要素组成，它们是：企业实体、文化建设、企业视野、企业规范、团队运作、人才开发、持续改进。这 7 个要素以企业实体为躯干构成一个“龟形图”（参阅附图 1-1）。企业实体即企业的组织实体，是由企业组织结构、授权与职责分配所规定的指挥系统。企业文化建设的根本任务是塑造企业全部经济活动的灵魂，把企业全体员工的潜意识转化为自觉的意识，把自觉的意识转化为预期的行为。企业视野的广度与深度对于企业行为是起决定性作用的。把企业视野作为管理体系战略构架的一大要素具有特殊的重要性。显然，对政府意向、市场信号、业主要求、发展前景、潜在风险等外部态势的洞察越深越广，由此产生的关于方向与目标、方针与政策、战略与策略、规划与计划、关键性管理与控制、风险对策、预算与投资、效益预测等的内部策划就越正确。团队与人才是企业各项作业活动的主体。由法令、法规、合同等一系列外部要求与大纲、程序、标准等一系列内部要求构成的企业规范是各项企业活动的依据。企业级的矩阵式组织与作业层的团队式管理以及“以人为本”的人才开发相结合是上海核工程研究设计院管理体系运行的基本模式。绩效度量以及一系列检查、监查、审查、评价、反馈与根源分析、过程再设计等活动为这种运行模式和整个管理体系构建了一个充满活力的持续改进机制。上海核工程研究设计院于2002年7月发布的管理手册完整、详尽地描述了7个要素的内涵和它们的相互关系以及实施要则。

战略思维使我们对我国核电的光明前景充满信心，也使我们对自己企业的未来发展充满信心。

5 为实现百万千瓦级压水堆核电厂的国产化开发坚持不懈地努力

国产化是我国核电的根本出路。我国核电是从国产机组起步的。我们有了独立开发30万千瓦级压水堆核电机组并把它送出国门的经验，现在，我们又有了消化国外技术自主建设60万千瓦级压水堆核电机组的经验。我们完全有理由相信，我们一定能够主要依靠自己的力量实现百万千瓦级压水堆核电机组的国产化。

5.1 坚持“以我为主、中外合作”的方针，积极开展设计预开发

多年来，无论经历怎样的风雨曲折，上海核工程研究设计院始终保持一支精干队伍坚持百万千瓦级压水堆核电机组的设计预开发工作。这些工作大体上从以下三个方面开展[17]：

第一，与外国公司合作进行百万千瓦级核电厂概念设计，主要包括：1996年年初，与华东电力设计院、上海电气（集团）总公司同美国西屋公司、西班牙SEPI核电集团和日本三菱重工组成的西屋公司联队合作，

进行百万千瓦级核电厂 CPWR－1000 概念设计，经过一年多的工作，完成设计文件 8 卷册和两个附件共 1030 页约 60 余万字。通过这一设计，不仅掌握了国际上百万千瓦级压水堆核电厂的大量资料，还积累了按国际标准与国外著名核电公司合作进行设计的经验。1997 年 7 月～1998 年 5 月，与 ABB－CE 公司合作，完成了系统 80～1100 压水堆核电厂核岛的概念设计。通过设计，上海核工程研究设计院丰富了与国际著名核电公司的合作经验。1998 年 10 月～1999 年 10 月，与日本三菱重工举办了 4 次合作交流会，在此基础上，上海核工程研究设计院向中核集团公司和国家电力公司[❶]提出了四环路 PWR－1150（1200）核电机组的技术特性及国产化分析报告。

第二，开展百万千瓦级压水堆核电厂立项建设前期工作，其中包括：1998～1999 年，受国家电力公司和山东省电力公司委托，由上海核工程研究设计院与华东电力设计院合作编制山东海阳核电厂可行性研究报告，共 9 卷，加上两个百万千瓦级压水堆核电机组方案附件，约 100 万字。可行性研究报告中，遵循“以我为主、中外合作”的方针，专章论述了国产化的实施。2001 年 1 月，受中核集团公司和浙江三门核电厂筹建部门委托，上海核工程研究设计院承担前期工作以推进三门项目。上海核工程研究设计院把三门项目列为工作重点，至 2001 年 5 月 24 日，9 卷 11 册 70 余万字的可行性研究报告即已完成，厂址前期施工方案通过了集团公司的初步审查。可行性研究报告中，同样用专章论述了国产化的实施。现在，现场四通一平、土石方开挖、地基处理施工设计已结束，施工队伍已经进场，应急道路已经打通，前期施工全面启动，三门立项已奠定坚实基础。

第三，为我国新一代百万千瓦级压水堆核电厂科研、设计开发与兄弟单位协同工作，其中包括：从 2001 年 1 月开始，在中核集团公司国产化核电厂标准设计领导小组的组织下，与北京核工院、中国核动力院分

❶ 国家电力公司现已改制为国家电网公司、中国南方电网有限责任公司和五大发电集团。——2010 年 12 月，作者加注。

工进行 CNP－1000 百万千瓦级核电厂标准设计工作，为三环、177 燃料组件的主方案和其他对比方案完成了大量计算分析，提交了总体设计文件。通过这一阶段的工作，研究了影响核电安全与经济性能的若干重要因素，评估了自主设计与设备国产化的能力，锻炼了队伍。从 2001 年年底、2002 年年初开始，在中核集团公司的组织下，与北京核工院、中国核动力院一起积极参与我国新一代压水堆核电机组科研开发的规划工作以及预发展阶段的项目建议工作。在这一阶段，上海核工程研究设计院以四环、193 燃料组件、135 万千瓦为主要推荐方案开展了一系列比较分析，为确定主攻方向和设计模式提出建议。

上述三方面的工作清楚地表明，上海核工程研究设计院始终把自己纳入我国新一代百万千瓦级压水堆核电厂战略性开发的总框架中，始终按照不断发展变化的节拍积极配合国家主管机关和中核集团公司进行技术开拓。我国新一代核电厂战略性开发的具体实施方案即将形成。上海核工程研究设计院有了长期的技术积累，必定能在今后的工作中更加有效地发挥作用[1]。

5.2 抓关键设计技术与设计工具，全面提升自主设计能力

为全面提升百万千瓦级核电厂自主设计能力，跟踪与满足 URD 要求，上海核工程研究设计院在“九五”期间开展了 30 多项设计技术研究，按核电通用技术研究、高性能燃料组件研究、先进压水堆核电厂关键技术研究三个大类展开，涉及反应堆物理、热工水力、严重事故分析、燃料组件设计、管道力学、数字化仪控系统、结构力学、材料、信息技术等学科，覆盖了核电厂设计的各主要专业领域。其中，先进压水堆核电厂关键技术研究的任务是填平补齐百万千瓦级设计中的技术缺项，增加

[1] 2007 年 7 月 24 日，我国引进美国 AP1000 技术的七项合同签字。次日，上海核工程研究设计院据此与西屋电气有限责任公司、绍尔集团-石伟国际公司签署《AP1000 核电自主化依托项目工程与设计分包合同》。自此，以非能动先进核电厂技术为基础的，包括依托项目、后续项目以及重大专项在内的战略性开发方案迅速形成。——2010 年 12 月，作者加注。

技术储备，追赶国际水平，向 URD 靠拢，主要包括 6 个方面：①完成百万千瓦级核电厂第三代安全壳的设计分析和试验研究；②完成百万千瓦级核电厂核岛优化布置方案；③LBB 分析程序的实践和应用；④PDS 程序的实践和应用；⑤关键主设备分析法设计的实践和应用；⑥主要设计软件的配套与改进。

在秦山、恰希玛两座 30 万千瓦级核电厂设计研究过程中，在与西屋公司、西屋联队、日本三菱等联合进行百万千瓦级核电厂概念设计以及广泛的技术合作与交流过程中，我们通过自行研制和开发以及从国外引进，逐步建立了比较完整的核电厂设计软件体系。这个体系具有的特点是：①堆芯核设计与燃料管理以及热工水力设计程序系统功能全面配套，经过充分验证，具有足够的先进性、通用性和精确度；②概率安全分析与严重事故分析程序系统具有 20 世纪 90 年代先进水平，在秦山、恰希玛设计与技术支持中已投入实际应用，使上海核工程研究设计院成为国内唯一完整进行过核电厂一、二级 PSA 分析的研究设计单位，而且这套系统已可用于百万千瓦级核电厂严重事故分析与概率安全评价；③设备分析法设计程序系统从 CAD 设备设计图纸到模型抽取、载荷库输入、材料库输入、结果评定方法与最终后处理输出全面实现自动化，方法通用、先进，数据库符合 ASME 准则，分析评定全面考虑了运行载荷、辐照、应力腐蚀、流致振动等各方面的要求；④LBB 与相关的热分层分析计算程序系统已在恰希玛核电厂得到成功应用，对简化设计、减少投资、提高核电厂整体安全性起到了积极作用；⑤安全壳设计程序系统具备国际上最先进的结构设计能力，已成功地应用于第三代安全壳的设计；⑥PDS 是世界通用的先进的电厂设计系统，在上海核工程研究设计院承担的“核电厂厂房布置模块化技术研究”中完成了一系列开拓性工作。

上海核工程研究设计院在抓关键设计技术以及设计软件等设计工具的时候，充分估计了自己的优势，也充分分析了自己的差距。这些差距主要是：国内百万千瓦级机组运行堆年少，经验反馈不多，设计支持性资料不足，特别是 PSA 所需设备可靠性数据不够完整或缺少代表性，导致对系统平衡设计缺乏足够的评估能力；大部分设计方法和设计软件尚未在百万千瓦级核电厂的系统设计与设备设计中实际应用，特别是设备设计，若干项目需试验验证；某些事故分析程序因国内验证设施不充分，不具备验证能力；严重事故的系统研究刚起步，缓解措施的设计能力与经验不足；国内核电厂还没有采用全数字化仪控系统的经验，为构建专家系统知识库所需的核电厂运行经验也十分有限，保护系统的软件平台等尚难建立；为评价大 LOCA 工况下的安全裕量，缺少经过验证的最佳估算程序；PDS 需进一步完善参考数据库，增加新的管道材料等级，提高利用率。这些差距的消除，一方面，有赖于我们自己继续攻关，另一方面，也提出了需要中外合作的具体课题。

5.3 研究规律性问题，为实现安全性与经济性、先进性与成熟性的统一献计献策

安全性与经济性的统一、先进性与成熟性的统一是 URD 的精髓。我国新一代压水堆核电厂必须实现这两个统一。在百万千瓦级压水堆核电厂设计预开发开始以后，特别是近两年，上海核工程研究设计院对现代核电技术发展中具有规律性的问题加强了研究[17~20]。这些研究加深了我们对两个统一的理解。我们深切地体会到，这种研究对于正确的决策是至关重要的。当然，我们的研究尚属初步，现仅就 5 个方面作一些讨论：①现代核电厂堆型发展的基本趋势；②堆芯低功率密度的设计思想；③大的单机容量与大的环路负荷的合理配置；④核安全法规要求的演变；⑤影响建造成本的若干因素。

我国核电发展的压水堆技术路线是 20 世纪 80 年代初从秦山一期开始确定的。现代核电厂堆型发展的基本趋势表明，热中子堆仍将是 21 世纪核电的主力堆型，其中，压水堆占半壁天下的局面仍将长期保持。我国核电的技术路线符合这一基本趋势，也符合我国国情，必须坚定不移地坚持。高温气冷堆的优点与先进沸水堆的崛起不足以动摇我们 20 多年来行之有效的战略决策。我们通过不同容量、不同环路压水堆核电

厂的对比分析以及压水堆堆芯优化设计方向的研究，逐步形成了较大的机组、较大的环路与较大的堆芯适当组合的方案设想，并清楚地反映在逐步演进的技术建议中。在这里，“百万千瓦级”的概念扩充了，“低功率密度”与“高的堆芯功率”在内涵上不再是不相容的了。这些研究还使我们对堆芯燃料管理策略的确定以及高性能燃料组件的选型有了明确的思路。安全性与经济性始终是核电发展的两大主题。安全性与经济性依赖于先进性与成熟性，先进性与成熟性服务于安全性与经济性。上海核工程研究设计院不断跟踪，及时研究国际、国内核安全法规要求的演变，组织翻译 URD 文件供全院技术人员参考，举办研讨会分析 URD 与欧洲用户要求 EUR 的异同，由此我们加深了对现代核电厂安全目标与安全基础的理解，对关于严重事故的预防和缓解、PSA 方法的应用、设计管理、经验证的工程实践、改善人机接口、采用计算机的控制和保护系统等一系列重要技术政策有了较好的把握。我们通过核电厂工程项目管理模式研究，分析了影响建造成本、建造周期的若干因素，着重考察了国产化在这些因素中的关键性作用，提出了与工程技术方案配套的工程管理方案。

显然，如果我们能下更多的工夫，更加深入更加全面地研究那些具有规律性的问题，我们的决策就会少走弯路，我们的认识就更易于统一，我们的工作效率就可以显著提高。

5.4　在大力协同中正确定位，一切服从核电发展的全局

大力协同是一个宽泛的概念。秦山一期、大亚湾、恰希玛都是大力协同的成果，4 座在建核电厂也都离不开全国各方面力量的大力协同。这里包括“机”、“电”、“核”的大力协同，中核集团与中广核集团的大力协同，集团公司内部各单位的大力协同以及其他各种层次、各个领域的大力协同。在大力协同中正确定位，不仅是领导机关的责任，也是每一个业务实体都要面对、都要处理的问题。定位的偏差是一切不协调与内耗的根源。我国百万千瓦级压水堆核电厂设计研究是一个庞大的复杂

的高难度的系统工程，既与整个核电事业的前途、命运休戚攸关，又与各个核电研究设计单位的前途、命运紧密相连。竞争是不可避免的。但是，我们清醒地意识到，必须建立一种多赢的机制，使竞争纳入良性循环的轨道，推动全局的发展。

什么是核电发展的全局？从比较完整的意义上理解，它应该包括核电产业与其他产业的关系问题，核电产业的中远期发展与近期发展的关系问题，核电产业中研发、设计、工程服务、运行支持等各个领域的关系问题。在这里，毫无疑问，领导机关的规划与决策是影响深远的。作为一个企业，对自己在这个全局中的地位与作用始终保持清醒的估计也是十分重要的。上海核工程研究设计院对自己的能力与经验充满自信，上海核工程研究设计院也清楚地知道百万千瓦级压水堆核电厂的设计开发与国产化实施必须依靠各相关单位的合理分工与大力协同。因此，上海核工程研究设计院怀着满腔热情，以高度负责的精神，积极主动地提出各种建议，针对潜在的项目与当前工作的具体特点，从本院与兄弟单位的具体条件出发，设想了几种分工协作的具体方案。我们深信，有国防科工委与集团公司的正确领导与引导，有兄弟单位之间的相互理解与支持，核工业战线长期培育的大力协同的优良传统一定会得到继承与发扬，我国核电发展的近期目标和长远目标一定会成功实现。上海核工程研究设计院将一如既往，以全局利益的需要为基点，在设计、科研、工程服务、运行支持等各个领域勇挑重担，作出贡献。

5.5　按照两步走的部署，踏踏实实做好工作

国家计委[1]在“十五”能源发展规划中提出，“适度发展核电，加快核电国产化，充分利用我国已经形成的核电设计、制造、建造和运营能力，以我为主，中外合作，以有竞争力的电价为目标，实现核电国产化。同时积极支持我国自行开发新一代核电厂的工作，为‘十一五’及以后

[1] 国家计委现为国家发展和改革委员会。——2010 年 12 月，作者加注。

核电的发展奠定基础”。据此，国防科工委与中核集团公司都作了“两步走”的部署。第一步是落实“十五”期间将要开工建设的核电国产化项目，第二步是策划“十一五”及以后以自行开发的新一代核电技术为基础进一步发展核电[1]。从前面几节的讨论可以清楚地看到，上海核工程研究设计院已按“两步走”的部署做了大量工作。一个不可忽视的、迫切需要解决的问题是如何处理“两步”之间的关系以及在正确处理这个关系的基础上合理分工、组织力量，在项目一旦落实、预研开发计划一旦批准以后，立即有条不紊地把两条战线的工作展开。我们设想，上海核工程研究设计院一方面在三门项目中承当总体设计院工作，为业主全面提供 AE 服务，另一方面，在新一代压水堆核电机组科研开发中按集团公司统一规划承担课题，是与“两步走”的整体部署一致的，是现实可行的。我们正在踏踏实实地继续做好各种准备工作。

6 结语：时代铸就的“728 精神”永远激励我们前进

通过 30 多年的奋斗，上海核工程研究设计院已发展成为技术实力雄厚、专业配套齐全的综合性科技型企业，造就了一支具有广博工程技术知识和丰富实践经验、能攻坚敢拼搏的工程技术队伍，拥有国家主管部门颁发的甲级工程设计证书，甲级工程咨询资格证书，甲级工程总承包资格证书，甲级工程建设监理证书，甲级环境影响评价证书，甲级环保工程设计证书，一级建筑装饰工程设计证书，一、二、三类压力容器设计证书，核承压设备设计资格证书，放射性防护评价资格证书，甲级智能建筑工程设计证书，甲级工程造价咨询证书等 20 多项资质证书，曾被评为全国勘察设计行业综合实力百强单位，1992 年被上海市认定为高

[1] 2005 年 10 月，中共中央在关于“十一五”规划的建议中提出“积极发展核电”。2007 年 10 月，我国《核电中长期发展规划（2005—2020 年）》要求：“到 2020 年，核电运行装机容量争取达到 4000 万千瓦；2020 年末在建核电容量应保持 1800 万千瓦左右。”截至 2011 年 2 月，我国运行和在建机组容量统计见文后新增附表 1-2。——2010 年 12 月，作者加注，2011 年 3 月增补。

新技术企业。在众多的科技成果中，有 10 项获国家级奖励，260 多项获省部级奖励，最具代表性的是以上海核工程研究设计院为主设计的秦山 30 万千瓦核电厂的设计与建造获得国家科技进步特等奖和全国最佳工程设计特奖。突出的业绩还使上海核工程研究设计院获得“上海市文明单位”、“核工业先进集体”等一系列荣誉。

上海核工程研究设计院作为高新技术企业，更高的目标是永远的；上海核工程研究设计院取得过卓越的成就，更好的业绩是无止境的；上海核工程研究设计院从不陶醉于曾有的“百强”，更强的实力是持续追求的。更高，更好，更强，这就是上海核工程研究设计院的品格，新时期的“728 精神”。这种精神是历史铸就的，是我国核工业人独立自主、自力更生、奋发图强、艰苦创业的传统精神的继承和发扬。

“更高，更好，更强”，激励上海核工程研究设计院下大力气认真探索如何战胜暂时的困难，如何克服转型的阵痛，如何建立稳定的可持续发展的机制。本文总结的 20 条经验就是这种探索的一个缩影。这 20 条经验包含着两个战略构架，一个是关于市场开拓的战略构架，另一个是关于管理体系的战略构架。前一个战略构架的实质是充分认识与准确把握各种市场机遇：核的，非核的；主导的，非主导的；近期的，远期的；作用于局部的，牵动全局的；比较稳定的，相对动荡的；等等。后一个战略构架的实质是为实现市场开拓提供管理上的保证。由 7 个要素组成的“龟形构架”把企业管理体系不断优化的基本理念和实施途径清晰地阐发出来。两个构架相互依存，相互补充，形成一个整体。

我们懂得，作为一个以核电开发为主业的基层单位，不可能孤立地解决企业自身的发展机制问题。企业的可持续发展离不开国家核电事业、能源事业以及整个科技事业的可持续发展。因此，我们坚定不移地依赖和依靠国家主管机关和中核集团公司的领导，坚定不移地维护全局利益、整体利益，坚定不移地以企业的发展服务于国家的发展、集团公司的发展。30 多年的历史，造就了“728 人”的这种精神境界。在我们的目标设计中，更高的精神境界永远放在更高目标的首位。我们深信，更高的目标必定产生更好的业绩，更高和更好必然使我们更强。

在我国有了原子弹、氢弹暂时还没有核电的20世纪70年代前后，曾经有人在国际场合妄称，中国没有核电厂算不上核大国。30多年后的今天，我们不仅在核武器领域进一步成熟了，我们也不仅为世界航天史书写着光辉的篇章，我们还在国际核电市场占有了一席之地。我们有了自己的核电技术，成为世界上少数几个能够独立自主地设计核电厂的国家。今天，我们的目标是使“中华牌”的核电厂大型化、现代化，最终以具有中国特色的先进性跻身于世界核电之林。这是历史的责任，民族的期望。展望10年以后，20年以后，30年以后，更加强大的中华核电之光必将更加辉煌地普照大地[1]。

（原文题为“核电技术从原型开发到商用开发的基本经验以及关于可持续发展的思考与实践”，内部成文于2002年8月，发表于《核电》2003年第1期，收入本书时略有删节。作者：孙汉虹，耿其瑞，程平东）

[1] 在10年后的今天，在上海核工程研究设计院已是“四十而不惑”的今天，引进AP1000技术的三门、海阳依托项目，改进AP1000技术的国产化后续项目，全面自主创新的CAP1400/1700重大专项项目，已使当年的展望成为今天的现实。特别是整建制划归国家核电技术公司的3年多来，上海核工程研究设计院基于新的企业定位，更加注重战略研究，及时调整战略思路，在核电技术的创新发展中起骨干带头作用，继续为国家战略的实现冲锋陷阵。——2010年12月，作者加注。

本章附录

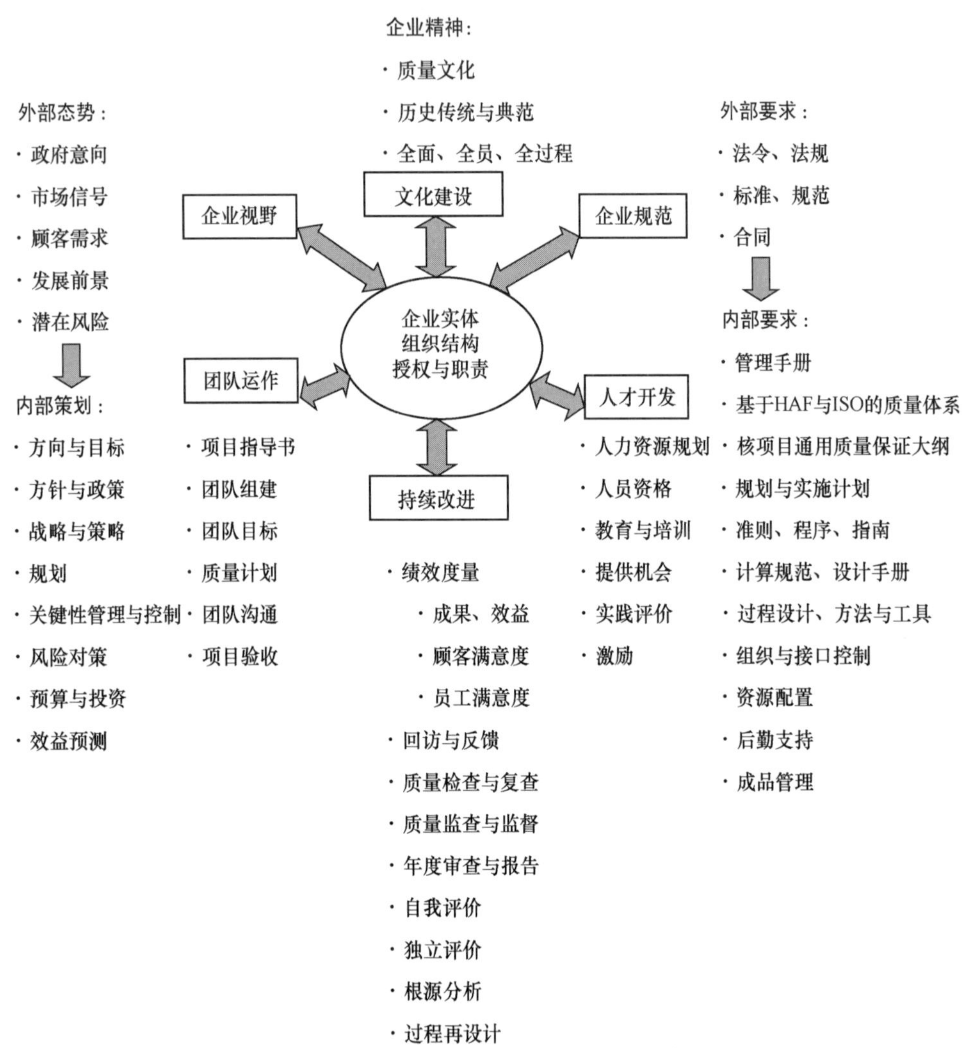

附图 1-1　上海核工程研究设计院管理体系“龟形图”——企业管理的战略构架

附表 1-1 秦山 30 万千瓦机组运行业绩（截至 2010 年 12 月 27 日）

年份	运行状态	发电量（亿千瓦时）	负荷因子	能力因子
2002	商业运行/大修	17.83	66.91	68.23
2003	商业运行	24.10	88.74	89.15
2004	商业运行	22.17	99.78	99.81
2005	商业运行	23.55	87.02	86.72
2006	商业运行	24.83	91.44	91.84
2007	商业运行/大修	22.17	81.62	82.22
2008	大修/商业运行	26.24	96.36	95.55
2009	商业运行	23.62	86.98	87.43
2010	商业运行	20.78	82.18	81.79

注 本表为 2010 年 12 月新增。

附表 1-2 我国（大陆）运行和在建核电机组（截至 2011 年 2 月）

运行和在建核电机组	项目名称	机组台数	装机容量名义值（万千瓦）
运行核电机组	秦山一期	1	31
	秦山二期	3	195
	秦山三期	2	144
	大亚湾	2	197
	岭澳一期	2	198
	岭澳二期	1	108
	江苏田湾	2	212
	总计	13	1085
在建第二代核电机组	秦山二期扩建	1	65
	岭澳二期	1	108
	辽宁红沿河	4	432
	福建宁德	4	432

续表

运行和在建核电机组	项目名称	机组台数	装机容量名义值（万千瓦）
在建第二代核电机组	浙江方家山	2	216
	福建福清	3	324
	广东阳江	3	324
	海南昌江	2	130
	广西防城港	2	216
	合计	22	2247
在建第三代核电机组	浙江三门	2	250
	山东海阳	2	250
	广东台山	2	340
	合计	6	840
在建核电机组	总计	28	3087

注 1. 本表为2011年3月新增。
2. 在建机组限于已浇灌第一罐混凝土的项目。
3. 在建第三代核电机组的机型：三门项目、海阳项目为AP1000，台山项目为EPR。

参考文献

[1] 欧阳予．我国30万千瓦压水堆核电站设计的主要技术特性．核科学与工程，1983，3（1）：1

[2] 欧阳予，张永钱．秦山动力堆核特性设计研究．见：中俄核科学家论文集．北京：原子能出版社，1994．

[3] 蔡剑平，程平东．我国核电自主开发的基本经验与可持续发展战略—从秦山Ⅰ期工程建设经验谈起．中国工程院工程科技论坛　中国可持续发展核电战略研讨论文，北京：2000.4

[4] 程平东，沈炜，沈六华．秦山和恰希玛核电厂堆芯燃料管理策略选择．核动力工程，1999，20（2）：97

[5] 窦一康．核电站的老化管理与寿命评估．核动力运行研究，2002，15（2）：30

[6] 耿其瑞，程平东．恰希玛核电厂设计的安全思想和管理准则．核电工程与技术，1997，10（3）：1

[7] “Basic safety principles for NPP”, INSAG-3, IAEA, 1988.

[8] IAEA-TECDOC-682，1992.

[9] 赵成昆，汤搏．制定“新建核电厂设计中几个重要安全问题的技术政策”的背景及安全目标和技术要求的确定．核安全，2002，2：6

［10］程平东．核电厂设计中的质量保证与质量文化．核电工程与技术，1996，8（2）：44
［11］史沛华，凌克持，王国英．恰希玛核电站的设计管理．在建核电站工程项目管理交流会文集，P.221，连云港：2000.9
［12］孙汉虹，程平东．核电发展的新机遇和新挑战．核电工程与技术，1998，11（3）：1
［13］秦山第三核电有限公司设计管理处．秦山三期（重水堆）核电站工程设计管理．在建核电站工程项目管理交流会文集，P.197，连云港：2000.9
［14］秦山第三核电有限公司工程计划处．秦山三期（重水堆）核电站工程进展及管理模式．在建核电站工程项目管理交流会文集，P.25，连云港：2000.9
［15］沈增耀，程平东．核电项目管理模式优化和 AE 公司．核能发展战略研讨会论文集，P.141，中国核学会核能动力学会，乌鲁木齐：1999.8
［16］孙汉虹，程平东．迈入 21 世纪的我国核电自主化．见：上海市原子核学会核能专业委员会、核能设备专业委员会年会文集．上海：2000.12
［17］孙汉虹，杜圣华．以我为主研究开发核电设计技术．见：上海核电三十年．P.41,上海：2001.12
［18］刘正纶，程平东，朱鑫官．我国百万千瓦级压水堆核电厂堆芯优化设计的方向．第八届反应堆数值计算和粒子输运学术会议论文集，P.250，深圳：2000.10
［19］耿其瑞，程平东，刘正纶．三环、四环压水堆核电厂技术经济初步分析．核电工程与技术，2002，15（3）：1
［20］程平东，司胜义，黄锦华等．可燃吸收体燃料的反应堆性效应与经济性分析．核电工程与技术，2000，13（4）：1

无论何地发生的事故都如同各地发生的事故。

核安全是全人类的共同关切。

第二章 恰希玛核电厂设计的安全思想与管理准则

阐述了恰希玛核电厂设计的基本安全思想和具体设计原则，从总结实践经验的角度，介绍了如何在“安全文化”、“质量文化”所建立的框架内实施管理，对以秦山—恰希玛为代表的我国30万千瓦级压水堆核电机组的安全前景和经济前景作了评价和展望。

1 引言

“安全第一”、“质量第一”是上海核工程研究设计院执行国家核安全政策、贯彻 IAEA 核安全要求，在核电厂设计和其他核项目开发中奉行的一贯方针。“安全第一”意即在无论是技术的还是管理的全部活动中，都把核安全问题置于高于一切的位置。质量是安全的核心。“质量第一”意即在无论是技术的还是管理的全部活动中，都把满足适当的特定的质量要求置于同相关活动的安全重要性相匹配的位置。“安全第一”、“质量第一”也符合成本—效益原则。安全和质量构成了核电厂存在和发展的基础。

恰希玛核电厂是基于以下背景开始和开展设计的：首先，在国内，我国自己设计、建造的第一座核电厂——秦山核电厂已于1991年12月15日成功并网发电，并在此后向世人不断展示了安全高效的运行业绩；

其次，在国际上，人们已从三哩岛和切尔诺贝利的震惊中冷静下来，在完成详细研究的基础上，加深了对核安全的根本目标和原则的理解。因此，上海核工程研究设计院在恰希玛核电厂总包设计中坚持的“安全第一”、“质量第一”的方针已不是一种例行的承诺，而是被赋予了更加充实内涵的基本指导思想。这种思想，在技术上表现为一系列设计原则的实现，以满足核电厂安全性、可靠性和经济性的要求；在管理上表现为一系列管理准则的推行，使“安全文化”以及由此衍生的“质量文化”概念贯穿设计全过程，以确保最终达到设计目标。

本章的以下各节将在阐述恰希玛核电厂设计的基本安全思想和具体设计原则的基础上，从总结实践经验的角度，介绍如何在“安全文化”、“质量文化”所建立的框架内对设计实施管理，并且，对以秦山—恰希玛为代表的我国 30 万千瓦级压水堆核电机组的安全前景和经济前景作出评价和展望。

2 恰希玛核电厂设计的安全思想

恰希玛核电厂安全设计的基本目标是建立和维持一套有效的安全屏障和防护措施，保证人员、社会和环境免受放射性危害。为此，对于正常运行，确保厂内及从电厂释放到环境的放射性物质引起的辐射照射遵循国际公认的 ALARA 原则，并低于规定的限值；对于事故工况，确保所有设计基准事故（DBA），包括发生概率很小的事故都能有效预防。事故一旦发生，其放射性后果低于预期的限值，并确保超设计基准事故（超 DBA）/严重事故的发生概率极低，其万一产生的放射性后果能及时得到制约和缓解。

在恰希玛核电厂设计中，与所有现代轻水堆核电厂设计一样，上述安全目标是通过实现以下三项基本功能而实现的[1]：

（1）控制功率，实施并保持安全停堆；

（2）冷却燃料，排除堆芯余热；

（3）包容放射性物质。

基于传统的设计基准概念，保守地确定安全设计的技术要求，仍然是恰希玛核电厂设计的基本方法。从三哩岛事故得出的基本结论是：必须重视运行安全以及作为核电厂主要风险来源的超设计基准事故。切尔诺贝利事故虽然是历史上最严重的核电厂事故，但是，从获得这一基本结论的意义上看，它并没有超过三哩岛事故，只是更加痛切地说明了人的因素在核电厂运行安全中的重要性。恰希玛核电厂的安全设计考虑到从这些教训中产生的新的或强化了的设计要求，采取相应的措施，作为传统设计方法的补充。

为了运用上述设计方法，确保前述安全目标和基本功能的充分实现，选用和遵循配套、自洽、先进、适用的法规、规范和标准是首要的任务，因为它们是核电厂设计以及从审批、建造、运行、维修到退役的全部活动的依据。恰希玛核电厂的设计，考虑到我国核安全法规以及我国核工业与相关产业的实际情况，根据合同的承诺，严格执行由我国、美国和国际原子能机构等国际组织的有关法规、规范和标准所组成的体系。

设计中执行的我国核安全法规是《核电厂厂址选择安全规定》（HAF 0100）、《核电厂设计安全规定》（HAF 0200）、《核电厂运行安全规定》（HAF 0300）、《核电厂质量保证安全规定》（HAF 0400），以及与这些规定相应的安全导则❶。

HAF系列法规、导则与国际原子能机构的IAEA-50-C系列相当。考虑到 IAEA-50-C Rev.1 中的一些基本要求已在秦山核电厂的设计中执行，上海核工程研究设计院按照中国和巴基斯坦两国核安全当局商定的范围，在恰希玛核电厂的设计中继续贯彻有关的要求，以增强防御严重事故的能力。

设计中遵循的技术规范和标准可归纳为：

（1）对于人员和环境的放射性剂量，主要按照国际辐射防护委员会

❶ 2001年6月18日，国家核安全局发文（国核安函[2001]40号）修订了核安全法规的编号体系。——2010年12月，作者加注。

（ICRP）的有关标准以及IAEA有关安全丛书的要求执行；

（2）对于核岛系统，主要参照美联邦法规（10CFR）、美国核管会管理导则（NRC R.G）、美国核学会（ANS）以及美国国家标准学会（ANSl）的有关标准；

（3）对于安全有关机械设备，主要按照美国机械工程师学会“锅炉和压力容器规范”（ASME）第III篇（1989年版）执行；

（4）对于安全有关电气设备和仪表，主要按照美国电气与电子工程师学会（IEEE）的有关标准执行，并参考国际电工委员会（IEC）的有关标准；

（5）对于安全有关土建工程，除上述范围的有关规范、标准外，还使用美国混凝土学会（ACI）、美国钢结构学会（AISC）和美国土木工程师学会（ASCE）的有关标准；

（6）对于非安全有关的机械设备、电气设备和仪表以及非安全的土建工程，采用中国和/或国际上现行的规范和标准。

此外，美国材料和试验学会（ASTM）的有关标准以及ASME的其他有关规范，也在核岛、常规岛重要设备或其锻件的试验、检测和热处理等方面使用。

恰希玛核电厂的设计，按照国际上共同沿用的原则，把“纵深防御”概念作为实现安全目标的核心。纵深防御的主要特征是由燃料包壳、反应堆冷却剂系统压力边界和安全壳三道实体屏障构成多层防御系统，确保单一的人因差错或机械失效不会伤害公众，即使是极不可能发生的多种失效的综合，其放射性释放也不会危及人员或环境。核电厂安全设计的主要任务就是维护这三道屏障的完整性。在这里，事故预防和事故缓解的原则是纵深防御概念的自然延伸[2]。前者要求电厂工艺控制系统和自动保护系统具有很高的质量和可靠性，并要求充分利用电厂固有安全特性；后者把纵深防御概念扩大到事故预防以外，要求在事故发生后投入有效的专设安全设施，采取必要的事故处置措施和厂外对策。显然，由三道实体屏障、多重安全设施和一系列安全运作要求组成的这一纵深防御体系贯穿了积极防御和主动防御的思想。

为了建立和维持上述体系，恰希玛核电厂的设计实施了以下具体原则：

（1）利用足够的安全裕度，维护堆芯完整性。反应堆燃料系统和堆内构件的设计保证了堆芯在正常运行和事故工况下能够保持结构稳定，不会削弱反应性控制和保护系统的效能，不会妨碍燃料的冷却。合理的堆芯设计使恰希玛核电厂具有燃料线功率密度较低的特点，而且堆芯发热率没有陡峭的径向梯度，这些都有利于避免燃料元件的破损，减小燃料变形和移位，使重要的堆芯中子学参量和热工水力学参量有较宽的运行范围，降低保护系统动作的频度。

（2）确保事故条件下保护系统具有良好的特性和足够的能力。设计遵循安全系统的单一故障准则，防止共因失效，保持保护系统和控制系统之间的相互独立，使系统具有定期可试验性。专门设置的未能停堆预期瞬态（ATWS）缓解系统，为典型的超设计基准事故提供保护。

（3）提高电厂固有安全性。例如，维持功率状态下慢化剂反应性温度系数为负值，使堆芯功率波动具有自稳定性；配置较大容积的稳压器，使反应堆冷却剂系统能承受较大的压力扰动；设计较大的安全壳容积，使安全壳具有较大的内部储容能力，以缓解设计基准事故和严重事故的压力、温度冲击；以及利用自然循环、热传导等其他自然力量的效应等。

（4）保证足够的余热排出能力。反应堆冷却剂系统提供正常排热；应急堆芯冷却系统、应急给水系统等提供应急排热，由高压安注系统、低压安注系统和安注箱组成的多重应急堆芯冷却系统满足LOCA准则；自然循环则在反应堆冷却剂边界保持完好，二回路仍有一定排热能力的条件下足以排除衰变热。

（5）进行充分的设计分析，确保反应堆冷却剂系统的完整性。作为压力边界的部件都按能在ASME规范规定的所有工况下承受静载、动载和地震载荷来设计；保证这些部件的疲劳寿命大于电厂设计寿期；比其他部件的设计更为注意这些部件在整个寿期中的在役检查；反应堆压力壳的设计满足防辐照脆化的要求等。

（6）改善人机接口，完善信息系统，保持控制能力。控制室的设计尽可能多地考虑减少人因错误的需要，特别是在采集、监视和处理从正常运行至事故工况全程信息的同时，设置集中显示重要安全参数的系统SPDS，便于操纵员诊断电厂安全状态，及时正确处理事故；控制室的可居留性设计及应急控制屏和应急中心的设置，为事故工况下保持控制能力提供了保证。配置在应急中心微机系统上的堆芯损伤评价程序，可随时给出直至发生严重事故时从燃料包壳破损量到堆芯熔化份额的有关数据，为鉴别事故等级和采取应急行动提供依据。

（7）减少厂区内的辐射影响。选用能尽量减少放射性物质积累的材料，实行合理的辐射分区；遵循 ICRP 的建议，使电厂人员接受的辐射剂量减少到低于规定的限值，并在合理可行的条件下尽量低。

（8）减少正常运行对厂区外的影响。采取措施使放射废气、废液的排放低于国家规定的公众剂量限值，并设置具有足够处理能力的固体废物车间，保证固体废物的长期稳定存放。

（9）减少事故对厂区外的影响。由反应堆保护系统和专设安全设施保护三道实体屏障的完整性，使电厂达到稳定可接受的状态，并将放射性后果限制在允许水平以下。安全壳包容了反应堆及其冷却剂系统，由安全壳及其喷淋系统以及安全壳隔离系统和消氢系统组成的安全壳系统保证了核电厂最后一道实体屏障的有效性和可靠性，对减少事故的厂区外影响起着特别重要的作用。

（10）减少外部事件和内部干扰的影响。针对恰希玛厂址沉积层厚度达 200 米的非岩性地基特点，以及安全停堆地震（SSE）按 0.25g 考虑的业主要求，在厂房、系统、设备的设计中充分考虑了高烈度、非岩基条件下的抗震要求，并对洪水等其他外部事件以及火灾等可能出现的内部干扰，采取有效的保护措施。

（11）提高安全系统的可靠性，保证对假设始发事件作出及时有效的响应。执行安全功能的系统和设备按多重性原则设置；对执行特别重要安全功能的多重系统或设备应用多样性原则；通过功能隔离和实体分隔执行一系列独立性原则。

（12）采取切实可行的设计措施，防止严重事故的发生。例如，设置第三台处于备用状态的应急柴油发电机组，在丧失厂内外所有交流电时手动投入应急供电，防止堆芯熔化；设置压力壳顶部放气系统，在压力壳上部产生蒸汽或氢气积累时排除气体，防止堆芯裸露和维持回路自然循环，并增设反应堆液位测量系统，监测压力壳内水位；设置主蒸汽管N-16 监测器，快速识别蒸汽发生器传热管破损等。在严重事故一旦发生，电厂安全措施失效以后，厂外对策成为必要的补救，通过采取适当的应急保护行动来制约和缓解对周围居民和环境的影响。

恰希玛核电厂上述安全原则中的许多方面与国际上 20 世纪 90 年代先进型核电厂的开发要求是一致的[3]。

为了论证建立和维系于上述原则的恰希玛核电厂纵深防御体系的有效性，对各种设计基准事件和属于超设计基准事故的 6 种典型的无紧急停堆的预期瞬态（ATWS）工况作了大量计算分析，这些计算分析主要采用基于保守假设的确定论方法；根据系统可靠性分析的需要以及评价严重事故的要求，还基于概率论方法作了一系列计算分析。所有计算分析，证明了恰希玛核电厂的设计是安全的、可靠的。

3　恰希玛核电厂设计的管理准则

核电厂安全目标以及与此密切相关的基本功能的实现不仅依赖于一系列技术原则的实施，而且依赖于一系列管理措施的推行。事实上，几乎所有技术原则的实施都离不开管理措施所提供的保证。而且，若干重要的原则，既是技术性的，又是管理性的。国际核能事业发展到当代，确保核安全的纵深防御体系本质上已是一系列技术原则和一系列管理措施的集合体。在这里，把那些技术原则和管理措施比喻为一架飞机的左右两翼是恰当的。失去了任何一翼，另一翼也就不再具有存在的价值。

技术和管理按其本性达到有机结合正是确立核电厂设计管理准则的基本出发点。恰希玛核电厂的设计就是在这种认识的基础上确立自己的管理准则并实施管理。

技术的主体是人，管理的主体也是人。长时期来，世界各核电国家为提高核电厂的安全性和可靠性，在采取各种技术安全措施方面耗费了巨大的资金和精力，但是，广义的人因问题（包括人－机接口，人－人接口）仍然是困扰核电厂安全的重大课题[4]。国际原子能机构的国际核安全咨询组（INSAG）在 20 世纪 80 年代后期至 90 年代初期，基于总结历史的经验教训，特别是切尔诺贝利灾难性事故的惨痛教训，提出和发展的核“安全文化”概念[5]，力图找到解决问题的途径。安全文化的引入，一方面，在技术领域进一步推动了人因工程的研究和应用，另一方面，在管理领域把人的素养问题提到了十分突出的位置。从确保核安全的角度出发，界定各级各类人员的职责意识和素养要求，并建立一种内在机制，激励这种意识和素养的不断提高和完善，已成为基本的、首要的管理原则。上海核工程研究设计院在恰希玛核电厂的设计中，基于 IAEA－INSAG 的安全文化概念，演绎和建立了自己的“质量文化”概念[6]，把设计管理的各个方面置于安全文化－质量文化所构筑的框架内，确保设计活动达到预期的质量要求，使满足核电厂安全的需要。上海核工程研究设计院的《质量文化手册》描绘了这个框架的全貌。

在核电厂设计中，质量文化作为一种基本的管理原则，要求从事设计活动的单位和个人具有各种必要的特性和态度，用以支配他们的行动和相互关系，使质量问题得到与其在实现核电厂安全目标中的地位与作用相适应的应有的重视。这些特性和态度主要涉及两类问题，一类是单位内部的必要体制和管理部门的逐级责任制，另一类是各级人员对质量问题的响应，即个人的承诺和能力。显然，这些特性和态度与单位的指导方针、政策原则和工作作风以及每个人的工作态度、工作方法、思维和工作习惯密切相关，这些特性和态度应该体现在对于单位决策层、管理层和单位每个人的不同要求中，体现在一系列管理准则的具体实施中。

在恰希玛核电厂设计中，以质量文化为基础的各项管理准则可以归纳如下：

（1）设计院的决策层对设计的安全和质量负全责。决策的质量、决策的正确与否在设计管理中起着决定性作用。作为决策层代表的上海核工程研究设计院院长，以“政策声明”的形式公布了根据合同承诺的核电厂设计的基本原则和方针，规定了基本的管理体制和对人员资格的要求，建立了以定期审查为基本运作方式的自我完善机制，承担了自己的责任。这一声明作为政策性文件正式发表在恰希玛核电厂设计质量保证大纲中。此外，院长还在自己的任期目标中规定了一系列具体措施，保证所有人员在从事与核电厂安全和质量有关的工作时，能配备必要的设备、装置和各种技术手段。所有这些及其有效实施，构成了决策层的基本态度，履行了决策层的基本职责。

（2）个人负责与协同管理相结合的管理体制。在恰希玛核电厂设计的管理体制中，院长指定一名有权威、能负责的项目经理担任核电厂设计负责人，由总工程师及其技术班子配合工作。各职能处室以及各研究设计室的行政和技术负责人是中层管理的主体，他们的责任是根据院长规定的政策和目标，协同项目经理开展各个领域、各个环节的设计管理工作。整个管理体制在一个合理构成的组织体系中运行。管理层所有部门及其负责人都有文件详细规定的明确的责任分工；为了确保严格按标准完成各项与安全和质量有关的工作，建立了一整套涉及核电厂设计各个领域、各个环节的工作程序、细则和手册，并切实贯彻、不断完善、适时更新；对本部门的工作人员进行资格审查、组织培训、实施奖罚，使所有人员都能胜任所承担的工作，并始终对安全和质量保持高度的责任感和积极性；此外，还建立和实施关于监督、审查和对比、借鉴等的管理制度，使整个管理体系处于良好的运转状态。

（3）充分认识个人行为的重要性，明确提出对人员个体素质的要求。单位每个人对安全和质量问题的警觉性和使命感、适时的见解、丰富的知识、准确的判断能力、正确的履行职责、献身精神和求索态度，以及由此产生的严谨的工作方法和良好的工作习惯，是安全文化—质量文化中最积极、最活跃的因素。因此，充分认识这些因素在安全和质量问题中所起的作用，最大限度地加以利用和发扬，是全部管理准则中最核心、最基本的准则。一切有利于实现这一准则的管理是成功的管理，一切不利于实现这一准则的管理是失败的管理。上海核工程研究设计院在恰希玛核电厂的设计中，十分重视通过各个领域、各个环节的实践活动和各种层次、各种方式的教育、培训，使人员的个体素质不断优化，以适应其岗位工作的需要。

（4）在设计的全过程中开展质量保证活动。前面阐述的那些准则和以后将要阐述的一些准则都涉及质量保证的许多重要方面，这里单独作为一项准则列出，是为了强调质量保证活动的某些特有的内涵。质量保证的根本任务是通过一系列科学的、规范的、严密组织的计划、控制、验证等活动，以足够的置信度确保核电厂物项和服务满足特定的质量要求，使核电厂在实现有效地、经济地发电直至退役的全寿期中达到既定的安全目标。在这里，可以看到两个最基本的特点。第一，质量保证是安全文化－质量文化的一种实现形式，是获得高质量和证明高质量已经达到的必不可少的一种实践活动。把质量保证当作追求广告效应的手段或外包装不仅是肤浅的、有害的，而且与安全文化—质量文化的本性背道而驰。第二，质量保证活动贯穿于核电厂的全寿期，设计单位必须把追求高质量设计的全过程自始至终置于质量保证实践的监督和控制之下。必须清楚地意识到，对全过程监督和控制的任何随心所欲的割裂或取舍都是片面的、近视的，都将危及核电厂质量和安全。

（5）在设计中采用已被证明有效的工艺，这一要求也可放在安全设计的技术原则中。本文之所以把它列在这里，是因为它更需要通过管理控制加以确保。把某种新的未经充分证实的设计特征引入核电厂必将增大潜在的风险。违背安全文化—质量文化的要求，突破质量保证制约的某种外来的或行政的干预，往往是产生此类问题的直接原因。证明工艺有效的基本途径是适当地在部件、系统或电厂的规模上进行彻底研究的原型试验。秦山核电厂的成功是建立在这个基础上的。恰希玛核电厂设计以秦山的经验为依据，并针对厂址的不同条件等因素进行必要的补充试验、研究和分析，避免了不适当工艺的引入。在这里，充分考虑我国工业体系的实际情况和国际采购的现实可能性，追求技术标准和规范的协调性和适用性也是十分重要的。

（6）基于安全等级和质保等级，实施分级的管理控制。恰希玛核电厂的设计参照美国标准 ANS 51.1[7]以及 IAEA 第 328 号技术报告[8]所建议的方法，建立了关于安全、抗震和质保的分级规范，并在此基础上规定了管理控制的分级的质量保证要求。分级的质量保证要求以安全等级为基础，兼顾设计的复杂性和成熟性，在保证核电厂安全的前提下，把追求高质量与适当的成本—效益统一起来。分级的质量保证要求不仅用于系统和设备的设计，而且用于计算机软件的开发和应用；不仅用于设计活动各个领域、各个环节的管理控制，而且用于对管理自身的管理。不同的管理活动对安全影响程度是不同的，管理活动的复杂程度和成熟程度也因管理对象、管理主体的不同而不同，因此，对不同的管理施加不同的控制是不可忽视的。

（7）加强过程控制的计划性和针对性。核电厂设计的全过程可以分解为各个领域、各个环节的一系列相互联系又相对独立的不同层次的子过程。过程的输入、特定的过程活动、过程的输出以及贯穿其中的过程之间的接口是过程控制的基本对象。恰希玛核电厂的设计十分重视对输入的控制。输入是质量形成的起点，输入的缺陷对过程的影响是全局性的。建立输入清单，审查所有输入及其变更的有效性和适用性，是控制输入的基本手段。对于特定的过程活动设置控制点，经过验证，而且证明已经满足预定的要求以后，才允许转入下一步或承认下一步工作是可接受的，这是制订过程控制计划的基本要求。在这里，如果涉及物理模型或数学模型的应用，那么，对模型的审查和验证必须严格和谨慎。对于输出，着重审查和验证与输入以及与所用模型的一致性，以及各种接口之间的协调性。在恰希玛核电厂的设计中，除了对所有输出文件、图纸的常规审查外，还进行定期质量抽查，并针对特定问题，特别是各种接口问题，组织专门的设计复查。由于接口问题的复杂性和广泛存在，在设计过程的关键环节上建立了接口会签制度。

（8）坚持验证的独立性。独立验证是重要的管理准则。设计验证的三种基本方法（设计审查、替代计算和试验验证）的计划和实施，以及质量保证监查活动的开展都必须坚持独立性原则。为了有效地组织和管理所有验证活动，建立一支由专职人员为骨干的质量保证队伍并赋予足够的权力是十分必要的。在各处室设置质量工程师的制度是行之有效的，他们与质量管理处的专职人员一起，形成了一个上下配合的有机体系。在一度出现的削弱质量保证力量的外部冲击下，上海核工程研究设计院坚持自己的成功经验，而且更加注重质量保证人员的选择和培养，使其与安全文化—质量文化的要求相适应。

（9）程序化、文件化的管理。不应局限于质量保证的一般要求来理解和实施这一准则。从广义的人因观点考察问题，程序化和文件化是防止人的主观随意性，特别是防止超越质保体系的制约而直接干预质量有关活动的重要手段。管理上的人因差错同技术上的人因差错一样，会导致安全问题和质量问题。而且，在许多情况下，管理上的人因差错所造成的影响会更严重、更广泛。程序化和文件化是管理法制化的依据。上海核工程研究设计院在恰希玛核电厂的设计管理实践中建立了由质量文化手册、院长政策声明、质量保证大纲和一系列质保程序、管理标准、工作程序、指导书、细则和计划等不同层次文件组成的体系，并从院长开始确保它们的法定地位和有效实施。

（10）以质量为中心，实现质量、进度和效益的辩证统一。“安全第一”、“质量第一”的原则并不排斥进度控制和对效益的追求。现实的质量概念应该承认和容纳进度和效益的制约。需要坚持的是，在可能危及安全的时候，不允许因片面强调进度和费用而放弃不应放弃的质量要求。在实践过程中，问题并不是出在对一般道理的承认与否，而是出在计划工作往往与质量的控制要求及其实现状况相脱节，计划工作人员与质量工作人员和设计技术人员之间缺乏必要的协调。这几乎是一种通病和顽症。正是这种通病和顽症导致了计划的不科学和计划的脆弱。在经济和效益问题上，也有类似情形。在恰希玛核电厂设计的管理实践中，基于安全文化—质量文化的宣传教育，通过与前述各项管理准则的实施相结合，有意识地促进质量、进度和效益的统一和协调，并取得了成绩。

（11）重视经验反馈。这是一个范围广泛的概念，既适用于技术领域也适用于管理领域。技术领域的经验反馈，特别是核电厂运行经验的反馈，对改进核电厂性能是十分有价值的。管理的责任是确保反馈渠道的畅通，建立对反馈信息的甄别和研究制度，使设计改进有据可依。显然，这一要求与第 5 条准则是相辅相成的。恰希玛核电厂的许多设计改进，从蒸汽发生器高度的调整，辅助给水、设冷等系统配置的优化，到若干部件、设备、设施的增减等，都是从秦山经验中产生的。管理领域的经验反馈来自各项管理准则的实施过程。质量保证监查和各种管理性的审查、检查以及日常报告渠道是获得管理领域经验反馈的主要途径。重要的是基于正确的分析和判断，采取适当的纠正行动，推动管理不断改进。

（12）建立自我完善机制，不断注入新的活力。第 1 条准则已经涉及这一要求，这里作为最后一条准则专门列出，是为了强调管理的完善是一个渐进的发展过程。外部力量的推动必须通过积极的内部响应才会转化为有实效的管理行动。对于核电厂设计这样的系统工程，绝不能把管理简单地等同于少数人的发号施令，也不能在已经建立的管理体系中停滞不前。必须认真地研究如何使整个管理机器始终处于有效运转的状态，并纳入良性循环、不断完善的轨道。在这里，决策者的态度是关键。在恰希玛核电厂的设计管理中，上海核工程研究设计院建立并认真实施了一年一度的管理审查制度。这是追求自我完善的一种典型做法，实际的收效是明显的[9]。切身的经验启示人们：只有产生在自觉基础上的实际行动，才会避免把重视管理、改进管理的要求变成漂亮的空话或“走过场”。

上述十二条准则是一个自洽的有机整体。在恰希玛核电厂的设计管理中，这十二条准则是在一个有效运行的质量保证体系中实施的[10]。这十二条准则不是僵死的教条，而是长期实践的产物，必然要在进一步实践中继续发展。

4　评价和展望

正是在21年前[11]预言了超DBA是核电厂主要风险来源的拉斯缪森小组，在它的同一份研究报告中，估计出100座水堆核电厂对美国社会的风险，比当时美国的各种社会风险（如民航失事、火灾、工矿爆炸、决堤、泄出氯气等）低三、四个数量级以上。20多年来，核电安全又有了长足的进步。因超DBA而导致水堆堆芯熔化的概率，已从以Zion电厂为代表的评估值10^{-4}量级下降到世界各国普遍接近或达到的10^{-5}量级[12,13]，先进型压水堆和沸水堆核电厂的安全水平则更高。核电作为安全能源的社会地位已牢固确立。对核电安全的追求是没有国界的。中国从核电起步开始就把自己作为世界核电大家庭的一个成员，认真吸取核电发达国家的先进经验，从安全目标、安全原则、安全设计方法到一系列技术标准、管理准则的应用都力求与国际水平靠拢。秦山一期和她的姐妹作——恰希玛核电厂，就是这种努力的产物。人们从本章第2、第3节看到的正是这种努力的具体体现。

1989年4月，国际原子能机构在咨询性审评后曾经指出，秦山核电厂“将是一个安全的、高质量的核电厂”。秦山核电厂自并网发电以来不断创造的安全高效运行记录证实了这个预言的正确性。秦山核电厂的设计年负荷因子为65%，1993年试运行即达到66.2%，1994年商业运行后上升到67.7%，1995年进一步增长到84.4%，1996年为84.7%，接近国际先进水平。秦山核电厂已顺利地经过三次换料，现正处于第四循环的中期，至今未发现燃料破损的任何迹象；安全壳在设计压力下的泄漏率仅为每天万分之4.5自由容积，远低于密封性试验最大允许值，运行稳定，未出现任何可能导致核泄漏的事故，控制和保护系统表现出良好的性能；放射性监测表明，流出物排放低于国家规定的排放限值，对周围环境没有造成可察觉的影响❶。按照已经制订的计划和预想，秦山核电厂将从第五循环开始提高换料富集度，引入低泄漏和多循环优化概念[14, 15]，以加深卸料燃耗，延长循环寿期。这一计划的实施必将在明显改善燃料循环经济[16]的同时把秦山核电厂的安全水平推上一个新高度。恰希玛核电厂是在秦山经验的基础上设计的，未来的安全高效运行是可以预期的。

经济因素和市场机制决定了中小型核电厂不是世界核电发展的主流，也不是中国核电的骨干。但是，同样的原因以及某些不可忽视的其他因素（包括政治的、技术的、地域的）也决定了中小型核电厂无论在国内还是国外仍有一席之地。以秦山—恰希玛为代表的国产 30 万千瓦级压水堆核电机组以其优良的安全性和高的质量赢得了存在的权利和应有的声誉，那么，它已经获得和可能获得的经济效益能否使它在市场竞争中去占领那一席之地呢？回答应该是肯定的。评价经济效益的主要指标是发电成本。根据 1994 年 3 月底进行的工程决算，可以推得秦山核电厂发电成本已同可比煤电厂相当或略低。在这之前，曾有的估计是秦山的发电成本略高于煤电。这种估计的基础是煤价仍受指令性计划的制约而人为偏低，因而失去了客观的市场尺度[17]。抛开这一价格政策的影响，决定核电成本的首要因素是比投资。秦山核电厂的建成价比投资为每千瓦 5917 元人民币。核电厂比投资明显高于煤电。这是普遍的。但是，秦山核电厂的国产设备投资占设备总投资的 70%，作为第一座自己设计建造的原型核电厂，这样的国产化率是相当高的，由于国产设备价格比进口设备低得多，这就从最基本的方面决定了秦山核电厂的比投资比进口核电厂低得多。国产 30 万千瓦级核电机组的这一优势在后继电厂的建设中将会因设备国产化率的进一步提高而得到进一步发挥。秦山核电厂的设计是保守的。这一方面出自安全方面的考虑，另一方面也有缺乏经验的因素。在取得经验有把握去掉不必要的保守和可以避免的某

❶ 进一步的信息请参阅第一章第 2 节的注以及第一章附表 1-1。——2010 年 12 月，作者加注。

些失误以后，后续电厂的比投资还可因材料设备等方面的节省而有较大的降低。当然，建造管理水平对工期、质量的影响也会导致比投资的明显变动。运行管理水平则是核电厂建成后影响发电成本的一个主要因素。但是，建造和运行管理水平，毫无疑问，必然会随着经验的积累而不断提高。国产30万千瓦级核电机组的负荷因子，在机组内在质量和运行管理的共同保证下，必定会维持较高的水平，使发电成本趋于下降。前面提到的燃料循环经济的改善，以及设计的进一步标准化、通用化和设计管理的进一步完善等，都会带来可观的效益。以上分析表明，与可比煤电厂相比，国产30万千瓦级压水堆核电机组的发电成本还有进一步下降的较大潜力，其经济前景是令人乐观的。有理由相信，在国内外，将会出现需要30万千瓦级核电机组的新的市场❶。

（原文发表于《核电工程与技术》Vol.10, No.3, 1997年9月，作者：耿其瑞，程平东）

参考文献

［1］“Basic safety principles for NPP”, INSAG-3, IAEA, 1988.

［2］戴传曾．轻水堆核电站事故预防与缓解问题．核科学与工程（增刊）．1989，9（1）：5～14

［3］IAEA-TECDOC-682，1992.

［4］张力．核安全文化的发展与应用．核动力工程．1995，16（5）：443～446

［5］“Safety Culture”, INSAG-4, IAEA, 1991.

［6］程平东．核电厂设计中的质量保证与质量文化．核电工程与技术．1996，8（2）：44～50

［7］Nuclear Safety Criteria for the Design of Stationary Pressurized Water Reactor Plants, ANSI/ANS-51.1, 1983.

［8］“Grading of Quality Assurance Requirements”, IAEA-Tech. Rep Ser. 328, 1991.

［9］程平东．管理部门审查的法规要求和操作实践．核标准计量与质量．1996，(3)：26～29

［10］耿其瑞，程平东．上海核工程研究设计院核项目质量保证活动．核电工程与技术，1995，8（2）：1～9

［11］“Reactor Safety Study”, WASH-1400, 1975.

❶ 参阅第一章3.5节的注。——2010年12月，作者加注。

[12] "Severe Accident Risks: An Assessment for Five U. S. Nuclear Power Plants", NUREG-1150, June 1989.

[13] CSNI Workshop On Applications and Limitations of PSA, September 1990.

[14] 程平东，黄锦华，邵天伟．秦山核电厂堆芯低泄漏燃料管理和低寄生设计．核电工程与技术，1988，1（2）：8~15

[15] 程平东，沈炜，钱惠富．低泄漏堆芯多循环优化方法及其程序系统．计算物理，1997, 14（4、5）：577～578

[16] 黄锦华，程平东．新型可燃毒物设计与现代堆芯燃料管理．核动力工程，1997，18（2）：108～112

[17] 罗安仁．从经济性看我国核电发展前景．核科学与工程，1993，13（4）：5～7

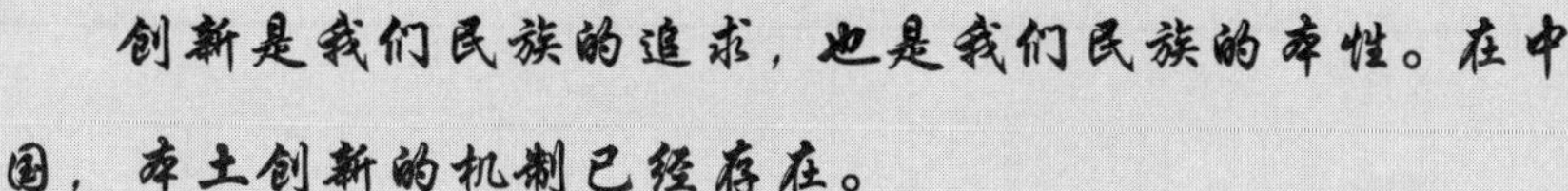

第三章 恰希玛核电厂设计创新的启示

巴基斯坦恰希玛核电厂在秦山一期基础上进行了再设计、再创新，它在八个方面的设计特点和基本经验对于我国新一代核电厂的开发是有参考价值的。

1 引言

巴基斯坦恰希玛核电厂是我国第一座出口核电厂，也是截至当时我国最大的成套出口项目，主合同总价（含技术转让）5.8 亿美元，燃料合同总价（含备件）0.42 亿美元，共计 6.22 亿美元。

恰希玛核电厂由上海核工程研究设计院承担总体、核岛和 BOP 设计，华东电力设计院分包常规岛设计，其他设计分包单位还有北京核工业第二研究设计院和巴基斯坦国家工程服务有限公司。

恰希玛核电厂以我国秦山一期 30 万千瓦核电机组为基础，经过改进，满足合同规定的国际规范的要求。电厂额定电功率为 32.5 万千瓦，设计寿命为 40 年，基荷运行为主，具有一定的负荷跟踪能力。表 3-1 给出电厂总体技术参数。

表 3-1　　恰希玛核电厂总体技术参数

电厂设计寿命（年）	40	电厂额定电功率（万千瓦）	32.5
反应堆额定热功率（万千瓦）	99.86	反应堆活性区高度（毫米）	2900

续表

堆芯等效直径（毫米）	2486	堆芯金属铀总装量（千克）	35917
燃料组件数	121	燃料棒排列类型	15×15
燃料棒平均线功率密度（瓦每厘米）	135.9	控制棒组件数	37
可燃毒物组件数	52	反应堆环路数	2
主系统设计压力（兆帕）	17.16	主系统设计温度（℃）	350
主系统工作压力（兆帕）	15.2	热工设计流量（吨每时）	24000

恰希玛核电厂厂址有两个基本特征：砂土地基，砂性沉积层厚度超过 200 米；地震烈度较高，设计基准地震加速度（SSE）达 0.25*g*。这两个特征导致两个基本问题：与秦山厂址岩石地基、SSE 取值 0.15*g* 有很大差异，恰希玛工程设计不可能是秦山一期的简单重复；在砂土地基建造核电厂，国际上也属少见，难度很高，可供借鉴的经验很少。恰希玛核电厂的设计还必须考虑两个重要因素：秦山一期已经投运，陆续产生的反馈信息和已经积累的建造经验要求在恰希玛项目中引入合理的设计改进；国际上 URD 等新一代轻水堆核电厂用户要求已经形成，具有国际影响的恰希玛项目必须实事求是地引入新的设计理念和措施，提高安全性和经济性。

恰希玛核电厂的设计，成功地回答和考虑了上述问题和要求，形成以下三个特色：

（1）不是简单的工程翻版，而是在秦山一期基础上的再设计、再创新；

（2）与国际规范接轨，与 20 世纪 90 年代设计理念接轨；

（3）利用自主知识产权，实现我国核电技术从原型开发向商用开发的历史性转变。

恰希玛核电工程于 1993 年 8 月 1 日浇注第一罐混凝土，至 2000 年 9 月 25 日临时验收并移交巴方管理，现已进入第二燃料循环末期，未发生任何影响环境的运行事件，机组可利用率达 70%。合理的工期、顺利的调试、安全可靠的运行业绩，证明了恰希玛核电厂的设计是成功的❶。

在恰希玛项目中，还向巴方转让了核电厂设计技术，包括206册技术文件和52个计算机软件，并为巴方人员提供了396人·月设计培训与1249人·月技术转让培训。这些转让与培训有利于巴方自主掌握核电技术。

国际原子能机构对恰希玛核电厂给予高度评价，认为核电厂符合国际标准，技术是先进的，运行是安全的。

朱镕基总理赞誉：恰希玛核电厂的建成，是中巴两国核电建设者聪明才智和辛勤劳动的结晶，恰希玛核电厂将作为两国人民传统友好关系的象征，作为发展中国家“南南合作”的成功典范载入史册。

2　设计特点和基本经验

相对于秦山一期，恰希玛核电厂的设计改进约270项，从这些改进可以在以下8个方面概括出恰希玛核电厂设计的主要特点和基本经验[1]。

（1）设计中实施了12条安全原则，它们中的许多方面与国际上90年代先进核电厂的开发要求相一致。12条安全原则是：①利用足够的安全裕度，维护堆芯完整性；②确保事故条件下保护系统具有良好的特性和足够的能力；③提高电厂固有安全性；④保证足够的余热排出能力；⑤进行充分的设计分析，确保反应堆冷却剂系统的完整性；⑥改进人机接口，完善信息系统，保持控制能力；⑦减少厂区内的辐射影响；⑧减少正常运行对厂区外的影响；⑨减少事故对厂区外的影响；⑩减少外部事件和内部干扰的影响；⑪提高安全系统的可靠性，保证对假设始发事件作出及时有效的响应；⑫采取切实可行的设计措施，防止严重事故的发生。

❶ 这里是截至2004年4月的表述。恰希玛核电工程的进一步开拓请参阅第一章3.5节的注释。——2010年12月，作者加注。

恰希玛项目不属于新一代核电厂的范畴，它的概率安全水平与新一代核电厂的目标存在差距，但是，它把足够的安全裕度、充分的设计分析、提高电厂固有安全性、改进人机接口、防止严重事故发生等新一代核电厂着重考虑的问题作为自己的安全原则，就必然地要求从整体上提高安全设计的水平。

（2）为了应对严重事故，采取了 14 项设计措施。应对严重事故的 14 项措施是：①安全壳底板厚度由 3.0 米增至 5.4 米，延迟底板熔穿时间；②设置安全壳宽、窄两种量程压力仪表；③设置安全壳宽量程辐射监测仪表；④增设压力容器水位测量系统，监测失水事故后堆芯裸露程度；⑤设置对付预期不能停堆瞬态事故的“事故缓解动作（AMSAC）系统”；⑥设置蒸汽发生器管破裂（SGTR）监测装置、N-16 检测仪、蒸汽发生器排污放射性监测仪、凝汽器抽气放射性监测仪；⑦增设电厂启、停堆给水系统，使应急给水系统作为专一的安全设施；⑧在两序列应急给水系统中各设置一台电动应急给水泵和柴油机驱动应急给水泵，提高安全性和可靠性，降低诱发严重事故的概率；⑨设备冷却水系统两序列各设置两台 100%容量设冷泵，增加系统可靠性，减少因丧失电厂热阱引起严重事故的可能；⑩在堆腔内增设高温监测仪表，提供压力容器熔穿监测指示；⑪二回路主蒸汽管大气排放系统两路管线上各增设一只备用大气排放阀，提高二次侧排出堆芯余热的可靠性，降低严重事故概率；⑫设置第 3 台应急柴油发电机，作为“全厂断电”下的应急供电设施，减少导致严重事故的可能；⑬主控室考虑人因工程；⑭设技术支援中心和应急控制中心。

严重事故的预防和缓解是新一代核电厂提高安全水平的重点。恰希玛项目不是新一代核电厂，它的严重事故对策尚属初步，但是，上述措施使它的安全设计达到了国际第二代核电厂的比较先进的水平。恰希玛核电厂的经验不仅对于它自身意义重大，而且对此后的百万千瓦级核电机组设计开发采取相应的安全对策具有重要的参考价值。

（3）一体化的核岛建筑群，使恰希玛工程建于砂土地基的土建结构设计严格满足安全要求。

核岛厂房总质量约 20 万吨，如果在砂土上产生过量倾斜性沉降，将对核电厂安全构成严重威胁。

为减少不均匀沉降的影响，设计中把反应堆厂房、核辅助厂房、电气厂房和核燃料贮存厂房构成一个整体的核岛建筑群，坐落在同一个 85 米×87 米方形底板上，反应堆厂房位于核岛中央位置，尽可能使核岛质心与底板几何中心重合，使底板受载均匀。

施工建造过程中，定期监测沉降量。沉降稳定后实测沉降量 51 毫米，与计算预计值 60 毫米十分接近，不均匀沉降量仅 3 毫米。艺术构思与设计技术的巧妙结合，创造性地解决了核电厂建在砂土上的难题。

（4）优化的核岛厂房布置和厂区总平面布置，体现了 URD 的工程设计理念。

优化布置的实施主要有 6 个方面：①针对厂址特点，核岛厂房布置、厂区总平面布置以及重要厂用水系统等进行重新设计；②核岛厂房采用优化布置的模式，与未来的恰希玛二期工程统一策划，实现 URD 创导的单堆盖图章布置理念；③安全设施分别布置在核岛厂房中两个集中区域，利用土建结构墙，做到 A、B 两个通道的实体分隔，防止共因故障危及核电厂安全；④防火分区、防水淹措施，剂量分区基础图设计方法的应用，使核电厂事故防范更趋完善；⑤大件设备运输基础图设计方法的应用，为电厂施工、安装带来方便，以利于缩短工期；⑥取消反应堆厂房顶部风机平台，把风机布置在＋29.0 米标高的安全壳内壁上，把反应堆厂房运行平台降低 3.0 米，安全壳顶标高降低 4.5 米，进一步改善安全壳抗震性能。

恰希玛项目敢于创新的实践经验，提高了我国核电厂工程设计的水平，这不仅使恰希玛工程的整体形象迈入了现代先进设计的行列，而且为我国新一代核电厂优化工程设计积累了初步经验。

（5）冲破西方禁运，设计与研制紧密结合，确保设备国产化比率提升 10 个百分点。

核电厂各种关键设备的设计有很大难度，国际上只有少数国家有自己的设计许可证与知识产权。恰希玛核电厂大部分设备由我国自主设计、自主制造，少量由国外供货。

由于西方工业国家对巴基斯坦实行核电设备禁运，致使部分国外订货无法落实。通过科研攻关，设计院与制造厂紧密结合，研制成功堆内测量系统、堆外核测系统、1E 级仪表控制系统、核电厂计算机系统、核电厂全范围培训模拟机系统、N-16 测量系统以及硼浓度仪等。这些系统和设备在总体上达到国际同类产品的水平。

通过恰希玛工程，我国 30 万千瓦级压水堆核电机组的设备国产化比率从秦山一期的 70%提高到现在的 80%，我国自主设计、自主制造核电设备的能力与水平全面提高。

（6）广泛采用先进设计技术与设计思想，开展必要的科研攻关，显著提高设计水平与设计效率。

恰希玛核电厂的设计基于经过验证的满足安全审评要求的传统技术，并广泛吸取和采用经过验证的满足安全审评要求的先进技术和先进思想。

恰希玛核电厂采用的先进设计技术与设计思想主要有 9 项：①在国际上较早、在国内首次应用 PSA 技术发现设计薄弱环节，改进和平衡各安全系统的设计；②在国际上较早、在国内首次采用 LBB 技术及配套的仪表控制与报警技术，降低反应堆冷却剂系统布置的复杂性，减少阻尼器使用数量；③在国内首次采用分析法设计技术，使反应堆压力容器等关键设备的设计严格满足 ASME 规范的要求；④采用主控制室全尺寸模拟设计技术，使主控制室在模拟与数字化仪表混合控制条件下完全符合 NUREG0700 人因工程原则以及 IEC964 等导则与标准，达到高水平；⑤广泛采用数字化技术（包括 1E 级与 N1E 级控制仪表），提高自诊断能力，并在报警系统中采用报警抑制技术，减少无效报警；⑥采用核岛厂房整体筏基技术，攻克砂土地基上建造核电厂的难题；⑦采用 URD 推荐的单堆布置原则，使整个厂房布置合理、简单，体现了国际发展潮流；⑧遵循堆芯低功率密度设计思想，使堆芯热工裕量留有满足 URD 要求的潜力，也有利于堆芯燃料管理过渡到 18 个月换料制和实现深燃耗，为改善电厂运行经济留出较大空间；⑨遵循预防措施与缓解措施之间保持平衡的设计思想，现实地采取一系列应对严重事故的对策，提高电厂的整体安全水平。

配合上述先进设计技术与设计思想的实施，恰希玛项目在秦山一期的基础上，在核电厂总体设计、堆芯设计、系统设计、主要设备设计、厂房布置和总平面布置等领域增补了 48 项计划内科研攻关课题，在通用力学计算、管道分析、流致振动计算、土一结构相互作用三维分析等领域引进开发了 10 余套先进计算机软件。在设计开发的全过程中，共有 19 项课题获部级科技进步奖（包括原增补计划外获奖 4 项），其中一等奖 2 项，二等奖 6 项。

先进的设计技术与设计思想，卓有成效的科研攻关与软件开发，不仅提高了恰希玛核电厂的设计水平与设计效率，也为我国新一代核电厂的开拓提供了借鉴，增强了实力。

（7）与国际规范接轨，构筑并遵循完整自洽的标准体系，全面满足核安全法规要求。

恰希玛核电厂的设计在标准体系和审评体系上相对于秦山一期有较大突破与提高，全面采用、严格执行我国、美国和国际原子能机构（IAEA）、国际辐射防护委员会（ICRP）的有关规定、规范和标准，使核安全全面满足我国 1991 年核安全法规要求。恰希玛核电厂整个标准体系和审评体系框架如表 3-2 所示。

表 3-2 列出的标准规范代表了国际核电发展的方向，具有先进性、通用性和很强的操作性，构成一个完整自洽的体系。

按照核电厂建设的国际惯例，恰希玛项目历经方案设计、初步设计、初步安全分析报告编制与安全审评、建造许可证发放、施工设计，以及最终安全分析报告编制与安全审评，直至运行许可证发放。整个过程自始至终遵循中巴两国法律和上述标准体系、审评体系。国际原子能机构对初步设计进行全面审查后就在它的总体评价中预言：恰希玛核电厂将是先进的、可靠的、安全的核电厂。

表 3-2　　　　恰希玛核电厂标准体系和审评体系框架

总的安全原则	
HAF（1991）	
IAEA 0 版本安全要求	ICRP 人员和环境放射性

核岛系统和安全有关机械设备	安全有关电气、仪表系统和设备	安全有关土建结构	核岛和常规岛设备重要材料	非安全有关系统和设备
10CFR NRC/R.G. ANS ANSI ASME	IEEE IEC	ACI AISC ASCE ASME	ASTM ASME	国家标准或国际现行工业规范与标准
1000 多项国家标准和核行业标准全面覆盖各设计领域。其中，核行业标准采用把相关内容直接写入技术图纸/文件的办法，以规避合同对使用行业标准的限制。				

安全分析报告编写格式	安全审评要求
RG1.70	SRP （NUREG0800）

（8）创导并推行安全文化、质量文化，实施 12 条管理准则，实现技术创新与管理创新双跨越。

在恰希玛核电厂的设计中，上海核工程研究设计院领先于国内核电企业和相关院所，首次在安全文化、质量文化的框架内对设计实施管理，制订、发布了“质量文化手册”，建立和推行 12 条管理准则。12 条管理准则是：①设计院的决策层对设计的安全和质量负全责；②个人负责与协同管理相结合的管理体制；③充分认识个人行为的重要性，明确提出对人员个体素质的要求；④在设计的全过程中开展质量保证活动，创导实效型质保；⑤在设计中确保采用已被证明有效的工艺；⑥基于安全等级和质保等级，实施分级的管理控制；⑦加强过程控制的计划性和针对性；⑧坚持验证的独立性；⑨程序化、文件化的管理；⑩以质量为中心，实现质量、进度和效益的辩证统一；⑪重视经验反馈；⑫建立自我完善机制，为持续改进不断注入新的活力。

12 条准则是一个有机的整体，是在一个有效运行的质量保证体系中实施的。依靠安全文化、质量文化的创导与推行，依靠 12 条准则的落实与贯彻，通过 31 个质保程序、100 多个设计程序和管理规定、30 余次质保监查、120 人 • 年现场设计服务、各个设计关键点的质量复查、一年一度的管理部门审查等一系列强有力措施的实施，恰希玛核电厂的设计实现了技术创新与管理创新的双跨越。

3　结语

恰希玛核电厂的设计和建造是我国核电技术在秦山一期基础上继续独立自主发展的一次总检阅。通过恰希玛项目，我国核电技术完成了从核蒸汽供应系统研究与开发，到项目工艺设计、设备设计、工程设计，并经历制造、建造、运行验证，实现从原型堆到商用堆转变的全过程[2]。

恰希玛项目也是我国核电自主设计能力与水平的一次总检阅。如前所述，恰希玛核电厂设计的三个特色、八条经验、九项先进技术以及 50 余项科研攻关成果和 270 项改进措施等，不仅奠定了恰希玛项目成功的基础，而且为我国新一代核电厂的设计开发积累了可供借鉴或参考的经验。

恰希玛项目使我国自主发展的核电产业走过了完整的道路，掌握了完整的技术，积累了完整的经验。恰希玛项目带给我们的是自豪、自尊与自信。

（原文发表于《核电工程与技术》Vol.17, No.2, 2004 年 6 月，作者：耿其瑞，

孙汉虹，程平东）

参考文献

［1］耿其瑞，程平东．恰希玛核电厂设计的安全思想和管理准则．核电工程与技术，1997，10（3）：1
［2］孙汉虹，耿其瑞，程平东．核电技术从原型开发到商用开发的基本经验以及关于可持续发展的思考与实践．核电，2003，（1）

“毫无疑问，切尔诺贝利综合症将被克服，核动力将重新开始以相当快的速度发展。”

——О.Д.卡扎科夫斯基

第四章 迈入21世纪的我国核电自主化

结合历史考察、现状分析和发展展望，讨论了我国核电进一步自主化发展的若干基本问题，包括两种自主化模式的相互关系、核电自主化发展在能源发展战略和科技发展战略中的地位和作用、核电自主化发展的管理体制和技术路线等。

1 引言

我国核电事业是自主起步的。从1970年周恩来总理提出要搞核电厂开始，经过21年的曲折历程，终于依靠自己的力量在1991年12月建成了第一座核电厂——30万千瓦的秦山核电厂，结束了祖国大陆无核电的历史。

秦山核电厂（Ⅰ期）的国产化比率达设备总投资的70%以上；科研试验、软件开发、设计分析、安全评价从一开始就立足国内，并迅速形成比较完整的体系；项目管理、建筑安装、调试启动、运行维护也都完全依靠自己，并做到工期相对合理、一次并网成功、连续稳产高产。这样高起点的自主化在核电后发展国家中是没有先例的。

以秦山Ⅰ期为原型的巴基斯坦恰希玛核电厂是我国第一座出口核电厂，将在世纪之交建成，迎来新千年的曙光。恰希玛核电厂的设备国产化比率进一步提高到80%，再次证明了我国核电自主化具有很大发展潜力，标志着我国自己的核电技术经受了运行实践的验证，已从原型开发转入商用开发。

秦山Ⅱ期有两套 60 万千瓦压水堆机组，每套由两个 30 万千瓦的环路组成。秦山Ⅱ期是我国吸取国外成熟技术，自主设计和自主建造大型核电厂的先导试验和实战演习。

大亚湾是从成套引进外国设备起步的。它不仅以很快的速度把现代大型核电厂的雄姿第一次推到国人面前，而且把先进的现代企业制度和管理技术及时注入我国核电领域。实践已经证明，大亚湾的示范作用和激励作用是不可低估的。而且，从它的后续项目——岭澳核电厂开始，国产化计划已稳步启动。可以预见，大亚湾开创的模式也将为推进我国核电自主发展作出积极的贡献。

在秦山Ⅰ期、Ⅱ期和大亚湾的基础上，以符合 URD 要求的国际下一代压水堆核电技术为目标，开发出拥有自主知识产权的先进压水堆核电厂已合乎逻辑地列入我国核能界迎战 21 世纪的战略框架[1]。

我国核电的起步是健康的、成就卓著的。但是，实际进程表明，近 10 多年来，自主化道路曲折，“核电的发展思路和政策，缺乏持之以恒的坚持和有效的贯彻，政策和思路调整的频率偏大。这些调整无论有多少理由，对核电产业长远发展都是不利的”[2]。今天，包括秦山Ⅱ期、岭澳、连云港在内的 6 套压水堆机组和秦山Ⅲ期 2 套重水堆机组处在加紧建设之中，进一步如何规划，下一代大型核电机组的建设如何坚持自主化，战略目标和战略任务如何定位，管理体制和技术路线如何调整、如何实施，一系列基本问题，有的已有决策，有的正待决策。我国核电发展已经到了冲出十字路口，重新从混沌走向有序的时候❶。本文力图在历史考察、现状分析和发展展望的结合上阐明一些观点，希望对同行有参考价值。

---

❶ 2005 年 10 月，党中央提出“积极发展核电”。2007 年 10 月，我国《核电中长期发展规划（2005—2020 年）》颁布；在此前后，包括引进 AP1000、成立国家核电技术公司、批准以非能动技术为基础的大型先进压水堆重大专项立项等重大决策相继出台。——2010 年 12 月，作者加注。

2 融合两种模式，推进自主设计，在更高层次上自立于世界核电之林

秦山Ⅰ期开创的发展模式和大亚湾模式都是在我国核电起步阶段自然形成的。它们各有特色，互为补充，都是我国核能界引以为荣的宝贵财富，更是我国核电事业进一步自主发展的得天独厚的良好基础。秦山和大亚湾使我国在20世纪最后十年跻身于世界核电大家庭中。可以企盼，在新世纪，我国将以更值得骄傲的成就在更高层次上自立于世界核电之林。为此，有必要融合秦山模式和大亚湾模式，促使它们所积累的基本经验继续向前发展，在实现“自主设计、自主建造、自主营运和设备国产化”的总任务中，把推进自主设计放在优先地位，使核电进一步发展的主动权牢牢掌握在中国人自己手里。

2.1 韩国的启示

韩国核电起步于20世纪60年代末，从1978年以来，有计划地推进国产化并取得了成功。但是，在它艰难的进程中，仅压水堆就分批引进了10套机组才在1995/1996年达到73%的国产化水平，而设计始终依赖外国承包商。为从根本上改变这种局面，从第9/10台机组（即灵光3/4号）开始，通过4个国家3家公司的竞标，选定美国燃烧工程公司为主要合作伙伴，逐步引进系统80⁺最新先进技术，踏上设计自主化的道路（见表4-1）。近20年时间，一百几十亿美元资金投入的绝大部分滚进外国承包商的钱袋，代价是很高的。韩国没有类似秦山的经验以及由类似模式形成的综合技术基础，不得不走那样的路。

表4-1 韩国运行PWR核电机组

机组名	总电功率（万千瓦）	NSSS承包商	T/G承包商	A/E承包商	建造开始时间	商业运行开始时间	国产化比率（%）	造价（美元每千瓦）
古里1号	58.7	westinghouse	GEC	Gilbert	1971.8	1978.4	8	510*

续表

机组名	总电功率（万千瓦）	NSSS 承包商	T/G 承包商	A/E 承包商	建造开始时间	商业运行开始时间	国产化比率（%）	造价（美元每千瓦）
古里 2 号	65	westinghouse	GEC	Gilbert	1978.9	1983.7	13	1420
古里 3/4 号	95	westinghouse	GEC	Bechtel/韩技①	1979.6	1985.9/1986.4	29	1150
灵光 1/2 号	95	westinghouse	Westinghouse	Bechtel/韩技	1980.10	1986.8/1987.6	36	1230
蔚珍 1/2 号	95	Framatome	Alsthom	Framatome	1982.1	1988.9/1989.9	42	1250
录光 3/4 号	100	韩重②/CE	韩重/GE	韩技/S&L	1989.12/1990.5	1995.3/1996.1	73	1950
蔚珍 3/4 号	100	韩重/CE	韩重/GE	韩技/S&L	1992.5	1998.8/1999.12	~95	2120

* 第一次石油危机前签订合同。

① 韩技：韩国电力技术株式会社（KOPEC）。

② 韩重：韩国重工业株式会社（Hanjung）。

把我国的情况与韩国进行比较，不难看到：韩国近几年实现设计自主化的经验，我们有条件、有理由借鉴；韩国漫长的、代价高昂的国产化道路，我们更有条件、更有理由避免。

2.2 英国的教训和法国的经验

英国和法国都是老牌核国家，在第二次世界大战结束后都及时开展了核电开发工作，经过 20 年左右的努力形成了各自以石墨气冷堆为主体的核电工业体系。但是，就在 20 世纪 60 年代中期，美国轻水堆已经明显地表现出不容置辩的优越性，并逐渐在国际核电市场占据统治地位，英法两国同时面临改变技术路线的痛苦抉择。英国比较保守，决策层的争执使它丧失了 10 年以上的时间，并最终丧失了核电领先国家的地位，教训是惨痛的。法国比较明智，适合于国情的管理体制使它迅速完成了技术路线的转变，放手引入和充分利用当时最先进的美国专利，果断地、毫不动摇地与本国相对雄厚的核工业技术基础密切结合，实现以我为主、为我所用的国际合作，不到20年就使自己跨入世界核电发达国家的行列。

秦山和大亚湾与国际核电发展中占主导地位的技术路线是一致的，这使我们具备了比法国当年更为良好的技术出发点。只要我们在引进和利用外国技术的时候尽最大可能择优采用，比法国更为自觉地依托和开发本国的技术和产业，我国下一代核电在新世纪的自主化发展历程就必然趋于顺畅[1]。

2.3　中国自主化模式的特点

什么是中国核电的自主化？它既不是闭关自守的回归，也不是徒有虚名的粉饰。它既有技术的、通常意义上的明确要求，又有政治的、历史的以及经济的和现实意义上的特定内涵。它是一个过程，一种发展进程。机械地、僵硬地维护或套用某种模式、某种概念是无济于事的；变态的相互排斥，片面的各搞一套，只会贻误战机，丧失阵地。我们既不夜郎自大，也不妄自菲薄，我们认真思考自己的现实基础和客观环境，坚持继往开来，致力于构筑新阶段适用的自主化发展模式。

自主化的核心是设计自主化，设计的核心是核蒸汽供应系统。设计的领域包括工艺设计、工程设计和设备设计。如果说秦山Ⅱ期在技术发展上属于模仿国外传统设计，那么，新阶段占主导地位的自主化模式就应该以尽快使我国核电设计技术大步跃入国际先进行列为基本任务。在这种模式中，针对秦山Ⅳ期、山东海阳、浙江三门等若干厂址以CNP1000为代表的几种具体设计方案已经提出。这些方案都以满足URD关于下一代改进型先进轻水堆的基本要求为目标，都有国际上可供借鉴的成熟经验，或可供比较的参考堆；都可在自主设计的前提下，通过中外合作

[1] 参阅本章第1节的注以及本书第一章的附表1-2。——2010年12月，作者加注。

有效地引进国外技术而在进一步发展中实现自主知识产权；都可通过3、4套机组的建设，达到真正意义上的国产化并形成我国自己的标准化系列；都在经济上具有可竞争性，并有利于促成我国核电可持续发展机制的建立。这种模式的主要特点可以归结为技术发展上的成熟性、先进性、现实性和可信赖性，而在组织实施的指导方针上则立足于自主设计，以设计自主化带动设备国产化，把自力更生与开放引进有机地统一在一起。因此，这种模式可以概括地称为“以我为主，中外合作”模式。

与“以我为主，中外合作”模式并行的是大亚湾模式的自然延续，是正在岭澳运作的发展中的大亚湾模式。它的主要特点是技术方案上的连续性、渐进性、现实性和可信赖性，而在组织实施和指导方针上则立足于技贸结合，可通过再建几套机组分阶段获取外国供货商的技术转让，逐步实现以工程设计为主的设计自主化和设备国产化，并具备一定的研究开发能力[3]。因此，这种模式也可概括地称为“技贸结合，逐步引入”模式。这种模式有其特定的地缘经济的背景，已具备自我发展的资本实力。

两种自主化模式有许多共同之处。它们都具有安全上、经济上的现实性和可信赖性。大亚湾模式在技术发展上已逐渐向改进型先进轻水堆靠拢，中广核集团推出的CGP1000给出了它的概貌。在“以我为主，中外合作”模式的带动下，大亚湾模式的自主化道路正在演变，策略正在调整，自主设计的构架正在形成。可以设想，如果利用大亚湾基地4套大型机组所积累的技术基础和资本实力，联合国内的设计力量，组建自己的AE队伍，引入当代先进的成熟技术，我国广东地区的核电自主化也会在较高的水平上较快地实现，两种模式也就合二为一了。

2.4 避免片面性，保证先进性与成熟性相统一

先进性和成熟性是贯穿URD基本方针和设计要求的精髓。URD鼓励采用先进技术，并在安全、性能、可建造性、设计过程以及经济性、审批稳定性等各个方面规定了一系列先进指标。但是，URD追求的先进性是与成熟性相统一的先进性，是采用成熟的先进技术。所谓成熟技术，

是指那些已被证明是成功的，尽可能在现有电厂经过多年运行，有着相同性能、材料、运行工况及与环境相容的构筑物、系统、部件的技术，包括设计及分析技术。一个具体设计方案，强调成熟性而忽视先进性是不可取的，强调先进性而忽视成熟性也是不可取的。两种片面性都不符合 URD 的基本精神，都应该避免。

在我国的具体条件下，设计自主化是保证先进性与成熟性相统一的必由之路。当然，自主设计要抓住自主权，也要引进技术、中外合作，并非一切都要自己从头试验、从头开发，否则就难以用尽可能快的速度掌握成熟的先进技术，实现新的突破。但是，如果使自主设计的最终实现受制于一个国家基于推销成套设备而实施的钓鱼式技术转让策略，那么，同样会遭受不必要的损失。在这里，带有片面性的两种倾向，也都是应该尽力避免的。

3 把握基本国情，放眼长远发展，定位于两大战略的总框架中

我国是核电发展中国家，也是未来的核电大国。我国核电自主化发展战略应该既是我国能源发展战略的组成部分，也是我国科技发展战略的组成部分，这是我国的基本国情所要求的。

3.1 现在的幼稚产业要为未来的成熟期开拓发展空间

中国核电产业尚处于幼稚期。这首先表现在规模过小，即使 8 套新机组到 2006 年全部建成，装机总容量仅达 870 万千瓦，占全国发电总能力的份额约 3%，远低于 17%的世界平均水平。更重要的是，还表现在进一步发展的长远规划和产业政策尚不明确；核电技术尚未进入当代核电发展的先进领域；尚不具备独立开发大型机组并自主生产标准化、系列化产品的能力；尚未形成有利于核电产业健康发展的市场机制和管理体制。中国核电的现状与中国经济的飞速发展极不协调，与中国能源发展的实际需求严重脱节。

中国能源研究会编写的《中国能源战略研究（2000—2050）》认为："我国能源发展应以电力为中心。电力建设以煤电为主，适当发展油、气（包括液化天然气）发电，大力加快水电开发，积极发展核电和新能源发电。"清华大学等单位按照国家科委的要求对2000—2050年我国能源发展的前景作了预测。基点是我国在21世纪中叶达到世界中等发达国家水平，人口控制在15亿，人均国内生产总值达到6000美元，电力总装机容量达到12亿千瓦以上。预测表明，考虑到可能的最大的煤炭生产能力以及可开发的水力资源和可再生能源（风能和太阳能）的利用，大约还有2.4亿千瓦的缺口要由核能补充，届时，核电容量将达到电力总容量的20%（见表4-2）[4]。

表4-2　　未来中国的电力需求和构成

年份		2000（规划）	2020	2050
能源需求（亿吨标煤）		14.0	25.0	40.0
电力比重（%）		30	33.6	43.0
发电量（亿千瓦时）		12000	24730	53400
年运行小时（时）		5000	4400	4400
总装机容量（亿千瓦）		2.4	5.6	12.0
构成	水电（亿千瓦）	0.83	1.74	2.43
	抽水蓄能（亿千瓦）	0.01	0.57	1.20
	核能（亿千瓦）	0.06	0.40	2.4
	煤电（亿千瓦）	1.5	2.89	5.97

从表4-2可以看到，如果在2020年核电装机容量达到4000万千瓦❶，也仅占全国电力总容量的7%。但是，这已意味着要在今后20年新建约30套百万千瓦级机组，平均每年1.5套。这大体上相当于20世纪90年代以来韩国的发展速度，总量则接近20世纪80年代中期法国的水平。

❶ 2007年10月颁布的我国《核电中长期发展规划（2005－2020年）》已明确要求："到2020年，核电运行装机容量争取达到4000万千瓦；2020年末，在建核电容量应保持1800万千瓦左右。"——2010年12月，作者加注。

很显然，未来 20 年将是我国核电产业走出幼稚期进入成熟期的关键时期。按照表 4-2 的预测，在 2020 年以后的 30 年间，如果仍以百万千瓦级机组为当量机组，应再建大约 200 套。这个规模接近世界现有运行机组总数的一半，美国在役机组的一倍。可以设想，到了那样的发展阶段，我国核电不仅不会再留有幼稚期的烙印，而且必定会在中国能源产业中占有举足轻重的地位，并以中等发达甚至更高的水准活跃于世界核电市场。

上述估计提示我们，在制订我国核电发展规划和产业政策，安排近期和中期计划，落实启动项目和实施方案时，必须立足我国能源建设的全局，放眼未来，统筹兼顾，力戒囿于眼前，偏于一执。在当前，启动项目和后续项目的技术选型必须慎重，必须依靠所有有经验单位的集体智慧，在足够广泛的范围内进行充分的科学的论证，既坚持先进性，又坚持成熟性；合作伙伴的选择必须择优，必须真正推行公开、公正、公平的招标制，避免受制于外商而丧失技术决策和经济决策的自主权；核电业主的扶持要有远见，要全面考虑产业特点，有利于产权结构的优化、市场机制的发育、合理布局的形成。只有这样，才能为我国核电产业进入成熟期创造必要的前提条件，开拓广阔的发展空间。

3.2　核电作为核工业新的生长点要为推动我国科学技术进步作贡献

在迈入 21 世纪的时候，我国核工业已经过四十五年的艰苦奋斗，为壮大国防实力、发展国民经济、推动科学技术进步作出了重要贡献。核电作为核工业新的生长点已萌发出强劲的发展势头，从而历史地承担起满足能源需求和推动核及其相关领域科学技术继续进步的双重责任。

核电自身是一个不断进步的科学技术领域。核电技术的成熟和先进与核电产业的成熟和发达不是等同的概念。技术是先导，是基础，要为产业的不断发展和更新换代提供不竭的源泉。世界各核电发达国家已对下一代先进核电厂提出如下要求：采用标准的设计，减少投资，缩短建设周期；简化设计，易于操作，运行稳定；具有更高的容量因子和寿期；

经济上更有竞争性；进一步降低堆芯熔化事故的概率；对环境的影响尽可能最小；提高燃耗，减少核燃料的用量和产生的废物。按照这些要求开发的先进堆涵盖了增强安全性的各种改进型和引入创新安全概念的各种革新型（见表4-3）。在改进型设计中，130万千瓦级的先进沸水堆以及系统80$^+$压水堆已于1997年5月获美国核管会最终设计许可证，商业建造的势头已经形成：135万至180万千瓦级的先进压水堆设计方案、建造计划也已诞生。在革新型设计中，基于冷却剂自然对流的非能动“固有”安全特性，使轻水堆安全更少依赖能动部件和人工操作，已于1998年9月获得美国核管会最终设计许可证的AP600压水堆是它的典型代表❶；高温气冷堆使用包有陶瓷涂层的球形颗粒燃料，它的固有安全特性可在高达1600℃温度下保持燃料完整并接近于保留全部裂变产物，严重事故下任何燃料故障都是渐进的，不会发生裂变产物的快速释放；最新设计的重水堆也已具备较高的固有安全性，并为核燃料循环和乏燃料处置提供了独特的灵活性。此外，能够充分利用铀资源的快中子堆已显示出可以成为新世纪核动力发展的新的基础；能够从根本上根除严重事故可能性的“傻瓜式”反应堆将把全新的固有安全概念带入核领域。

表4-3　　目前已开发的先进堆*

国家和开发商	反应堆名称	电功率（万千瓦）	设计进程	主要特点
美–日（通用电气—日立–东芝）	ABWR	130	1996～1997年在日本开始商业运行；1997年5月获得美国核管会最终设计许可证	改进型设计；高效，废物少，简化，建造周期48个月
美国（ABB）	系统80+（PWR）	130	1997年5月获得美国核管会最终设计许可证；韩国已部分引进	改进型设计；可靠性好，简化
美国（西屋）	AP600（PWR）	60	1998年9月获美国核管会最终设计许可证	革新型设计；简化，3年建造周期，60年寿期

❶ 在AP600基础上开发的AP1000，先后在2004年9月与2005年12月获得美国核管会最终设计批准（FDA）与设计认证证书（DC）。——2010年12月，作者加注。

续表

国家和开发商	反应堆名称	电功率（万千瓦）	设计进程	主要特点
法–德（NPI）	EPR（PWR）	152.5～180	1997年完成设计，基于法国标准	改进型设计；安全性好，高燃耗，发电成本低
德国（西门子）	SWR（BWR）	100	早期发展	改进型设计：高燃耗，固有安全性
日本（电力公司）	APWR	135	计划在敦贺建造双堆核电厂	混合安全体系，简化
俄罗斯（OKBM）	V-407和V-392（PWR）	64.0和100	1997年已开建3台V-407机组，计划再建2台V-392机组	固有安全性，60年寿期，简化
俄–芬（AEE-IVO）	VVER-91（PWR）	100	在中国连云港建2台机组	改进型设计：增加安全性
加拿大（AECL）	CANDU-9	92.5～130	1999年批准建造许可证	固有安全性，燃料要求有灵活性
加拿大（AECL）	CANDU-3	48	已完成70%的设计	模块式结构；寿期60年，安全性好
美–俄（通用原子能公司和俄原子能部）	GT-MHR	25～28.5	正在联合开发	涂敷核燃料，高温氦气冷却，固有安全性

* 根据澳大利亚铀信息中心1999年1月发表的资料（参阅《国外核新闻》1999年第1期）。

核电技术的不断进步已经从基础领域到应用领域提出了一系列科学技术课题，而且必将不断提出新的课题。这些课题的突破，不仅会引起核电产业的革命性变化，而且会成为推动整个核工业以及与此相关的机械、电子、化工、材料、信息等一系列其他产业发展的巨大动力。因此，除了百万千瓦级核电厂自主设计启动阶段迫切需要突破的课题以外，在更加广阔和更加深入的意义上，把与核电技术进一步发展密切相关的重要课题纳入我国科学技术发展规划的总框架中也是十分必要的❶。

❶ 在这里，值得一提的是，2010年3月31日国务院常务会议充分肯定了中国科学院知识创新工程实施13年来取得的成绩，决定2011～2020年继续深入实施知识创新工程。经国家批准，中国科学院启动实施“创新2020”并部署战略性先导科技专项，“未来先进核裂变能”是首批专项之一。——2010年12月，作者加注。

3.3 从战略管理的需要出发，从项目驱动的现实入手，进一步理顺核电管理体制

核电管理体制主要涉及政府、行业、企业三个层次。在我国，政府层次的两大职能——“核安全管理”和“行业管理”，在20世纪80年代中期成立国家核安全局时已明确分离。现在，前者由国家环保总局负责，后者则分属国防科工委、计委和经贸委。政府层次两大职能的分离与美、日、法、英、加等发达国家以及韩国、巴西、墨西哥等发展中国家的管理模式一致，在我国核电10几年来的发展中起了良好的作用。在行业层次，长期存在的问题是“核”、“电”、“机”三者的关系在管理上不顺，造成核电姓“核”还是姓“电”的无休止的争论以及核电设备制造业的分散和自发状态。在企业层次，大亚湾的现代企业制度有了成功的开端[5]，秦山也在积极学习和实践，一批科研设计单位已相继在工程实践的锻炼中形成各有所长的技术队伍。但从总体上看，行业层次的不顺，使得现有核发电企业相互掣肘，现有核电科研、设计单位则竞相卷入项目争夺中，既削弱了核电技术长远发展所必需的研究开发力量，又不利于集中有经验的设计队伍投入项目攻关。

我国核电既然肩负着能源发展和科技发展的双重任务，我国核电产业将在未来的20年中走出幼稚期迈入成熟期，我国核能科技要为下一代先进核电技术开山劈路，那么，我国核电管理体制就不能脱离今天的现实，也不能无视明天的需要。可以估计，在一个相当长的时期内，由“核”牵头，“机”、“电”、“核”三大行业在政府主管部门统一领导下，相互配合，协调发展，仍将是我国核电战略管理的主流。尊重和自觉地维护这种体制的运作是正确的，明智的。但是，必须看到，在我国，核电业主的多元体制作为革命性的活跃因素实际上已经在现有管理体制的总框架中形成。鼓励和引导这种体制的健康发展有利于加快核电的产业化进程和市场机制的发育成长。在这个进程和这种机制中，作为能源产业核心的电力工业将逐渐地、自然地成为主导。为改变我国核电设备制造业的

分散和自发状态，应鼓励和引导主要核电设备制造集团寻求既联合又分工的发展模式和组织形式，实现有序竞争、优势互补。随着核电产业的日趋成熟，我国核电管理体制的不断演进和不断优化将是不以人的主观意志为转移的客观过程。

在核电发展的管理框架中，核电工程项目管理具有不可忽视的重要意义。核电战略管理的机制、目标和方法以及由此产生的战略决策无疑是指导核电项目管理的决定性因素。但是，战略是通过一个个具体工程项目的实施而实现的。一个有远见卓识、可靠地植根于国情的战略规划绝不是主观臆想、纸上谈兵的产物，它必须对作为其组成部分的所有可实现项目进行估价，以确定它们服务于战略目标的地位和作用，才能统领全局、决胜未来。

业主是项目法人。在项目管理中，业主对项目负有直接控制和监督的责任。按照项目管理的不同模式[6]，业主可以把项目实施过程中从整体上进行指挥和协调的管理职能不同程度地委托给另外的管理主体（或牵头者）。但是，无论是业主自己牵头还是业主委托别的实体牵头，项目管理的基本出发点都是最大限度地维护业主的根本利益，业主不可能把项目管理的最终责任委托给任何其他实体。

在核电项目管理的各种模式中，作为管理牵头者或其延伸的AE实体/AE公司起着关键的作用[7]。随着我国核电建设迈入自主化发展新阶段，核电项目管理由业主自己牵头正在成为一种发展趋势❶。在这样的条件下，AE实体/AE公司的主要作用就是作为业主的延伸，协助业主搞好项目建设。AE的业务范围通常以工程设计和管理服务为主体。AE的设计工作可以覆盖NSSS供货商业务范围以外的几乎全部工作。AE的管理服务以工程（设计）管理为主，也可包括设备采购、施工管理、调试起动、质量保证和质量控制等。AE公司或其他形式的AE实体通常

❶ 关于核电工程项目管理模式的更为详尽的讨论，请参阅本书第十一章以及程平东、孙汉虹主编的《核电工程项目管理》一书（中国电力出版社，2006年11月第一版，2009年7月第二次印刷）。——2010年12月，作者加注。

还是引进技术、接受技术转让的窗口和载体。可见，AE 实体/AE 公司是业主与承包商、供应商之间的桥梁，是“机”、“电”、“核”在项目实施管理中的结合部。我国“十五”期间的核电自主化启动项目正在落实。在统一堆型的同时，抓好 AE 实体/AE 公司的建设，对于理顺我国核电管理体制，确保启动项目的顺利实施和核电产业的健康成长是十分重要的步骤。

3.4 立足“十五”，认真贯彻既定技术路线；高瞻远瞩，积极规划未来发展蓝图

技术路线是发展战略的组成部分，是为总的战略意图服务的。战略指导思想的混乱必然导致技术路线的混乱。今天，我国核电总结了 20 多年的经验教训，核能界从上到下积极进取，焕然一新；自主化发展战略趋于明朗，现阶段技术路线已有共识，中远期发展蓝图正在规划。核电战线的同仁们十分珍视和爱护这一来之不易的巨大进步。

在“十五”期间以及未来 15～20 年间，集中力量建设一批百万千瓦级的压水堆核电厂是一条符合国情的技术路线，对于加速核电产业走出幼稚期进入成熟期，对于促进核能科技研究开发向纵深发展，都是十分必要的。

人类已经走到了新世纪的大门口，我国百万千瓦级压水堆核电厂启动项目即使以最快的速度立项、设计和建造，在投入运行的时候，国际核电技术的主流已不容置疑地纳入以 URD 和 EUR 为代表的新规范。因此，在贯彻落实我国核电发展技术路线的过程中，充分重视最新的安全要求和经济策略的最佳结合，充分重视成熟性和先进性的辩证统一，充分重视前进一步和继续前进的逻辑关联是有决定性意义的[1]。国内主要核电设计研究单位和核电业主对这些重要关系的高度关注是符合全局利益的，积极可贵的，这也是我国核电自主化发展战略取得成功的希望所在。

---

[1] 参阅本书第一章 5.1 节末尾的注。——2010 年 12 月，作者加注。

4　结语

人类有理由带着 20 世纪文明发展的辉煌和骄傲进入新世纪，但是无法回避它的双生子——环境恶化也已敲开新时代的大门[8]。二氧化碳大量排放、温室效应不断加剧所造成的频发的自然灾害以及肆虐的污染源——氧化硫、氮氧化物和酸雨；烟灰、尘埃；砷、铅、水银等有毒重金属和铀、钍、镭等天然放射性同位素等，对人类生存环境构成严重威胁。在这些异花苦果的播种者中，煤、石油等有机燃料的掠夺性燃烧是一大元凶。而这些有机物质是大自然几亿年造化赠给人类的宝贵资源，人类没有理由让它们在短则几十年长仅几百年的时间里就挥霍殆尽。人类要为她的未来发展着想，要对她的子孙后代负责。这就是从发达国家到发展中国家普遍寻求最佳能源出路的根本原因。但是，人类在能源领域的选择没有太多自由度。核能在本性上的优越已经经受了严峻的、历史的考验。“毫无疑问，切尔诺贝利综合症将被克服，核动力将重新开始以相当快的速度发展”[9]。这就是人类迈入 21 世纪的能源大局。中国的自主化核电发展战略就是在这样的大局中形成的，其前景无疑是令人鼓舞的。

（原文见 2000 年 1 月《上海市原子核学会核能专业委员会/核能设备专业委员会文集》，收入本书时略有删节，作者：孙汉虹，程平东）

参考文献

［1］康日新．全力以赴　促进中国核电事业的发展——在核能动力学会第六届年会的发言．乌鲁木齐：1999

［2］国务院发展研究中心．战略与选择——中国核电产业发展政策研究．中国核工业，1999，（3）：13

［3］王兵．关于核电设计自主化问题的思考．核能发展战略研讨会论文集．P.152．中国核学会核能动力学会第六届年会，乌鲁木齐：1999.8

［4］温鸿钧．中国核能发展．核电工程与技术，1999，12（1）：1

[5] 荣敬本，赖海榕．现代企业制度在广东核电的诞生和发展——从广东核电合营有限公司到中国广东核电集团有限公司．经济社会体制比较，1999（1）：2

[6] 国际原子能机构技术报告丛书．第 279 号，核电项目管理指南．北京：原子能出版社，1996.

[7] 沈增耀，程平东．核电项目管理模式优化和 AE 公司．核能发展战略研讨会论文集．P.141．中国核学会核能动力学会第六届年会，乌鲁木齐：1999.8

[8] 孙汉虹，程平东．核电发展的新机遇和新挑战．核电工程与技术，1998，11（3）：2

[9] О. Д. 卡扎科夫斯基．俄罗斯快中子反应堆技术回忆录．陈叔平，姜百文译，张忠岳校．北京：原子能出版社，1998.

推行以实施效果为基础的质量保证方法是为了纠正一种普遍的误解：质量保证仅仅包括形式主义的要求。

第五章 质量保证从“符合型”向“实效型”的转变

从“管理、实施、评价”的相互关系上阐明了“实施”是全部质量保证活动的中心环节，讨论了“以实施效果为基础（performance-based）的质量保证方法”的基本内涵和重要意义，论述了领导重视和全员投入是建立以实施效果为基础的质量保证体系的关键。

1 引言

我国核电质量保证是随着我国核电事业的诞生而诞生，发展而发展的。核电质量保证是对核电厂活动实施管理的科学，因而是一门实践的科学。有了管理的对象，必然产生管理的需求，并形成管理的实践。早在我国大陆第一座核电厂——秦山核电厂（Ⅰ期）工程建设的初期，上海核工程研究设计院就在 1985 年 8 月首次制订了《核电站设计质量保证大纲》。1986 年 7 月，国家核安全局经国务院批准颁布了我国第一部关于核电厂质量保证的安全法规——《核电厂质量保证安全规定》（HAF0400）。上海核工程研究设计院随即遵循该法规和相关导则的要求，编制和实施新的质量保证大纲，正式组建质量管理处，健全质量保证体系。在秦山Ⅰ期设计、制造、建造、调试和运行的各个阶段，上海核工程研究设计院与业主密切配合，开展了一系列质保活动，保证了秦山Ⅰ期工程建设的高质量以及六年多来安全高效的运行❶。

秦山Ⅰ期首开了遵循我国核安全法规、独立自主地开展质量保证活动的先河。当然，开创时期的活动还很不规范，也很不成熟。1992 年以来，上海核工程研究设计院遵循国家核安全局依据国际原子能机构（IAEA）50-C-QA（1988）修订发布的新版《核电厂质量保证安全规定》[HAF0400（1991）]，吸取国内外核电项目管理的先进经验，建立了巴基斯坦恰希玛项目（简称“PC 项目”）的设计质量保证体系[1]，编制和实施《PC 项目设计质量保证大纲》及相应的设计质量保证手册，并基于 IAEA 安全文化的概念建立自己的质量文化概念[2]，发布和推行《质量文化手册》，使核电设计的质量保证活动纳入更规范、更科学、更自觉的轨道。PC 项目的设计质保体系与 PC 项目采购、制造、建造等领域的质保体系密切配合，成为业主实施质保总大纲的有力支持，保证了恰希玛核电厂质量目标和安全目标的实现[3]。

PC 项目作为我国第一个核电出口项目，是遵循我国核安全法规和国际规范，独立自主地开展有计划的、系统的质量保证活动的典型，在质保活动的管理、实施和评价等方面进行了积极探索。在秦山Ⅰ期至 PC 项目以及大亚湾核电厂这两类典型取得成功的基础上，我国核电建设进入了加速发展的新时期。在建的 8 个机组将使核电装机容量在 21 世纪初增长 3 倍，更加光明的前景也已跃然于设计蓝图之中[4]。为了适应新的形势，迫切需要进一步提高我国核电质保的水平，进一步增强我国核电质保的实力。为此，上海核工程研究设计院以兴建秦山Ⅲ期 CANDU 项目为契机，从 IAEA 获得技术援助，在 1997 年和 1998 年先后举办了 5 次研讨班和讲习班。作为主题之一，对 1996 年 9 月正式出版取代 50-C/SG-QA（1988）的 IAEA50-C/SG-Q（1996）进行了比较系统的研讨。这一系列研讨都由 IAEA 派遣的专家主讲，包括已运行和在建核电厂以及有关设计研究院（所）在内的全国近 20 个单位 250 余人次参加，成为国

❶ 秦山Ⅰ期安全高效的运行记录已保持至今（参阅本书第一章表 1-1、新增附表 1-1 以及相关的注释）。——2010 年 12 月，作者加注。

内核电质保界的盛会，其作用和影响必将在我国新的一轮核电建设中逐渐显现出来。

2 管理—实施—评价，实施是中心环节

与 50-C-QA（1988）相比较，IAEA50-C-Q（1996）最显著的特征是简单、明确。它在第一章“引言”之后，分列 3 章把质量保证的基本要求分成三种职能类别：管理（Management），实施（Performance），评价（Assessment）。据此，IAEA 系列研讨班和讲习班的第一次活动（1997 年 3 月 13 日～14 日）以高级管理人员为主要对象，着重于研讨基本的管理要求；第二次活动（1997 年 3 月 17 日～21 日）则以自我评价和独立评价为主题；第三次活动（1997 年 7 月 7 日～11 日）把讲习的重点放在采购和承包商/供货商的控制上，目的是针对在建核电厂质保实践中带有普遍性的急需解决的问题，在理解 IAEA 法规、导则和有关国际标准的同时，吸取核电发达国家在实施中的经验；第四次（1998 年 3 月 23 日～27 日）和第五次活动（1998 年 7 月 6 日～10 日）分别选取管理功能中比较困难和比较复杂并在新法规及其所有导则中都有明确要求的分级问题，以及作为特殊物项并在核电厂设计、运行等领域发挥越来越重要作用的计算机软件的验证和确认作为研讨的重点。这一系列研讨活动既有助于全面掌握 50-C-Q（1996）的基本原则和方法，又为我国质保工作者致力于提高质保活动的实施效果提供了借鉴。

50-C-Q（1996）建立的质量保证基本要求共 10 条。其中，属于管理职能的 4 条：质量保证大纲，培训和资格，不符合性控制和纠正措施，文件控制和记录；属于实施职能的 4 条：工作，设计，采购，针对验收的检查和试验；属于评价职能的 2 条：管理者自我评价，独立评价。为帮助使用者理解，法规附录给出了这 10 条基本要求的补充信息。新法规在引言中把建立这些要求的目的概括为“通过不断改进为实现质量所采用的方法来提高核安全”。为此，“贯穿修订版质量保证法规和相关安全

导则的重点是强调全体管理人员、实施人员和评价人员共同为确保质量和达到安全目的作贡献”。在这里，“全部工作都是可计划、可实施、可评价和可改善的过程”，都服从于“实现质量，提高安全”的目的。但是，从根本上讲，质量是由实施工作的人员通过工作的实施实现的；管理的职能是为实现质量提供计划、指导、资源和支持，因而是为实施服务的；评价的职能既包括评价管理过程的有效性，也包括评价工作实施的效果以达到改善管理、监控质量和促进改进质量的目的。十分清楚，从管理、实施、评价的关系上考察，正是质量保证的根本目的决定了工作的实施是全部质量保证活动的中心环节。因此，必须把全部工作的焦点放在实施效果上并强调诸如设计人员、建造人员、运行人员、维护人员和辐射防护人员等从事工作的人员的全部责任，以促进、支持和确保核电厂选址、设计、建造、调试、运行和退役的安全。

与50-C-QA（1988）相比较，新版法规50-C-Q（1996）的另一个特点是未包含如何执行基本要求的具体方法。关于执行方法的指南全部放到了14个安全导则50-SG-Q系列中，这既有利于把必须满足的基本要求和可以变通的执行方法明确地区别开来，又有利于在不降低安全的前提下，根据实施过程的具体环境和条件灵活地选择和确定执行方法。14个导则大体上分成两类，一类是适用于核设施各领域各阶段活动的通用导则，另一类是适用于核设施某一领域某一阶段活动的专用导则。其中，对应于管理职能的通用导则有“Q1 质量保证大纲的制订和执行”，“Q2 不符合性控制和纠正措施”，“Q3 文件控制和记录”。管理职能中关于培训和资格的要求则根据各领域、各阶段活动的特点分别放在各相关导则中而未形成通用导则。对应于评价职能的通用导则是“Q5 质量保证大纲执行情况的评价”。对应于实施职能的通用导则有“Q4 针对验收的检查和试验”和“Q6 物项和服务采购的质量保证”。Q7至Q14依次为制造和研究开发领域以及选址、设计、建造、调试、运行和退役阶段的质量保证。这8个专用导则中，除Q7以外，都与法规的结构一样，由引言、管理、实施、评价4章组成。各领域、各阶段的质量保证活动都以实施为中心环节，形成管理—实施—评价的体系，服从于“实现质量，提高安全”的总目标。Q7 的结构形式虽有例外，但内容实质是一致的。

3　追求实施效果，防止形式主义

50-C/SG-Q（1996）提出了一个鲜明的概念：“以实施效果为基础（Performance-based）的质量保证方法”。提出这个概念的目的是为了“纠正一种普遍的误解：质量保证仅仅包括形式主义的要求”。

概念的内涵是显而易见的。什么是实施效果？前面的讨论清楚地表明，对于所有质量保证活动，无论它属于管理、实施和评价中的何种职能，实施效果就是质量目标和安全目标实现的程度。追求实施效果是管理、实施、评价的共同职责。

对质量保证活动的误解以及由此产生的形式主义后果是比较普遍的。在形式主义盛行的单位和场合，关注的焦点不是质量保证要求的实施，而是写出“符合规格”的大纲文本和程序手册，追求的目标不是实施的效果，而是获取证书和应付检查，人们似乎忘记了质量保证的根本目的是“实现质量，提高安全”，而醉心于看似漂亮的统计报表和总结报告。形式主义是质量保证工作的大敌。不防止和克服形式主义，质量保证就会走入歧途，甚至被葬送。

质量保证是科学的管理活动，它产生于武器装备、承压容器、核设施等复杂而又与安全密切相关系统的确保质量的实际需要。1970 年 6 月以来，美国政府批准发布的关于核电厂质量保证的第一个法规 10CFR50 附录 B 所确立的 18 条准则虽然在执行过程中几经修订和增补，却一直是世界各国质量保证的参考蓝本。1990 年 8 月，美国核管会在总结 20 余年实践经验的基础上，把 18 条准则首次归纳为三个基本原则：管理、实施/验证、自我评价，把关注的焦点放在质量水平的实现上。IAEA 从 50-C-QA（1978）、50-C-QA（1988）到 50-C-Q（1996）的演变轨迹是相似的。IAEA 的功绩在于从这种演变中把一个呼之欲出的概念明确地提了出来，并在新版法规和相关导则中把它变成一种可操作、可度量的方法和指标。

50-SG-Q1（1996）指出，“管理者应当评价和分析实施效果。他们应当考虑诸如失效和破损，返工及其频度，延迟，偏差，时间损失，工作积压趋势，同要求的符合性和改善。”为此，“应当使用实效指数（Performance indicator）并建立其他适用方法。”实效指数是度量实施效果的定量指标，由那些用于识别和监测核安全、运行性能以及管理过程有效性的参量和信息组成。50-SG-Q13（1996）指出，实效指数应该作为电厂人员改进性能和安全的工具，使以下情况尽可能减少：

——安全有关系统的非计划投入；

——强迫停堆的次数；

——电厂和设备的不可利用率；

——人因差错；

——耗费时间的事故；

——放射性辐照；

——污染；

——放射性废物的产生；

——返工数量；

——未完成工作的数量；

——设备和部件的故障率；

——电厂老化的影响；

——偶发事件和异常事件；

——对运行限制和条件的不符合。

当然，这里给出的只是核电厂运行实效指数的典型情况。不同的单位、不同的管理层次、不同的活动领域都可以建立自己专门的实效指数。

50-SG-Q5（1996）指出，“应该监测实效指数，以便记录变化，确定趋势”；“应当分析实效指数的趋势，以判断有利因素和不利因素，有利因素用于促进改善，不利因素的原因应予确定并加以限制。”实效指数的建立和应用为采取适当的纠正措施，不断改进质量提供了依据和指导。

4 领导重视，全员投入

在关于计算机软件的验证和确认的讲习班结束后，曾经向 IAEA 专家提问：为了建立计算机软件的质量保证体系，什么是最重要的步骤？什么是最困难的步骤？答案很简单：最重要的是领导重视，最困难的是全员投入。其实，这两个问题和两个答案并不是建立计算机软件质保体系的特殊问题和特有答案，而是整个质量保证领域的两个最经典的问题和两个最经典的答案。对于建立以实施效果为基础的质量保证体系，问题和答案同样如此。

50-C-Q（1996）指出，作为单位领导的高层管理者“负有质量保证大纲策划、建立、执行和成功的责任和职责。质量保证大纲的成功就在这一层次上开始。”新法规特别指出，正是在这一层次上，“不允许也一定不要把质量保证大纲有效性的责任委派他人。”在如何履行责任和职责的问题上，新法规明确要求：

（1）作为质保大纲的一部分，高层管理者要制定并发布书面质保政策声明，确立管理者在质量方面的概念和目标，表明高层管理者对达到质量和不断改善质量的承诺。

（2）高层管理者要确立并培育“把质量要求汇集到日常工作中去”的信念，并向工作的实施人员提供必要的信息、工具、支持和鼓励，使他们恰当地完成所承担的工作。

（3）高层管理者要使人员个体从管理部门得到授权，对工作承担责任，由此激励人员个体和单位改善实施效果。高层管理者通过积极地致力于实现质量，使质量文化不断增强。

（4）高层管理者要承担各层次管理者自我评价的全面责任，而且要直接参与评价过程。

在这里，新法规不仅阐明了高层管理者必须具备的质量保证意识，而且规定了他们必须切实投入的工作，使“领导重视”难以变成空话，从而抓住了推动整个质保体系有效运转的关键。

50-C/SG-Q（1996）把全部质量保证工作概括为以实施为中心环节的“管理—实施—评价”的体系，强调以实施效果为基础，要求各级各类人员各司其责，每个人为确保质量和达到安全目的作贡献，这就从管理观念上排除了仅由质保专职部门管质保的误区，奠定了“全员质保”的基础。

为了给“全员投入”创造必要的条件，新法规十分重视各级各类人员的教育培训，提倡“不指责他人”的意识，使所有人员都有机会投身于改进质量。更重要的是，新法规揭示了一种依靠单位自身力量不断实现自我完善的内在机制和管理体制。这种机制和体制把单位全体成员的使命感、对改进质量和提高安全的追求、施展自己才能的愿望等作为单位质保体系中最基本、最活跃的因素，充分融入了质量文化的精髓[2]。新法规为各个管理层次规定的管理者自我评价原则和方法集中体现了这种机制和体制的本质。

管理者自我评价关注的重点不再是狭隘的符合性问题[5]，而是广泛类别的管理问题。新法规附录列举了这些问题，它们包括：

——单位的使命；

——雇员是否理解这种使命；

——对单位的期望是什么；

——这种期望是否得到满足；

——改进质量和提高安全的机会；

——怎样更好地使用人力资源，等等。

显然，这些问题直接关系到单位全体人员的自觉行为和整架质保机器的有机运作。在这里，“全员投入”不再是一种口号，而是一种机制和体制，是需要管理者特别是高层管理者去细心发掘和努力建设的。

5　结论

传统的质量保证方法是以追求符合性为主导的，可以称为“符合型质保”；IAEA 新法规提出的质量保证方法“以实施效果为基础”，可以称为“实效型质保”。从符合型质保演化为实效型质保是质保思想和方法的重大进步和发展。以实施效果为基础不是抛弃符合性要求。质保大纲的适用性、质保程序的有效性、质保活动的一系列基本要素仍然是实效型质保的重要内容。但是，它们被深化了，被扩充了，被明确地放到了“实施效果”这个基础上。符合性必须提高到对质量和安全目的的符合，必须同实效性相统一。追求实施效果是包括管理、实施、评价在内的全部质保活动的共同要求，是包括管理人员、实施人员、评价人员在内的全体人员的共同职责。实施效果是检验和改进质保体系的最根本的标准和最终的依据。

通过 HAF0400（1986）系列和 HAF0400（1991）系列先后十多年来的贯彻执行，通过秦山、大亚湾核电厂的具体实践，我国核安全管理部门和核电质保界积累了宝贵的经验。在此基础上，使我国核电质量保证的整体水平较大幅度地提高一步，不仅是客观形势的迫切需要，而且已具备日趋成熟的现实条件。质量保证的安全法规和相关导则是开展质量保证活动的法定依据。要提高质量保证的整体水平，首先要提高法规、导则的水平。因此，核安全管理部门果断地因势利导，进一步推动对 IAEA 新版法规、导则的深入研讨，系统地、准确地理解它们的内容和实质，从我国实际出发，吸取其精华，及时修订我国自己的法规、导则已是有必要提上日程的任务。如果说质量保证活动中已经暴露出来的某些误解和偏向是带有国际性的通病，那么，这种通病在我国的表现已达到不容忽视的程度。以实施为中心，以实施效果为基础的质保思想和方法不仅对我国是适用的，而且具有特别重要的意义和价值。实现从符合型质保向实效型质保的转变不仅是我国广大质保工作者的共同愿望，而且在我们这样一个强调实践、强调人的主观能动性的国家是有优越的客观环境的。可以相信，在我国质保工作者的共同努力下，这个转变一定会健康地、尽快地实现❶。

（原文题为“建立基于实施效果的质量保证体系”，发表于《核电工程与技术》Vol.12，No.2，1999 年 6 月，作者：程平东，沈文龙）

参考文献

[1] 耿其瑞，程平东．上海核工程研究设计院核项目质量保证活动．核电工程与技术，1995，8（2）：1～9

[2] 程平东．核电厂设计中的质量保证与质量文化．核电工程与技术，1996，9（3）：1～7

[3] 耿其瑞，程平东．恰希玛核电厂的安全原则和设计管理．核动力工程，1997，18（6）：520～525

[4] 孙汉虹，程平东．核电发展的新机遇和新挑战．长江技术经济学会能源学术委员会成立及学术交流会论文．P.13 武汉：1998

[5] 程平东．管理部门审查的法规要求和操作实践．核标准计量与质量，1996，（3）：26～29

❶ 2006 年，IAEA 发布了安全标准系列 GS-R-3《设施和活动的管理体系》，意在取代 1996 年发布的 50-C/SG-Q。GS-R-3 综合了质量、安全、健康、环境、保卫等多方面的体系，迈出了把不同管理体系统一起来的第一步，但是，它较多地兼顾各体系的共性，对一些重要的质量保证要求未作规定，可操作性与实用性有限。核电关心的是保证物项和服务的质量，从而保证核安全。因此，在实际操作中，必须坚持执行我国核安全法规 HAF003《核电厂质量保证安全规定》，参考执行 IAEA50-C/SG-Q（1996），不断推进质量保证从“符合型”向“实效型”转变。HAF003 的前身即基于 IAEA50-C-QA（1988）的 HAF0400（1991）。——2010 年 12 月，作者加注。

质量是衡量社会文明发展程度的重要尺度。质量代表一个国家的形象，一个民族的精神。

——朱镕基

第六章 核电厂设计中的质量保证与质量文化

从质量保证是核电安全的重要原则出发，以恰希玛核电厂设计质量保证活动为例，借鉴IAEA关于安全文化的概念，引出核电厂设计中的质量文化概念，阐明了质量文化的内涵和实质，论述了质量文化在质量保证中的地位和作用，讨论了质量文化建设的重点，介绍了上海核工程研究设计院对人员质量文化素质的基本要求，提出了对今后工作的设想和展望。

1 质量保证是核电安全的重要原则

三哩岛二号机组和切尔诺贝利四号机组发生严重事故的历史教训，使核电安全问题进一步成为公众关心的热点问题。与其他电力资源相比，核电存在和发展的理由是充分的，但是必须提供足够的证据，使公众相信每一座特定核电厂的安全水平是可以接受的，核电安全是有保证的。为此，国际核能界已经形成并贯彻一系列有关核电安全的基本原则和具体原则[1]。在这些原则中，质量和质量保证占有重要位置。

高质量的物项和服务是核电安全的基础。质量保证的根本任务，就是通过所有从事核电活动的机构和人员的一系列科学的、规范的计划、控制、验证等活动，以足够的置信度确保核电厂物项和服务满足特定的、适当的质量要求，使核电厂在实现有效地、经济地发电直至退役的全寿期中达到必要的、既定的安全目标。

在物项和服务质量形成的诸多环节中，设计是基础。核电厂设计人员基本的工作目标就是作出一个高质量的设计。他们保证核电厂的部件、系统和构筑物具有合适的特性、技术规格和材料，并合理地进行组合和布局，满足电厂总的技术规范要求：电输出；设计寿命；系统必需的机动性；必要的事故预防能力，以及通过电厂具有的正常特性和专设安全设施，把各种工况可能造成的损坏，以及对人员、社会和环境的影响限制在可接受的范围内。在设计中，设计人员还必须考虑超设计基准的事故，确保其中较重大的事故可以通过事故处置和应急准备采取的措施得到有效的缓解。核电厂设计的这一系列质量和安全要求是通过设计管理，通过采用经过实验和经验证明的行之有效的工艺，通过满足一系列设计基准的要求，通过核电厂常用的一般设施和发挥特定安全功能的各种具体设施的设计控制来实现的。由上海核工程研究设计院作为设计总承包单位的我国第一座出口核电厂——巴基斯坦恰希玛核电厂的设计质量保证体系正是根据这些要求建立的，它的全部质量保证活动正是围绕这些要求展开的。

设计质保监查是设计质保活动的重要环节，是验证和推动质保体系有效运转的重要方式，监查的深度和广度也是判断核电厂设计控制深度和广度的重要标志。近三年来，上海核工程研究设计院对所属各处室以及两个合同分包设计单位所承担的安全重要和运行重要物项的设计进行了三十余次内部和外部质保监查。这些监查，覆盖面宽，与设计进度配合默契，监查中发现的一百多个问题涉及设计输入、设计分析、设计接口、设计输出、设计验证、设计变更、组织机构、文件管理等各个方面的设计活动。这些问题的及时纠正，以及各处室和分包单位从这些监查得到启发，“触类旁通”，“举一反三”，开展的不同层次、不同方式的质量自检自查活动，使恰希玛核电厂的设计质量和安全性得到了保证。例如，基于秦山核电厂的运行经验，恰希玛核电厂的控制棒驱动机构设计作了较大改进，对该物项设计已经进行的三次质保监查，都安排在设计过程的重要控制点上；对作为该物项设计验证的样机冷态和热态试验规定的质保要求级别与物项设计的质保级别相适应，安排了严密的质保跟踪计划。由院长政策目标、项目质保大纲、一系列质保程序和工作程序、项目设计组织机构、一系列标准和规范、院室两级质保部门和人员等因素和环节组成的质保体系，已经接受了上级主管部门和巴方业主的三次质保监查，以及由院长指派的、由院内管理专家和技术专家组成的专门小组的两次管理审查。这些监查和审查的结果证实了恰希玛核电厂设计质保体系的有效性。上海核工程研究设计院院长和质保部门以及其他有关部门和人员对这些监查和审查所提出的纠正要求和改进建议给予充分重视，并不懈地努力，使整个质保体系在螺旋式的运行发展中不断完善。基于对这种不懈努力和不断完善的信赖，人们有理由预期，由秦山核电厂开始谱写的“中华牌”核电厂的安全而又高效的运行记录，必将在巴基斯坦恰希玛核电厂继续下去。

2 质量文化是质量保证的灵魂和杠杆

核电质量保证对象的多样性、复杂性以及这些对象间的内在联系，决定了核电质量保证活动必须是科学的、规范的。质量保证活动的科学性和规范性是与简单地、机械地重复某些管理操作不相容的，也排斥来自任何方面的主观随意性和盲动性。核电质量保证活动的这些特点，要求从事质量保证活动的机构和人员具有种种必要的特性和态度，用以支配他们的行动与相互关系，使核电质量问题得到与其在核电发展中的地位与作用相适应的应有的重视。参照 IAEA－INSAG 关于“安全文化”的概念[2]，可以把这里表述的思想类比地称为“质量文化”。显然，由此定义的质量文化属于质量保证的范畴，是一切质量保证活动的灵魂和杠杆。

然而，从最一般的意义上讲，文化是人类社会历史实践过程中所创造的物质财富和精神财富的总和；从特定的意义上讲，文化是指社会的意识形态，以及与之相适应的制度和组织机构。质量则是社会物质产品和精神产品的一种内在规定性，它在社会产品形成的过程中形成，表征产品的优劣程度。因而，质量是衡量社会文明发展程度的一个重要尺度。质量本身代表一个国家的形象，一个民族的精神[3]。因此，从广阔的意义上讲，一个国家和民族的质量文化是由这个国家和民族关于社会产品质量问题的种种特性（这些特性包括物质的与精神的两方面）以及种种态度（从决策、管理到行为方式、习惯等诸多方面）的总和构成的。由此可以推论，对于一个单位，质量文化则应是存在于单位和个人中的关于产品质量问题的种种特性和态度的总和。对属于质量保证范畴的质量文化概念而言，这些特性和态度主要涉及两类问题，一类是单位内部的必要体制和管理部门的逐级责任制，另一类是各级人员对质量问题的响应，即个人的承诺和能力。显然，这些特性和态度与单位的指导方针、政策原则和工作作风以及每个人的工作态度、工作方法、思维和工作习惯密切相关，这些特性和态度应该体现在对于单位决策层、管理层和单位每个人的不同要求中。

在恰希玛核电厂的设计质量保证大纲中，作为单位决策层代表的上海核工程研究设计院院长以“政策声明”的形式公布了根据合同承担的核电厂设计的基本原则和方针，规定了基本的管理体制和对人员资格的要求，建立了以定期审查为基础的自我完善机制，承诺了自己的责任。此外，院长还在自己的任期目标中规定了一系列具体措施，保证所有的职工在从事与核电安全和质量有关的工作时，能配备必要的设备、装置和各种技术手段。所有这些及其有效实施，构成了决策层的基本态度，履行了决策层的基本职责，为上海核工程研究设计院奠定了质量文化的基础。

在上海核工程研究设计院的管理体制中，各职能处室以及各研究设计室的行政和技术负责人是管理层的主体，他们的责任是根据院长规定的政策和目标开展工作。所有这些部门及其负责人都有由文件详细规定的明确的责任分工，他们为了确保严格按标准完成各项与质量有关的工作，建立了一整套涉及核电厂设计各个环节、各个领域的工作程序、细则和手册，并切实地贯彻、不断地完善、适时地更新；对本部门的工作人员进行资格审查，组织培训、实施奖罚，使所有人员都能胜任所承担的工作，并始终对质量问题保持高度的责任感和积极性；在贯彻上述措施以外，还建立和实施关于监督、审查和对比、借鉴等的管理制度，使整个管理体系处于良好的运转状态。通过以上途径，单位管理层不仅以行动表明了他们对质量文化的事实上的承诺，还推动着职工质量文化水平的提高。

不能把建立质量文化看成仅仅是单位决策层和管理层的责任。质量文化的概念和性质决定了它是单位全体员工的共同任务。由于个人行为的重要性，在质量文化的体系中，对人员个体素质的要求是尤为重要的。这一点，本文的下一节将详细进行讨论，这里，仅仅指出，每个人对质量问题的警觉性和使命感、实时的见解、丰富的知识、准确的判断能力、正确的履行职责、献身精神和求索态度以及由此产生的严谨的工作方法和良好的工作习惯是质量文化中最积极、最活跃的因素。因此，上海核工程研究设计院十分重视通过质保活动的实施和各种层次、各种方式的教育、培训，使人员的个体素质不断优化，以适应其岗位工作的需要。

恰希玛核电厂设计项目的上述活动虽然只是一个实例，但是，这个实例已经可以将质量文化的内涵和质量文化对单位决策层、管理层和单位每个个人的不同要求揭示出来。

质量文化的概念和内涵及其各种要求表明，在质量保证的范畴内，质量文化的实质是使单位和个人对质量密切关注的一种手段，是基本的管理原则。在恰希玛核电厂设计项目的全部质保活动中，可以清楚地看到这种手段和原则如何起着“灵魂和杠杆”的作用。例如，每一个有经验的设计者都懂得正确地确定设计输入及其变更对产生符合要求的设计的重要性，然而并非每一个设计者都完全地了解必须形成相应的设计输入文件（包括设计输入清单）、经过批准并置于控制之下。在较早的质保监查中，往往碰到这种情况，设计者强调清单在他的脑子里，某些技术数据已与接口方有过口头协议，甚至可以拿出私人笔记本作为凭据。这种情况在最近的监查中已经明显减少了，因为随着质保大纲和程序的有效贯彻，监查的频繁进行，有关的要求已被理解并逐渐养成习惯。在恰希玛核电厂的施工设计中有过这样一个实例：辅助给水系统要用消防水作为第三水源，而在消防水系统的设计文件中无反映，技术上的原因是接口双方对有关的规范、标准理解不一致。质保监查发现了这个问题，并了解到设计管理部门协调过这个问题，发布过技术负责人批准的接口文件，针对这一情况，监查组没有简单地要求有关的接口方执行有效的接口文件，而是要求设计管理部门组织进一步协调，使双方在调研有关资料的基础上，对国内外有关规范、标准取得一致认识，圆满解决了这个较长时间存在的接口问题。十分清楚，对规范、标准的深入理解以及建立在理解基础上的运用是设计人员应该具备的技术素养，这种素养的形成对于自觉地遵循质保要求是一种内在的保障。上海核工程研究设计院按照质保要求分级的原则，把长期实行的设计文件校审、质量评定和奖罚制度作了改进。这是一次从设计验证领域改变工作作风、强化质量责任制、提高质量文化水平的重要尝试。过去长期使用的校审单中，校审意见栏是一片白纸，校审者是否留下具体的校审意见以及留下怎样的校审意见，均无约束，以致一些校审者只写上“已校”、“已审”、“已阅”，甚至只有一个签名就交差了事。后果如何呢？某一张图纸某一个部件两处标注的尺寸互相矛盾，虽经各级签字，却无一发现，设计环节几分钟就可排除的错误造成了施工现场上百个工日的返工；某些预埋件、贯穿件的重叠设置带给了施工现场恼人的修改，如此等等。针对这些情况，新的校审单用表格形式对设计文件和设计图纸分别规定了二十条校审要求和相应的质量评定标准，并辅之以“动真格”的奖罚条款。这样，一种新的质量氛围就在新旧作风、习惯的撞击中得到形成和发展。在核电厂设计中，各专业领域已广泛使用计算机软件作为设计分析和设计验证的工具，覆盖计算机软件生存期的系统的质保活动已摆上议事日程。在这样的情况下，要不要按照有关法规、规范、标准的要求，参照核电发达国家常规的做法，制订自己的计算机软件质保管理程序呢？这是考察上海核工程研究设计院是否有决心把设计队伍的质量文化素质推上一个新台阶的又一例证。在院长的支持下，经过了几个月的酝酿，这样的程序产生了，生效了。这意味着上海核工程研究设计院不仅认真地总结和肯定已有的管理经验，而且有决心、有勇气把尚未实现、要在今后较长时间经过艰苦努力才能逐步实现的目标公之于众，以求在全院决策层、管理层和全体员工的共同努力和相互监督下，把预期的目标尽快变成现实。这种对提高质量的积极的、主动的追求正是质量文化的精髓。

还可以举出更多的例子来说明同一个道理。但是，前面的阐述和所举的例子已经清楚地表明：质量文化并不是从外界强加给一个单位的生造的概念或时髦的名词，而是本来就存在于一个单位内部的对单位及其人员个体的行为起着支配和调节作用的内在素质的集中概括。在这里，需要的是阐发，是揭示，是自觉的认识和建设，使其从“自在”走向“自为”。

3　质量文化建设的重点是不断优化人的素质

从上面的讨论可以看到，质量文化具有几个显著特点。一是全局性，涉及单位工作的几乎所有方面和所有领域：物质的与精神的，行政的与技术的，意识形态的与体制、组织机构的等。二是层次性，从单位的决策层、管理层，到全体员工；从方针、政策，到大纲、程序和规范、标准，直至工作细则、手册；从对待工作的基本态度，到思维方式、工作方法和工作习惯等。三是动态性，各种因素、各个环节和各个层次都在运动中发生联系，都在质量有关活动的展开中随着时间的推移而发展变化。质量文化的这些特点决定了质量文化建设本质上是一项系统工程，应该按照系统工程的原则进行规划。首先，质量文化的全局性特点导致了对其建设的整体性要求，即必须把它作为有机的整体，既要考虑到其中各种因素、各个环节和各个层次的可分性和矛盾性，又要考虑到它们之间的关联性和统一性。其次，质量文化的层次性特点则要求其建设遵循有序性原则，一方面，应从其内部结构的轻重、主次之中抓住重点，抓住优先环节，逐步地有计划地顾及一般，另一方面，又应从其作为一个开放系统而与周围环境条件的联系中，利用单位内部其他工作领域的各种积极因素和单位外部的各种积极影响，推动自身的有序化建设。第三，从质量文化的动态性特点出发，则应把建设的着眼点置于质量有关活动的实践过程中，通过不断总结经验教训，使其在螺旋式发展的运行和操作中趋于完善、走向高级。

如前所述，恰希玛核电厂设计质保活动的实践已经反复表明，核电厂设计中的质量问题在某种程度上都来源于人为的因素。实践同样证明，人的能动性在发现和消除潜在的质量问题方面是十分有效的。如果他们不仅遵守规定的程序，而且按照质量文化的规范进行每一项工作，那么，就会更加有效。这就启示人们，在质量文化的体系中，人的素质是一个影响全局、涉及所有层次和环节、渗透在一切质量有关活动中的必须给予优先考虑的关键因素，因此，质量文化建设的重点必须放在不断优化人的素质上。

质量文化是人与客体的统一体。既然人在这个统一体中起着主导的作用，那么，这个特定的统一体就更加典型地具有软系统的特征：其行为在时间和空间上是离散的；难以用定量的规律建立数学模型；易于受随机因素的干扰。正是人的良好素质可以把那些在时间和空间上离散的环节组成有机的整体，可以把那些不遵从精确数学规则的活动纳入有序状态，可以排除各种随机因素的干扰或尽可能缩小其消极影响，使体系有效地稳定运行。实践所反复表明和证明的正是这些。

那么,在质量文化领域中,人的良好素质应该包含哪些具体内容呢？本文第二节已就对单位决策层、管理层和单位每个个人的不同要求作过简要的讨论。这种不同的要求意味着不同层次、不同环节上的不同人员应在素质上具有不同的特点。对此，本文不再进一步展开。这里仅以上海核工程研究设计院对质量相关人员的要求为例，具体地探讨核电厂设计活动中人员个体应在质量文化方面具备哪些共同的基本素质。这些素质归纳为：

（1）每个人都要具有献身精神，这种精神的要素是：

1）忠诚：对事业忠诚。

2）责任心：一切对质量负责。

3）原则性：不动摇地坚持规范、标准。

4）主动精神：对各种可能存在的漏洞保持警惕，提出改进工作的建议，采取改进工作的措施。

5）组织纪律性：准确执行指令，遵守报告制度。

（2）每个人在开始任何一项与质量有关的工作前，出于求索的态度，应思考如下一些问题：

1）对这项工作任务已经了解了吗？

2）个人的责任是什么？

3）它们和质量的关系如何？

4）已具备完成任务的必要知识和技能吗？如果不完全具备，打算如何弥补？

5）相关人员的责任是什么？

6）有什么特殊情况？

7）需要其他人的协作或帮助吗？

8）可能的错误或缺陷会是什么？

9）出现错误或缺陷会造成什么影响？

10）应该怎样防止错误或缺陷？

11）万一出现错误或缺陷，应该怎样纠正？

12）已作的思考还有什么疏漏？

13）拟订的方案、计划、方法、措施还能改进吗？

14）拟订的方案、计划、方法、措施是否需要经过同行或相关人员的评价？

15）拟订的方案、计划、方法、措施是否需要得到主管领导的认可？

对于一般的常规的工作，人们受过充分培训，大部分的问题和答案会自动形成。

对于具有新内容的工作，思维要更加慎重，至于一些全新的、不寻常的又和质量有重要关系的工作，应写出书面的程序或备忘录，使这些问题的处理一目了然。

（3）每个人都要采取一种严谨的工作方法，其中包括：

1）弄懂工作程序和规范；

2）按程序和规范办事；

3）记录意外情况，找出原因；

4）出现问题，停下来思考，不盲目蛮干；

5）必要时，请求帮助，不“闭门造车”；

6）追求逻辑性、条理性和自洽性；

7）谨慎细致，精益求精；

8）任何情况下，不草率从事。

（4）人人要明白，互助的工作习惯对质量至关重要，其中包括：

1）从他人处获取有用的信息；

2）向他人传送信息；

3）把积累的资料和取得的成果、结果形成书面文件，及时汇报和提交；

4）必要时请求协作或帮助；

5）对他人的困难，伸出援助之手；

6）无保留地提出新的建议。

在这里，献身的工作精神、求索的工作态度、严谨的工作方法、互助的工作习惯构成了工作人员质量文化素质的基本内容。显然，具有这些良好素质的工作人员必将产生高水平的工作质量，使单位具有良好的整体素质，使人在质量文化这个人与客体的统一体中的积极的主导作用充分发挥出来，使单位和个人在完成专业性的重要任务时卓有成效。

优化人的质量文化素质需要长期的不懈的努力。人的这种素质是一种内在的力量，是具体的、可度量的，而且主要是从后天获得的。人在这方面的缺陷可以通过实践和学习获得不同程度的补偿并给以检测和评价。上海核工程研究设计院承担的恰希玛核电厂设计项目以及后续的核电项目为这种实践和学习创造了良好的条件。恰希玛核电厂的设计质保体系已经运转了三年多，项目的设计高峰已经过去。总结恰希玛核电厂设计质保体系的运转实践，把质量文化的内涵明确地阐发出来，揭示出来，使其纳入自觉建设的轨道，已是进一步提高设计质量和设计质保水平的实际需要。因此，上海核工程研究设计院院长在恰希玛项目设计质保的第二次年度管理报告中明确提出："借鉴 IAEA 关于安全文化的概念，在下一管理年度内研究建立上海核工程研究设计院核电厂设计质保中关于质量文化的概念，对影响设计质量的各级各类人员的质量文化素养提出明确的要求"。本文正是按照"安全—质量—质量保证—质量文化"的逻辑关系阐述质量文化内涵及建设重点的第一份研究报告。上海核工程研究设计院已在进一步研究的基础上编制了核电厂设计的质量文化手册，制订和实施相应的学习、培训计划，以不断提高设计质保活动的实践水平，全面实现预定的目标，为促使我国自己设计的核电厂更加安全、在国际核电市场更具竞争力作出贡献。

最后，有必要重申：优化人的素质虽然是质量文化建设的重点，但绝非全部，优化人的素质也不是可以孤立地进行的。如前所述，质量文化建设是一项关系全局的系统工程，单位决策层必须站在全局的高度，完整地领悟质量文化的内涵，加强领导，全面规划，逐步推进。

（原文发表于《核电工程与技术》Vol.9, No.3, 1996 年 9 月，作者：程平东）

参考文献

［1］ 核电安全的基本原则．IAEA 安全丛书 75－INSAG－3，国家核安全局译文，1992.
［2］ 安全文化．IAEA 安全丛书 75－INSAG－4，原子能出版社译文，1992.
［3］ 朱镕基．寄语《中国质量报》．上海经济报，1994-7-5.

“为了在一体化的、刺激创新的环境里实现有效管理，人们需要三类新的技能。第一类是企业家推出新行动伊始，说服其他人提供信息、支持和资源。第二类是在更好地让团队和员工参与的过程中处理产生的问题。第三类是理解组织的变革如何策划和构思——如何将个别创新者发起的微观变革与宏观变革或战略方向的调整联系起来。”

——R.M.坎特

第七章 核电厂设计分析的管理要求

依据我国《新建核电厂设计中几个重要问题的技术政策》与 IAEA 安全标准 No.NS－R－1《核电厂安全：设计》的有关规定，论述了设计分析在设计过程控制中的地位与作用，阐明了新政策与新标准对设计分析的新要求，推荐了可借鉴的设计分析管理程序的基本内容，并在管理的操作层次、体系层次与文化层次上讨论了强化设计分析管理的几个重要问题。这一章作为前两章的补充，以设计分析为案例，解析了管理过程如何与技术流程相匹配，达到预期的管理目标。

1 设计分析在设计过程控制中的地位与作用

在形成核电厂质量与安全的诸多环节中，设计是基础。核电厂设计的一系列质量和安全要求是通过设计管理，通过采用经过实验和经验证明的行之有效的工艺，通过满足一系列设计基准的要求，通过核电厂常用的一般设施和各种工况直至严重事故状态下发挥特定安全功能的各种具体设施的设计控制来实现的。我国关于核电厂设计的现行核安全法规、导则在其质量保证部分对设计管理有过明确规定[1,2]。20 世纪 80 年代以来，由于三哩岛与切尔诺贝利事故的影响，国际核安全要求进一步提高，特别是基于多年核安全风险研究的结果，以严重事故预防和缓解为重点，开始对相关的核安全法规与导则、标准和规范进行新一轮修订。我国核安全法规、导则的修订工作也已启动，并以“技术政策”的形式补充了新法规、导则出台前❶必须推行的要求[3]。在新的相关规定中，“设计管理”或者以设计管理为核心内容的“安全管理要求”是一个独立的部分，与 IAEA 已经正式颁布的设计安全新标准 No.NS－R－1 的对应部分相一致[4]。值得注意的是，与现行法规、导则不同，这些新要求不仅出现在质量保证部分，而且系统地集中地直接出现在关于设计的安全规定中。

设计是一个从确定设计输入开始，直到发布设计输出文件为止的过程[2]。按照设计管理的新要求，设计单位不仅应保证各级人员受过适当的培训，具有合格的技术水平，在设计的各个部门之间，及与用户、供货商、建造者和合同商之间建立明确的接口，制定并严格执行有效的程序，据此审查、校核和批准所有的安全相关设计，还应建立良好的安全文化。合格的人员、明确的接口、有效的程序是设计过程控制的三个基本要素。良好的安全文化以及与之伴随的质量文化把三个基本要素置于更为坚实的基础之上，使它们在一个具有自觉意识的有机的机制中高水平地运行[5]。

设计分析是使用设计输入并为编制设计输出文件（例如图纸、技术条件和程序、规程等）产生所需资料的一系列设计活动[2]，贯穿于设计的全过程中。实践经验表明，设计分析活动通常包括：设计要求的分析；模型、方法、假设的比较与选定；计算及其验证；基于计算机图像与实体模型的模拟分析；经验反馈和其他背景资料的调研与应用；设计输出

❶ 新法规、新导则已陆续推出，其中，基于 IAEA 安全标准 No.NS-R-1 的新版 HAF102《核动力厂设计安全规定》已于 2004 年 4 月 18 日由国家核安全局批准发布并实施。——2010 年 12 月，作者加注。

的评价与论证等。这些活动产生的资料是编制设计输出文件的基础，为设计输出文件提供技术上与管理上的支持。没有充分的设计分析，就没有合格的设计输出。任何核电新项目都必须借鉴成熟的设计。但是，任何新项目的设计都不是成熟资料的简单重复。我们在秦山一期、恰希玛一期等核电项目的设计分析中积累了丰富的经验。在总结这些经验的基础上，遵循我国核安全“技术政策”的新规定，参照 IAEA 新版标准的新要求，对设计分析进行再认识，把设计分析的水平提到一个新高度，对确保新建核电厂设计质量满足最新核安全要求是十分必要的。

2 新政策与新标准对设计分析的新要求

按照我国《新建核电厂设计中几个重要问题的技术政策》与 IAEA 安全标准 No.NS－R－1《核电厂安全：设计》的规定，核电厂设计单位在设计管理方面的基本职责是：保证设计能满足营运单位的要求，包括有关的任何标准化要求；保证设计考虑了安全方面的最新进展；保证设计符合设计规格书和安全分析；保证设计满足国家有关监管要求；保证设计满足有效质量保证大纲的各项要求；保证正确地考虑了任何设计变更的安全性。设计分析是履行这些职责的重要手段。那么，这两个文件规定的新政策与新标准包含了对设计分析的哪些新要求呢？概括起来，主要有以下八个方面：

（1）在核电厂设计中，应该完成完整的核安全分析。这种完整性明确包括了“可能导致严重事故的事件序列”，并以严重事故的预防和缓解为分析的重点。对于需要考虑的各种典型的严重事故预防和缓解措施，如果在应对设计基准事故时已有要求，例如系统和设备的多重性和多样性，那么在应对严重事故时可能需要作进一步延伸的考虑；某些专门的措施如果在某个特定核电厂中不予采取，则必须给出合理的论证说明。

（2）安全评价作为设计过程的一部分，必须在设计和证实性分析活动之间建立迭代过程，而且随着设计计划的进展不断扩大迭代范围、不断提高详细程度，以保证设计是经过反复迭代、不断完善的过程。

（3）为了操作量化的概率安全目标，在新建核电厂的设计中应完成PSA分析。不同设计阶段的分析深度可以不同。在概念设计和初步设计阶段就应完成一定深度的PSA分析，用于对方案选择进行评估和调整，建立严重事故预防和缓解方面的平衡。考虑到PSA技术的某些不确定性，概率论方法与确定论方法和合理的工程判断应相互结合、相互迭代。

（4）新一代核电厂的设计应充分考虑从已运行核电厂取得的经验反馈和相关研究与开发计划的成果，以改善核电厂的可建造性、可维护性、可试验性、可检查性和可运行性。

（5）新一代核电厂的设计应选用经批准的、最新的或当前应用的标准和规范。对于用作设计准则的标准和规范必须加以鉴别和评价，以确定其适用性、恰当性和充分性，并根据需要进行补充或修改，以保证最后的质量与所需的安全功能相适应。

（6）如果设计采用了未被批准过的设计或设施，或者与现有工程实践有差别，则需要用适当的研究结果来证明其足够安全，在投入使用前应完成足够的试验，在运行中还要适当监测，以证明达到预期的性能。

（7）采用计算机的系统的可靠性应与安全重要系统的可靠性要求相适应，应使用包括分析和试验的相互补充的开发手段和验证手段来确认达到了所要求的可靠性。当采用计算机的系统应用于保护系统时，应使用质量最高和实践效果最好的硬件和软件，应使整个开发过程（包括设计修改、试验和调试）系统地形成文件和便于审查与确认。

（8）质量保证的有效性，包括制定和实施总的设计质量保证大纲，由每个构筑物、系统和部件的更详细计划来支持总的大纲，按照规定的、遵循适用规范标准的程序进行设计和验证。

以严重事故预防和缓解为重点的核安全分析的完整性要求，设计与证实性分析之间反复迭代的要求，PSA分析及其与确定论分析和工程判断相互结合、相互迭代的要求，在设计中充分吸取与充分考虑核电厂建造、运行经验反馈的要求，鉴别和评价标准规范适用性、恰当性、充分性的要求，用适当的研究、试验、监测结果证明新设计达到预期性能的要求，对采用计算机的系统进行可靠性分析与确认的要求，设计质量保证的有效性要求等，提出了一系列需要每一个新建核电厂项目都详加策划的设计分析任务。这些要求把设计分析与设计有机地结合起来，使设计分析成为贯穿设计全过程、确保设计满足预期要求的基本手段。从设计过程控制的角度考察，这些新要求的核心是建立设计与设计分析之间的迭代关系。设计与设计分析反复迭代的概念与方法是指导设计人员从事设计活动的基本概念与方法。不懂得这种概念、不善于运用这种方法就难以作出优秀的设计。

3 设计分析的控制

设计分析在设计过程控制中的地位与作用决定了设计分析必须有计划、有组织地进行。设计分析的计划与组织应按规定的程序在设计策划中建立并在设计过程中完善。应根据设计分析对象在核安全、设备可利用率等方面的重要性以及在设计上的成熟性和复杂性等因素，确定设计分析的广度、深度和详细程度[6]，并生成可作为管理检查依据的关于设计分析的任务与项目、报告与文件的清单，以保证设计分析对相应设计活动的支持是充分的、有效的、完备的。设计分析应覆盖所有重要的设计问题。对于核电厂，安全上重要的设计问题通常包括：辐射防护；物理、应力、热工、水力、地震和事故分析；严重事故状态以及严重事故预防与缓解措施；材料相容性；系统和设备（包括采用计算机的系统）的可靠性；人因问题；在役检查的可达性和适宜性；维护和修理；检查和试验的可接受准则的说明；制造、检查、无损检验的要求等。针对重要的设计问题，可在设计策划中按设计项目列出专题分析清单，有步骤、有控制地开展专题分析。在设计分析中应选用概率论方法作为确定论方法的辅助与补充，按预先规定的要求在设计的不同阶段完成相应的 PSA 工作。应根据设计任务的特点与需要确定各类证实性、验证性分析与设计之间的迭代关系，确定迭代分析的范围和详细程度，描述迭代过程，给出迭代结果以及对结果的评价。对设计分析的各个环节和各种适用的方式都应制订明确的、具体的控制要求。这里借用上海核工程研究设计院已实施与拟实施的管理规定，针对第1节提及的设计分析活动阐明相关的控制要求。

（1）设计要求的分析[4,6]。设计要求的分析可包括：①确认或澄清设计目的以及由用户（合同委托方）给出的基本设计参数；②鉴别与评价用作设计准则的标准和规范；③阐明为逐条满足核安全法规总的设计准则[3,4,7]所涉及的各种问题，例如，拟采用与不采用的设计措施及其理由，材料选型与设备选型，假设始发事件的选定等；④验证设计输入的完整性、可靠性、正确性和适用性。

（2）模型、方法、假设的比较与选定。在各种类型的分析论证中，模型、方法、假设的比较与选定应充分考虑对特定分析论证对象现实可行的多种可能性，给出比较的过程、范围与结果，对于可调节或在一定区间内变动的参量、条件应分析可能的极限，并根据分析论证的目的按要求给出最可能的或保守的选择。

（3）计算及其验证。应根据设计的需要确定计算项目并确定计算所遵循的准则性文件（核安全法规、导则以及标准、规范、合同要求等）；选择适当的计算模型与方法，在分析的基础上建立适度的保守假设，对用于计算的重要输入数据来源或处理作必要的说明；计算结果应包括必要的敏感性分析，对精确度与误差作出估计，对合理性、适应性和可靠性作出判断，给出符合验收准则的结论。

（4）基于计算机图像或实体模型的设计分析[6]。基于计算机图像或实体模型的设计分析主要应用于：①使可行的结构设计和关键区域的布置能实现；②为设备、管道工程、服务、电厂安全有关部件和系统的间隙和隔离、伤害的防止与避免以及运行和维修的出入，在空间的控制与配置方面提供有形的和可视的支持；③辨别构筑物和电厂部件与系统之间的潜在问题/碰撞和接口；④在设计供方之间的协调；⑤为建造计划和操作者培训提供支持。

（5）经验反馈和其他背景资料的调研与应用。来自运行核电厂、设备制造厂、建造现场等的各种反馈信息和包括各种技术文献在内的其他背景资料的收集、调研应力求充分，对适用于特定分析、论证任务的，应给出尽可能详尽的分析与评价，阐明应用的范围与条件。

（6）设计输出的评价与论证。对设计输出的评价与论证应把重点放在与设计准则的符合性以及设计的充分性、完整性和可靠性，如果可能，应给出与类似设计的比较。

在设计分析的控制措施中，文件控制十分重要。所有设计分析活动必须形成文件。依据设计分析的对象与范围，可以采用以下文件类别中的一种或数种：设计要求分析报告；设计方法分析报告；计算书或计算分析报告；设计模拟分析报告；调研分析报告；设计输出评价与论证报告；设计分析综合报告等。同时，可以按设计问题的专业领域把前述设计分析报告分解/组合为各种专题分析报告，例如辐射防护分析报告，物理分析报告，应力分析报告，热工、水力分析报告，严重事故状态以及严重事故的预防与缓解措施分析报告等。各类设计分析报告必须按规定的格式编写，并按相关程序的要求经过审查与认可后提交应用和归档保存。

4 提升企业核心竞争力，强化设计分析管理

设计技术与设计人才是设计单位核心竞争力的重要组成部分。设计技术与设计人才是在设计实践中逐渐积累与锻炼成长的。设计分析活动的性质和任务使得它必须调动有资格的设计人员，开发与运用各种可能的设计工具与方法，在一系列关键的、重要的设计问题上开展严谨的、深入的研究探索与比较鉴别，因而通常具有技术与知识高度密集的特点。设计分析活动既依赖于扎实的专业基础又依据于丰富的工程经验，既回答如何设计的问题又回答为什么这样设计的问题，成为产生企业知识产

权、推动企业设计进步最重要的源泉。存在于设计人员头脑中的知识与经验通常是隐性的，通过设计分析活动凝聚到各种设计分析报告和文件中，从而转化为显性，便于交流与共享，利于传承与积累，从而促进发展与提高。精明的管理者深谙此道，过细地、切实地、持之以恒地抓住不放，使得企业的核心竞争力稳步增长。在这样的企业，人才的自然流动与新老更替不仅不会造成技术断层，而会反过来成为企业可持续发展机制中积极的因素。

强化设计分析管理是核电厂设计单位提升企业核心竞争力的当务之急。我们的核电厂设计单位已经经历过完整的核电厂设计过程，但是往往拿不出完整的、系统的、配套的设计分析文件与报告，没能形成完整的、系统的、配套的设计手册和设计数据库，因而也难于形成我们自己的设计规范与标准。一个新项目接手以后，经常会出现低水平重复以往工作的局面，甚至翻版重复而不知不问其所以然。一些设计人员虽然在工程技术上有一定的经验和较深的造诣，却不习惯于把自己的经验与技术通过设计分析报告的形式充分地、详尽地加以总结与提高，个别人甚至把本应属于企业财富的技术诀窍当成据以自恃的个人资本。这些情况表明，在设计分析领域，有效的、科学的、可自持的管理机制尚未形成。技术与经验的流失，发展与提高的迟滞给我们敲响了警钟：必须采取切实措施，强化设计分析管理，否则我们就会在一个一个新项目中一遍一遍地走老路。

强化设计分析管理涉及三个层次的问题：一是操作层次，二是体系层次，三是文化层次。在管理的操作层次，把设计分析局限于计算是远远不够的。现行的核安全法规导则[7]虽然明确指出“设计分析包括计算”，却没有把设计分析局限于计算。明确地确定计算在设计分析中的地位，明确地规定计算分析的管理要求是重要的、必要的。明确地确定设计分析的全部内涵，全面地规定设计分析的管理要求更是重要的、必要的。确保设计分析的完整性是设计管理在操作层次上的基本问题，“新政策”、“新标准”对设计分析的新要求以及我们自己的设计实践都为这个问题提供了清楚的答案。在管理的体系层次，重要的问题是应该在设计过程控制中赋予设计分析以管理要素的应有地位。设计策划、设计输入、设计输出、设计验证、设计变更等，无疑是基本的管理要素。设计分析在设计过程控制中的地位与作用决定了它也是重要的管理要素。在这一点上，ISO标准与HAF标准在表述上的不一致已经成为认识上与实践上产生歧义或混乱的一个根源。ISO 标准把事实上属于设计分析的管理要求融合在其他管理要素中并不意味着不存在设计分析。但是，ISO 标准没有明确地提出设计分析的概念不能不说是一个缺憾。在核电厂设计的新政策、新标准中产生的设计与设计分析反复迭代的要求，已使设计分析成为设计全过程中与所有其他管理要素交互作用的重要的要素。不仅建立与实施完整的设计分析的管理程序，而且在关于其他管理要素的管理程序中贯彻设计与设计分析反复迭代的要求，是在体系层次上强化设计分析管理的必要措施。文化层次的主要问题是防止与克服管理中的形式主义流弊与无所作为积习。在设计分析领域，有效的、科学的、可自持的管理机制的形成，需要强的管理文化的支撑与诱导，使强化设计分析的要求转化为全体设计人员的自觉意识。近十年来，安全文化以及与之伴随的质量文化的积极倡导在核电厂设计单位取得了明显收效。以上海核工程研究设计院为例，把“献身的工作精神、求索的工作态度、严谨的工作作风、互助的工作习惯”作为员工素养的基本要求，在全院各个领域、各个环节全面开展文化建设，极大地推进了整个管理体系的不断完善。设计分析的强化，无论在技术上还是管理上，需要的正是良好的素养、先进的文化。

我国核电已经迎来了跨越式发展的第二个春天[8]。在技术上实现跨越的同时，要在管理上也实现跨越。技术与管理的双跨越必将为我国新一代核电厂的设计与开发创造良好的条件，提供可靠的保证。

（原文发表于《核电工程与技术》Vol.17, No.1, 2004 年 3 月。作者：程平东）

参考文献

[1] 国家核安全局．HAF003 核电厂质量保证安全规定．1991．
[2] 国家核安全局．HAD003/06 核电厂设计中的质量保证．1986．
[3] 国家核安全局．新建核电厂设计中几个重要安全问题的技术政策．核安全，2002，2：1
[4] IAEA. Safety Standards Series No. NS-R-1，Safety of Nuclear Power Plants: Design. 2000.
[5] 程平东．核电厂设计中的质量保证与质量文化．核电工程与技术，1996，9（3）
[6] IAEA. Safety Guide Q10, Quality Assurance in Design. Safety Series No.50-C/SG-Q. 1996.
[7] 国家核安全局．HAF102 核电厂设计安全规定．1991．
[8] 郑明光，程平东．从起步到跨越，我国核电自主发展的必由之路．核电工程与技术，2003，16（4）

“人的内部无限的认识能力与此种认识能力仅在外部被局限的而且认识上也被局限的个别人们身上实际的实现二者之间的矛盾”，“是在无穷的前进运动之中解决的。”

——恩格斯

第八章 价格天平上的核电厂环路配置

研究了环路数与环路负荷影响电厂比投资的基本规律，比较了几种三环与四环方案的平准化发电成本，分析了 IFBA 与含 Gd_2O_3 燃料对电厂经济性的影响，讨论了我国新一代压水堆的设计思想。

1 引言

在我国新一代百万千瓦级压水堆核电厂方案论证逐步深化的过程中，人们合乎逻辑地提出了三环设计与四环设计的比较问题。

在技术交流中，日本三菱公司曾经对二环、三环和四环压水堆核电厂的比投资（建设单价）与容量给出如图 8-1 所示的关系。图中还清楚地列出了电厂容量等级、堆芯规模（堆芯燃料组件数）随环路增多而变化的趋势。

从图 8-1 可以看到：

（1）随着容量的增大，比投资下降；

（2）比投资的下降在 193 个燃料组件四环路 120 万千瓦方案处发生“转折”，似乎这一容量等级是比投资下降率变小的极值点。

以上认识是充分而准确的吗？对于不同规模的核电厂应该如何更为全面地进行技术经济评价？我国核电界推出的 CNP❶系列方案在经济上各具

❶ 在这里，CNP 是“中国新一代压水堆”的英文缩写。

怎样的优势？本文从比投资与容量的基本关系、平准化发电成本的变化规律、燃料组件选型对经济性的影响三个方面展开分析，力图明确地回答这些问题，并希望能为我国核电自主发展的策略选择提供有参考价值的建议。

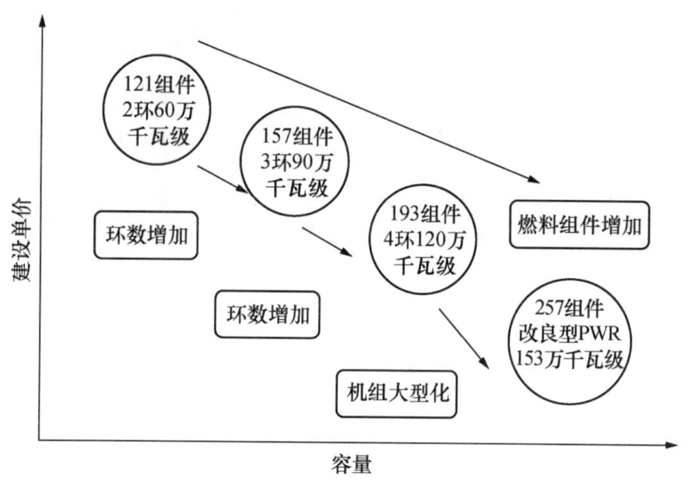

图 8-1　建设单价与容量的关系（日本三菱公司）

2　比投资与容量的基本关系

通常，核电厂基础价成本与电厂规模的关系在理论上可用式（8-1）表述为[1]

$$\text{Cost}_M=\text{Cost}_N(\text{Size}_M/\text{Size}_N)^X \qquad (8\text{-}1)$$

式中，$\text{Size}_M/\text{Size}_N$ 是电厂 M 与 N 的规模比，X 是规模指数。$(\text{Size}_M/\text{Size}_N)^X$ 可以称为规模因子。对于 120 万千瓦与 60 万千瓦核电厂的比较，1988 年 9 月出版的 DOE/NE-0095《核能成本数据库》基于各种直接费用与间接费用的规模指数拟合值给出总的权重平均 X 值为 0.64。显然，当规模比大于 1 时，规模因子永远小于规模比，这就决定了基础价成本随电厂规模增大而增大的比例恒小于规模比。

在电厂规模比可以用电厂容量比表征的条件下，从式（8-1）可直接

导出建造单价（比投资）与电厂规模（容量）的关系为

$$\text{UnitCost}_M=\text{UnitCost}_N(\text{Size}_M/\text{Size}_N)^{X-1} \quad (8\text{-}2)$$

如果以三环 90 万千瓦核电厂为参照，取它的比投资为 1，那么从式（8-2）可以得到如表 8-1 和图 8-2 所示的计算结果。

表 8-1　比投资与容量在理论上的定量关系

容量	60 万千瓦 二环	90 万千瓦 三环	120 万千瓦 四环	150 万千瓦	
				假想五环	四环
比投资	1.157	1.000	0.902	0.832	～0.812

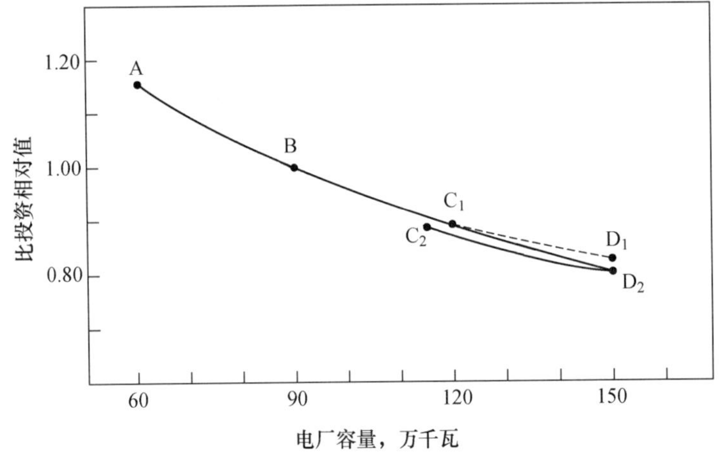

图 8-2　比投资与容量在理论上的定量关系

在图 8-2 中，曲线 ABC_1D_1 是按式（8-2）取 X=0.64 得到的。因此，C_1D_1 是 ABC_1 的外推。可以认为 D_1 代表了一种假想的五环 150 万千瓦方案。显然，曲线 ABC_1D_1 是下凹的，不存在“转折”，也不存在极值，表明比投资随容量增大而单调地下降，下降的幅度则随容量的增大而逐渐变小。从二环到三环，从三环到四环，从四环到假想五环，比投资下降率依次为 13.6%、9.8%、7.7%。

曲线 ABC_1D_2 的 C_1D_2 段是按式（8-2）取 X=0.53 得到的。在

DOE/NE-0095 数据库中，X=0.53 适用于反应堆设备。由于现实的 150 万千瓦方案并非五环而是四环，亦即环路数不随容量增大而增多，只是反应堆规模和环路负荷增大，使二回路容量增大到与假想五环相同的 150 万千瓦，在这种条件下，取 X=0.53 作为总的规模指数的下限是一种可以接受的假设。

在 ABC_1D_2 的点 C_1，曲线出现了“转折”，而且从 C_1 到 D_2，亦即从四环 120 万千瓦（每环 30 万千瓦）到四环 150 万千瓦（每环 37.5 万千瓦），比投资下降率大于从 C_1 到 D_1，C_1 成为 ABC_1D_2 上比投资下降率最小的点。这与图 8-1 给出的定性关系是一致的。但是，进一步的分析表明，在 C_1 所发生的“转折”并非四环 120 万千瓦方案所特有。例如，在点 B 同样可以存在这一现象。C_2 代表了一种假想的三环 112.5 万千瓦方案，比投资相对值为～0.900。如果从 B 到 C_2，亦即从三环 90 万千瓦（每环 30 万千瓦）到三环 112.5 万千瓦（每环 37.5 万千瓦），比投资下降率将大于从 B 到 C_1。

以上分析清楚地表明，人们应该意识到自己已从一个参照系进入另一个参照系。C_2 与 D_2 的共性是在电厂效率相同的条件下各自维持环路数不变而加大环路负荷，并且相应地加大堆芯。因此，C_2、D_2 以及类似的点可以另外连成一条曲线。曲线 ABC_1D_1 适用于每条环路 30 万千瓦，由 C_2、D_2 和类似的点构成的曲线适用于每条环路 37.5 万千瓦。显然，如果每条环路的容量负荷进一步增大，那么还会出现新的更低的曲线。同样，如果每条环路的容量负荷小于 30 万千瓦，那么，相应的曲线将出现在 ABC_1D_1 的上方。这些曲线将构成一组以环路负荷为参变量的曲线族。

显然，从图 8-2 还可以引出一组以环路数为参变量的曲线族，如图 8-3 所示。图 8-3 的 3 条曲线从左至右依次代表假想的二环、三环和四环设计。每一条曲线的起点和终点都分别对应于每环 30 万千瓦和 37.5 万千瓦。为便于比较，表 8-2 列出这些起点和终点的比投资相对值以及每环 37.5 万千瓦相对于每环 30 万千瓦、四环相对于三环和二环的比投资下降幅度。这里的比较给出了一个极为重要的启示：把环路负荷规定得过小在经济上是不明智的，在环路负荷不相同的条件下评价不同环路电厂的经济性优劣时不可忽视这一点。当然，环路负荷的增大受到设备制造能力等其他实际因素的制约。但是，“合理可行适当大”的原则对于环路数不同的电厂应该是可以普遍适用的。从表8-2和图8-3看到，如果把特定条件下的设备制造能力上限设定为每环37.5万千瓦，那么，在最大限度地利用这种上限的条件下，二环、三环和四环设计的比投资下限值依次为1.042、0.900和0.812，它们分别对应于容量等级为75万、112.5万、150万千瓦的电厂。相对于每环30万千瓦，亦即相对于容量等级为60万、90万、120万千瓦的电厂，它们的比投资各自下降了大约10%。

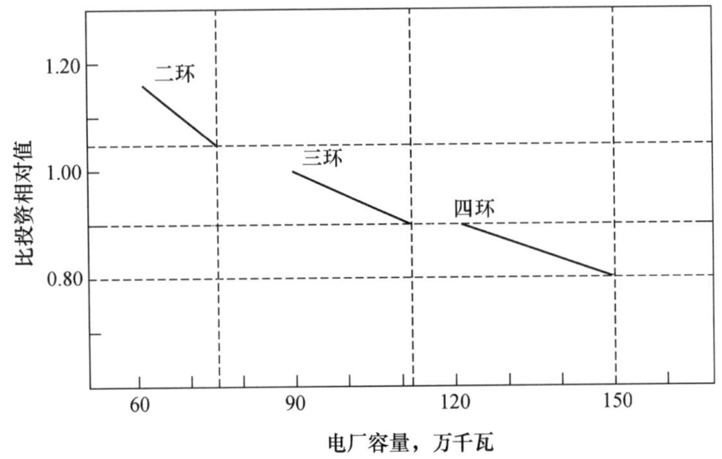

图8-3　环路容量与环路数对电厂比投资的影响

表8-2　环路容量与环路数对电厂比投资的影响

每环容量	电厂比投资相对值			电厂比投资下降幅度	
	二环	三环	四环	四环对三环	四环对二环
30万千瓦	1.157	1.000	0.902	9.8%	22%

续表

每环容量	电厂比投资相对值			电厂比投资下降幅度	
	二环	三环	四环	四环对三环	四环对二环
37.5 万千瓦	1.042	0.900	0.812	9.8%	22%
电厂比投资下降幅度，37.5 万千瓦对 30 万千瓦	10%	10%	10%		

基于以上分析，可以清楚地归纳出这样两点：①在环路负荷相同的条件下，在每环 30 万～37.5 万千瓦的范围内，四环比三环与二环电厂的比投资大约分别下降 9.8%与 22%；②在环路数相同的条件下，环路负荷从 30 万千瓦增至 37.5 万千瓦，二环、三环和四环电厂的比投资大约各自下降 10%。因此，如果我国新一代大型压水堆核电厂以某一适当容量等级的四环设计为出发点，然后向更大容量推进，将是一条可以选择的合理的发展道路。显然，这与 EPR 和 APWR 的发展思路是一致的，因而既有利于我国核电自主化、国产化的近期发展，又有利于我国核电自主化、国产化的长远发展。

3 平准化发电成本的变化规律

全寿期平准化发电成本方法是 20 世纪 70 年代末由国际发供电联盟（UNIPED）专家组提出的，并为经济合作与发展组织（OECD）所属的核能机构（NEA）所采用，已在国际上得到广泛承认，也为我国核电界所接受。OECD/NEA 从 20 世纪 80 年代起已 5 次[1]组织专家运用这一方法对各国核电与常规火电进行预期发电成本的预测和比较。对于同属核电领域的不同核电项目的比较，这一方法同样是适用的。

全寿期平准化发电成本方法的一般表达式是

[1] 至 2002 年本文成文时。——2010 年 12 月，作者加注。

$$\sum_{t}[TCE(t)-I(t)-O(t)-F(t)](1+d)^{-t}=0 \tag{8-3}$$

式中：TC 代表供电价格；$I(t)$、$O(t)$、$F(t)$和 $E(t)$依次为第 t 年的建设投资、运行维护费、燃料费和净发电量（供电量）；d 是折现率。

按照平准化发电成本方法，对于给定的寿期与折现率，TC 值最小的电厂是最经济的。基于式（8-3），经过简单的推导，可以得到 TC 的显式表达式为

$$\begin{aligned} TC &= \frac{\Phi I_0 + O + F}{E} \\ &= \frac{100}{8760L}\left(\Phi\frac{I_0}{K}+\frac{O}{K}\right)+\frac{100}{24}\times\frac{C_f}{\eta B} \\ &= \frac{100}{8760}\left(\frac{1}{L}\Phi\frac{I_0}{K}+\frac{1}{L}O_1+O_2\right)+\frac{100}{24}\times\frac{C_f}{\eta B} \end{aligned} \tag{8-4}$$

$$\Phi=\frac{d(1+d)^n}{(1+d)^n-1} \tag{8-5}$$

上两式中：Φ 定义为折现因子；n 为电厂经济寿期；I_0 已是贴现至电厂建成时的建厂投资，因而与时间 t 无关；O、F、E 依次为年度燃料费、年度运行维护费、年度净发电量，都已与时间 t 无关；TC 的单位是 0.01 美元每千瓦时；K、L、η、B 和 C_f 依次是额定装机容量（千瓦）、电厂负荷因子、电厂效率、平均卸料燃耗（兆瓦日每吨铀）和燃料单价（美元每千克铀）；O 由固定运行维护费 KO_1 与可变运行维护费 LKO_2 两部分组成。

式（8-4）给出的重要提示是，只有降低比投资与改善电厂技术性能同时起作用才能使 TC 达到最低。

以大亚湾 M310 机组为参照，用式（8-4）估算了 CNP312（157）、CNP312（177）、CNP412（193）和 CNP414（193）4 种方案的 TC 相对值，见表 8-3。CNP 各方案的技术性能参数见表 8-4[2]。

表 8-3　　几种三环与四环方案的平准化发电成本相对值

（以大亚湾 M310 发电成本构成为参照）

方　　案	投资成本	固定运行维护成本	可变运行维护成本	燃料循环成本	总的发电成本
大亚湾 M310	0.703	0.148	0.043	0.106	1
CNP312（157，AFA-3G）	0.561	0.126	0.043	0.102	0.832
CNP312（177，AFA-3G）	0.563	0.126	0.043	0.088	0.820
CNP412（193，AFA-3G）	0.536	0.126	0.043	0.098	0.803
CNP412（193，P^+/IFBA）	0.533	0.125	0.043	0.092	0.793
CNP414（193，AFA-3G）	0.515	0.128	0.043	0.094	0.780
CNP414（193，P^+/IFBA）	0.508	0.126	0.043	0.088	0.765

注　1．大亚湾 M310 反应堆热功率 289.5 万千瓦，总电功率 98.4 万千瓦，电厂净效率 32.6%，负荷因子 0.75，折现率取 10%，年换料，换料批量 1/3（即 52 个组件），换料富集度 3.25%，平均卸料燃耗 33000 兆瓦日每吨铀。大亚湾 M310 发电成本构成取自中国言实出版社《核电发展战略研究》上卷 P.257。

2．CNP 各方案均按 18 个月换料考虑，负荷因子取电厂可利用率设计值。

3．不同方案的可变运行维护成本取相同单价。

表 8-4　　几种典型设计的技术性能参数

技术性能参数	二环		三环		四环				
	秦山Ⅱ	AP600	CNP312（157，AFA-3G）	CNP312（177，AFA-3G）	大饭3号、4号	CNP412（193，AFA-3G；P^+/IFBA）	P4	CNP414（193，AFA-3G；P^+/IFBA）	EPR
反应堆热功率（万千瓦）	193	187	289.5	289.5	341.1	341.1	381.7	381.7	427
总电功率（万千瓦）	64	60	105	105	118	123.7	136	138.4	150
堆芯燃料装载（吨铀）	55.8	66.5	72.4	81.5	89	89	104	104	129.8
堆芯燃料组件数	121	145	157	177	193	193	193	193	245
控制棒组件数			57	61	53	61	65	61	

续表

技术性能参数	二环		三环		四环				
	秦山Ⅱ	AP600	CNP312（157，AFA-3G）	CNP312（177，AFA-3G）	大饭3号、4号	CNP412（193，AFA-3G；P⁺/IFBA）	P4	CNP414（193，AFA-3G；P⁺/IFBA）	EPR
压力壳内径（米）			3.989	4.340	4.400	4.400	4.400	4.400	
^{235}U换料富集度(%)			4.35	4.45		4.40；4.14		4.45；4.20	
平均卸料燃耗（兆瓦日每吨铀）			42100	49600		44189；44400		46521；47100	
平衡循环长度，EFPD			476	475		476；478		470；476	
平均线功率密度（瓦每厘米）	160.9	130.3	186	165	179	179	172	172	155

注　P^+即Perfomance$^+$，是美国西屋电气公司在20世纪90年代初推出的燃料设计。

与预期的目标相比，大亚湾的基础投资高，建设周期长，因而燃料循环成本在总发电成本中占的比例略高于1/10。URD给出了120万千瓦改进型ALWR的成本目标，见表8-5。其中，燃料循环成本约占发电成本的1/7。以120万千瓦改进型ALWR成本构成为参照，对表8-3各方案的TC相对值重新估算，所得结果列于表8-6。

表8-5　　120万千瓦改进型ALWR成本目标*

成本类别	目标值	占总发电成本的比例
基础价成本	1300美元每千瓦	
固定年金	39美厘每千瓦时	0.619
平准化燃料成本	9美厘每千瓦时	0.143

续表

成 本 类 别	目 标 值	占总发电成本的比例
平准化运行维护成本	13 美厘每千瓦时	0.206
平准化退役成本	2 美厘每千瓦时	0.032
30 年平准化总发电成本	63 美厘每千瓦时	1.000

* 按 1989 年美元计，假定 1998 年投运。

表 8-6　　几种三环与四环方案的平准化发电成本相对值

（以 120 万千瓦改进型 ALWR 成本构成为参照）*

方　　案	投资成本	运行维护成本	燃料循环成本	总的发电成本
CNP312（157，AFA-3G）	0.681	0.206	0.149	1.036
CNP312（177，AFA-3G）	0.684	0.206	0.128	1.018
CNP412（193，AFA-3G）	0.651	0.206	0.143	1
CNP412（193，P^+/IFBA）	0.647	0.205	0.134	0.986
CNP414（193，AFA-3G）	0.625	0.208	0.137	0.970
CNP414（193，P^+/IFBA）	0.617	0.206	0.128	0.951

* 假定 CNP412（193，AFA-3G）成本构成与 120 万千瓦改进型 ALWR 相同，且平准化退役成本计入投资成本。

表 8-6 与表 8-3 反映的变化规律并无二致。但是表 8-6 的数值更具典型性。我国新一代大型核电厂的起步阶段可能介于表 8-6 与表 8-3 之间，后续电厂将更接近于表 8-6 的预测。

从表 8-6 与表 8-3 可以看到：

（1）与 CNP312 比较，CNP412 总发电成本中的投资成本约降低 4%～5%。在这里，随容量增大，投资成本降低不多的原因在于比投资降低不多。CNP312 每环负荷 35 万千瓦，CNP412 每环负荷仅 30.9 万千瓦，造成容量增大的比例远低于由环路数增多决定的规模比。与 CNP312 比较，CNP414 总发电成本中的投资成本降低 8%以上，原因在于 CNP414 每环负荷达 34.6 万千瓦，已相当接近 35 万千瓦，容量增大的比例明显提高，从三环变为四环的规模效应已接近充分利用。CNP 两种三环方案的比投资略有差异，这是在环路负荷相同的条件下由堆芯变动引起的。这里的比较再次表明：大堆芯与大环路的优化组合是改善大型核电厂经济性的重要设计思想。

（2）177 个组件的 CNP312 方案、193 个组件的 CNP414 方案和 CNP412 方案的燃料循环成本明显低于 157 个组件的 CNP312 方案，在燃料组件同为 AFA-3G 的条件下，幅度达 4%～14%。这主要得益于三者的堆芯平均线功率密度有不同程度的下降（见表 8-4），为燃料循环性能的改善留出了必要的空间。当然，三者的空间并不相同，因此，在相近的安全裕度下，堆芯设计显示出三者在燃料循环经济上的显著差异。在这里，值得强调的是，堆芯功率密度遵循“合理可行适当低”的原则是可取的。

（3）总的来看，在现行的设计假设下，CNP414 方案的平准化发电成本最低，CNP412 次之，分别比 157 个组件的 CNP312 方案低 6.4%和 3.5%，比 177 个组件的 CNP312 方案低 4.7%和 1.8%。

4 燃料组件选型对经济性的影响

为实现堆芯长循环、高燃耗、低泄漏设计，现实而先进的燃料组件选型是 $Performance^{+}$和 AFA-3G。两者在燃料循环经济中的差异主要来源于前者采用 IFBA，后者采用含 Gd_2O_3 燃料，因而残留可燃毒物的反应性惩罚不同，前者几乎为零，后者约达 0.5%ΔK[3]。

表 8-3 和表 8-6 的燃料循环成本估算已经显示出 $Performace^{+}$和 AFA-3G 的不同贡献。为了揭示两者对燃料循环经济的规律性的影响，这里以同一座典型的 M412 型压水堆核电厂为例，进行系统的对比分析。对于换料循环分别为 12、18、24 个月，表 8-7 列出 IFBA 堆芯与含钆堆芯在可比条件下的平衡循环长度以及含钆堆芯相对于 IFBA 堆芯的循环长度亏损。这种亏损导致负荷因子的降低。相应于表 8-7 的平衡循环堆芯燃料管理方案列于表 8-8。表中可燃毒物吸收棒的替换遵循峰值反应性等效的原则，^{235}U 换料富集度与燃料组件数按卸料燃耗不

变的要求确定，统一采用低泄漏格式。燃料的材料和加工费用以及可燃吸收体燃料（BAF）的价格分别如表 8-9 和表 8-10 所示（取自 1995 年国外资料）。利用这些参数可以求出两种堆芯设计的燃料循环成本相对值。表 8-11 给出 18 个换料的相关结果。表 8-11 假定燃料循环成本占总发电成本的 1/7，这与 120 万千瓦改进型 ALWR 的成本构成一致。

表 8-7　　平衡循环长度和相对于 IFBA 设计的循环亏损

换料间隔（月）	IFBA 堆芯循环长度，EFPD	Gd 堆芯循环长度，EFPD	Gd 堆芯循环亏损，EFPD
12	290	284	6
18	441	425	16
24	588	566	22

表 8-8　　平衡循环堆芯燃料管理方案

换料间隔（月）	换料组件数	换料富集度（%）	所需吸收棒根数		再装载格式
			IFBA	Gd_2O_3	
12	48	3.6，28 个组件 4.0，20 个组件	4320	720	低泄漏
18	72	3.8，40 个组件 4.4，32 个组件	6880	1280	低泄漏
24	96	4.0，16 个组件 4.6，80 个组件	11008	1760	低泄漏

表 8-9　　材料和加工费用

费用类别	现　货　市　场	长　期　市　场
U_3O_8	8 美元每磅 U_3O_8	18 美元每磅 U_3O_8
转换	3 美元每磅铀	5 美元每磅铀
富集	65 美元每分离功单位	120 美元每分离功单位
加工	190 美元每千克铀	190 美元每千克铀

注　1 磅=0.4536 千克。

表 8-10　　PWR BAF　价　格

BAF 类别	型号或浓度	低端（美元每磅）	高端（美元每磅）
IFBA	1×*	150	230
Gd	6%	300	400

注　1 磅=0.4536 千克。

*　^{10}B 富集度相当于天然硼。

表 8-11　　燃料循环成本与总的发电成本*

（18 个月换料，含钆堆芯相对于 IFBA 堆芯）

毒物价格	燃料循环成本相对值		总的发电成本相对值	
	燃料现货市场	燃料长期市场	燃料现货市场	燃料长期市场
BA 高价格	97.9	99.3	102.9	103.1
BA 低价格	99.4	100.2	103.1	103.2
BA 零价格	101.8	101.6	103.5	103.4

*　对于燃料现货市场和长期市场以及不同可燃吸收体价格，IFBA 堆芯的燃料循环成本相对值和总的发电成本相对值全部取 100，作为比较的基准。

从表 8-11 可以看到：

（1）对于 18 个月循环，在毒物价格较高的条件下，含钆堆芯的燃料循环成本略低于 IFBA 堆芯，幅度为 1%～2%；随着毒物价格的下降，含钆堆芯的这种优势趋于消失，IFBA 堆芯固有的潜在优势将明显地表现出来。

（2）对于 18 个月循环，遵循合理的反应性等效，IFBA 堆芯的发电成本在任何情况下都优于含钆堆芯，幅度达 3%左右。

5　结语

通过以上各节的分析，可以把我们的主要认识归纳如下：

（1）在每个环路 30 万～37.5 万千瓦的同等条件下，相对于三环电厂，四环电厂的比投资下降幅度在理论上可达 9.8%；在环路负荷不相同的条件下，如果四环电厂的环路负荷低于三环电厂，则四环电厂相对于三环电厂的比投资获益将下降，反之，将上升；CNP412 相对于 CNP312，比投资约降低 4.4%；CNP414 相对于 CNP312，比投资可降低约 9.4%；在增加环路数的同时，相应地或更多地增大环路负荷是降低比投资的决定性因素[1]。

（2）虽然较大的堆芯有利于燃料管理的优化，但是燃料循环成本却与环路的多寡没有直接的关系。CNP 系列中 177 个组件的三环方案和 193 个组件的两种四环方案的燃料循环成本，与 157 个组件的三环方案相比，都有明显下降。原因在于这些方案都因功率密度下降而可选取较优的堆芯燃料管理参量，由此获得较优的堆芯燃料管理性能。需要强调的是，燃料管理优化导致的负荷因子改善对降低发电成本中的投资成本有重要贡献，因而对降低总的发电成本可以起更大的作用。

（3）燃料组件选型对经济性的影响是不可忽视的。对于 18 个月换料，Performance+与 AFA-3G 相比，虽然燃料循环成本相差不大，但是总的发电成本前者比后者占优三个百分点，而且，这种占优是由毒物材料的本性决定的，不是任何人为因素可以改变的。

（4）从总的发电成本考察，这里的四环方案优于三环方案。在本文比较的所有方案中，CNP414 的比投资以及平准化发电成本最低，而且更有利于向大型化发展，因此更有利于进一步改善经济性。

（5）关于环路比较的技术经济分析揭示了两条重要的设计原则，这就是大堆芯与大环路的优化组合以及低功率密度的合理利用。它们奠定了核电安全性、经济性和燃料管理灵活性的必要的技术基础。在我国新一代大型压水堆核电厂建设的起步定位和后续发展中，自觉地、清晰地、前后一贯地坚持这些设计思想是至关重要的。

---

[1] 这里的基本认识对于先进非能动核电厂的二环路 AP600 与 AP1000 以及二环路 CAP1400 和三环路 CAP1700 是同样适用的（参阅本书第十章第 3 节）。——2010 年 12 月，作者加注。

（原文题为《三环、四环压水堆核电厂技术经济初步分析》，2002 年 9 月发表于《核电工程与技术》Vol.15，No.3，收入本书时略有删节。作者：耿其瑞，程平东，刘正纶）

参考文献

［1］ M. Mahlab (Manager AP600 Engineering). CAP600: Economic Comparison of CAP600 for 1200MW Size Plant, October, 1996.

［2］ 刘正纶，程平东，朱鑫官. 我国百万千瓦级压水堆核电厂堆芯优化设计的方向. 第八届反应堆数值计算和粒子输运学术会议论文集. 深圳：2000

［3］ 程平东，司胜义，黄锦华. 可燃吸收体燃料的反应性效应与经济性分析. 核电工程与技术，2000，13（4）

“如果你让世界上所有经济学家首尾相连排列，那么他们将永远不会得出结论。”

——萧伯纳

第九章 核电厂投资估算中的规模效应与学习效应

讨论了核电厂投资估算中的规模效应，评价了规模指数的取值范围；给出了一个新的学习曲线表达式，比较了三种表达式的优缺点；制订了研究规模效应与学习效应综合影响的图解法，考察了技术转型期比投资获益的临界区现象。这里可以得到的结论是：规律性的认识是关于事物本质的认识，虽然未必是终极的认识。

1 引言

经济、能源、环境可持续协调发展的要求决定了我国必须发展核电，特别是在经济发达、能源相对紧缺、环境容量小的沿海地区。核电的公众可接受性主要取决于它的安全性以及它对环境的影响。但是，它的市场竞争力却在更大程度上取决于它的经济性。核电投资成本约占核电总成本的 2/3 左右或更高。降低核电投资成本是提高核电竞争力的根本出路。但是，核电投资成本的降低既依赖于核电自身的技术发展，又依赖于核电市场的扩大。基于规模效应的规模经济是技术与市场互作互动的产物。核电的规模具有双重含义，一是机组的容量大小（也称单机容量），二是机组的数量多少（也称累积容量）。在核电厂技术经济分析中，通常把规模效应定义为机组容量大小的经济效应。数量效应的特点是与学习效应密切相关，因而在经济学上是一种动态效应。这里讨论由机组容量大小引入的规模效应以及由机组数量引入的学习效应，并针对技术转型期的特定情况，研究在规模效应与学习效应综合影响下产生的关于比投资获益的临界区现象。

2 规模效应及其敏感性分析

本节着重讨论由核电机组容量大小引入的规模效应。当然，同一厂址的群堆效应主要取决于机组数量的多少，也对总的规模效应有贡献，这在特定厂址的规模经济中是不可忽视的。

对于给定的工艺与技术类别，核电厂基础价比投资 UC 与机组容量大小 S 的关系在理论上可用式（9-1）表述，即

$$UC_M=UC_N(S_M/S_N)^{X-1} \tag{9-1}$$

式中：S_M/S_N 是机组 M 与 N 的规模比；X 是规模指数。在这里，$(S_M/S_N)^{X-1}$ 可以称为关于比投资的规模因子。表 9-1 给出取自不同来源的规模指数参考值。由于规模指数恒小于 1，显然，当规模比大于 1 时，规模因子恒小于 1，这就决定了核电厂基础价比投资随机组规模的增大而下降。不难看出，$1-(S_M/S_N)^{X-1}$ 是较大的机组 M 相对于较小的机组 N 的比投资下降比率，可以作为规模效应的度量。

表 9-1　　　　规 模 指 数 参 考 值

规模指数取值	数据来源	规模指数取值	数据来源
0.42～0.53	OECD/ANE 2000	典型值 0.64	DOE/NE-0095，1988
0.60～0.65	OECD/ANE 1991		

图 9-1 给出的比投资下降曲线[1]是用以下参数按式（9-1）计算的：对于图 9-1 的 ABC_1D_1 和 C_2D_2，X 用 0.64，对于图 9-1 的 BC_2 和 C_1D_2，X 用 0.53。这两个 X 值取自 DOE/NE-0095 核能成本数据库。0.64 是基于各种直接费用与间接费用的规模指数拟合值给出的核电厂总的权重平均

值。0.53 适用于核电厂反应堆设备[2]，这里在核电厂环路数不变的条件下推广应用于全厂。

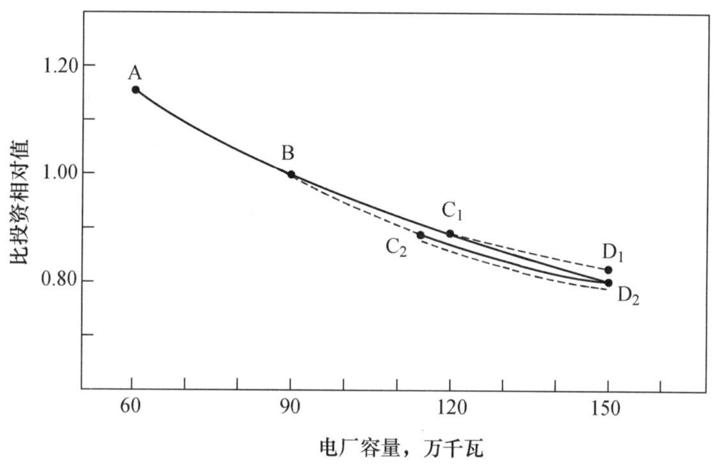

图 9-1　比投资相对值随电厂容量的变化

图 9-1 的 ABC_1D_1 是环路负荷为 30 万千瓦以及环路负荷不变条件下的建厂基础价比投资随电厂容量增大而下降的变化趋势。在这里，电厂总容量的增大正比于电厂环路数的增多，因此，60 万、90 万、120 万千瓦分别代表二环、三环、四环电厂。显然，C_1D_1 是 ABC_1 的外推，D_1 代表了一种假想的五环 150 万千瓦方案。C_2D_2 对应于环路负荷为 37.5 万千瓦，因此，C_2 与 D_2 分别代表这种环路负荷下的三环电厂与四环电厂。十分明显，如果每条环路的容量负荷进一步增大，还会出现新的更低的曲线。C_2D_2 下方的虚线就是适用于每条环路 40 万千瓦的外推结果。同样，如果每条环路的容量负荷小于 30 万千瓦，那么，相应曲线将出现在 ABC_1D_1 的上方。这些曲线构成一组以环路负荷为参变量的曲线族。

从图 9-1 可以十分清楚地看到，如果维持电厂总容量不变，环路数的减少有利于建厂基础价比投资的降低。这正是人们不主张在电厂总容量不变的条件下增多环路数的原因。但是，环路负荷的大小受到环路主设备容量的限制，因此，在现实可行的条件下适当增多环路数仍然是扩大机组规模获得更大规模效应的主要途径。

表 9-2 以假想的三环路 2×100 万千瓦电厂为基准，在规模指数 X 取不同假设值的条件下，列出了三环路 2×114 万千瓦与四环路 2×135 万千瓦两种假想方案的基础价比投资相对值及其下降幅度。从表 9-2 看到，相对于三环路 2×100 万千瓦电厂，可以在较高的置信程度上估计三环路 2×114 万千瓦与四环路 2×135 万千瓦比投资分别下降约 6%和 10%。三环路 2×114 万千瓦方案的规模指数取值低于四环路 2×135 万千瓦是合理的。因为在技术设计中，前者相对于三环路 2×100 万千瓦电厂，反应堆规模因燃料组件从 12 英尺[1]加长为 14 英尺或因堆芯燃料组件数从 157 增多到 177 甚至更多而增大了，但是环路数未变。在这里，人们会问：对于环路数不变条件下因反应堆增大而引起的电厂规模增大，X 取 0.53 是否适宜？X 可否取得略大一些或更小一些？从表 9-1 看到，在目前常用的范围内，基于不同数据来源的全厂规模指数 X 最小值为 0.42，最大值为 0.65。从表 9-2 关于规模效应的敏感性分析可以看到，当四环路 2×135 万千瓦方案相对于三环路 2×100 万千瓦电厂的规模指数取 0.64 时，三环路 2×114 万千瓦方案取 0.53 是恰当的。无疑，更为准确的取值依赖于经济数据的积累和评价模型的改进。

表 9-2 最后一行的 X 取值 0.83，在 DOE/NE-0095 数据库中适用于汽轮机厂房设备，不适用于核电厂全厂。这里的借用仅仅是为了表明，如果把核电厂看成常规火电厂，规模效应的估计值可能产生多大的偏差。

在法国，建造一台 135 万千瓦机组比建造一台 100 万千瓦机组，比投资下降 13%[3]，规模指数 X 相当于 OECD/ANE2000 的高端值 0.53。与此相比，本文在同样的规模范围内取 0.64，在环路数不变而增大容量的情况下取 0.53，是偏于保守的。

[1] 1 英尺=0.3048 米。

表 9-2　　规模效应敏感性分析

规模指数 X 假设值	基础价比投资相对值/下降幅度（相对于假想三环路 2×100 万千瓦电厂）	
	假想三环路 2×114 万千瓦方案	假想四环路 2×135 万千瓦方案
0.42	0.927/7.3%	
0.53	0.940/6.0%	0.868/13.2%
0.64	0.954/4.6%	0.898/10.2%
0.83		0.950/5.0%

在这里，值得一提的是，美国西屋公司开发的 AP 系列非能动革新型先进压水堆核电厂的规模效应更大。数据表明（参阅表 9-3），在典型的厂址条件下，一座双机组 AP1000 电厂按每千瓦计的总投资仅及 AP600 的 64%，两者的净电输出比为 1.83，反推的规模指数 X 将远低于常规范围的低端值。从 AP600 到 AP1000 的技术改进主要是：增加堆芯长度与燃料组件数；增大 NSSS 关键设备尺寸；增加安全壳高度；按增加的额定功率确定常规岛。十分明显，这些改进集中表现为设备容量的增大与功率能力的提升。AP1000 的经验表明，技术进步是增大规模效应的基本动力，在适度的容量范围内，它可以使机组价格随容量的增大而升高的比例远低于容量增大的比例。对比表 9-1 给出的常规数据，可以看到，规模指数随技术进步逐渐下降的趋势远未达到尽头。人们有理由企望，采用先进技术实现更大的规模效应，使核电厂建设成本大幅度下降。

3　一个新的学习曲线表达式与学习效应评估

核电开发的国际经验表明：标准化机组系列的平均比投资低于具有相同特性但是是分别地设计和建造的单个机组的比投资。这里存在两个效应。一个是方案效应，即一种机型的第一台机组（FOAK）所涉及的方案开发附加费。这是完成新设备设计、研制、鉴定、试验并获得制造、建造许可与授权所必须的。它因技术进步与标准化程度以及采购政策的不同而不同，但与标准化系列的机组数无关并相对固定。另一个是学习效应，它来源于系列化制造、建造过程中承包商生产率的提高导致费用代价的减少。持续生产中生产技能的熟练、供应链与生产设施的改良、程序化与信息化管理经验的积累等等都是生产率提高的直接原因。

在这里，技术性学习的概念是 20 世纪 30 年代中期形成的。60 多年来，产生了许多有价值的研究成果，例如，Dutton 和 Thomas[4]在 1984 年针对不同独立制造商中 100 多种制造业产品系列汇编了学习率的频度分布，McDonald 和 Schrattenholzer[5]在 2001 年针对各种能源技术评价汇集了 26 种学习率的频度分布。从两者的比较可以看到，在他们的统计范围内，能源技术的学习率中值是 16%～17%，制造业是 19%～20%，前者不比后者低很多，而且两者的频度分布宽度也相当接近[6]。

学习率是学习效应的量化表达。学习效应导致的费用减少可以用学习曲线来描述。不同的产品系列有不同的学习曲线。在核电领域，对于各种确定的机组系列，本文用如下数学表达式描述它们的学习曲线，即

$$UC(n)=\left(1+\frac{\beta}{n^{\alpha}}\right)UC(\infty)\text{，}n=1\text{、}2\text{、}\cdots\text{、}\infty \tag{9-2}$$

式中：n 是系列中机组序号；α 与 β 是决定曲线性状的两个基本参量。n 也可以定义为某个特定系列中的机组总数，这时，参量 α 与 β 的取值需作相应调整。α 与 β 的取值通常由经验与预测决定。但是，通过简单的变换可以揭示它们的物理意义。

令 n=1，可以得到

$$\beta=\frac{UC(1)-UC(\infty)}{UC(\infty)} \tag{9-3}$$

式（9-3）表明，β 是系列中第 1 台机组的比投资 $UC(1)$与系列趋于无穷时的极限比投资 $UC(\infty)$的差值相对值。

把式（9-3）代入式（9-2），可以得到

$$UC(n)-UC(\infty)=\frac{UC(1)-UC(\infty)}{n^{\alpha}}\text{，}n=1\text{、}2\text{、}\cdots\text{、}\infty \tag{9-4}$$

从式（9-4）不难看出，$[UC(n)-UC(\infty)]$与 n 的关系在双对数座标系

中是一条直线，$-\alpha$ 是直线的斜率，可以称为关于比投资差值的“学习弹性指数”。

通常，$\alpha \geqslant 0$，因而 $n^{-\alpha}$ 的数值落入半开区间［1，0）中。式（9-4）表明，当机组数增加时，比投资差值$[UC(n)-UC(\infty)]$按因子 $n^{-\alpha}$ 规定的比率下降。

显然，进一步可以得到

$$\frac{UC(2n)-UC(\infty)}{UC(n)-UC(\infty)}=\frac{1}{2^{\alpha}}，n=1、2、\cdots、\infty \tag{9-5}$$

式（9-5）表明，当机组数或机组累积总容量翻一番时，比投资差值就按因子 $2^{-\alpha}$ 规定的比率下降。因此，如果把 $2^{-\alpha}$ 称为该系列关于比投资差值的“推进率”，那么，$(1-2^{-\alpha})$ 就是该系列关于比投资差值的学习率。

在实际应用中，如果在有限系列的范围内能够满足条件

$$UC(n) \gg UC(\infty)，\text{对于任何有限的 } n \tag{9-6}$$

那么，式（9-4）就可简化为

$$UC(n)=\frac{UC(1)}{n^{\alpha}}，n=1、2、\cdots、\infty \tag{9-7}$$

这时，式（9-5）转化为

$$\frac{UC(2n)}{UC(n)}=\frac{1}{2^{\alpha}}，n=1、2、\cdots、\infty \tag{9-8}$$

从式（9-7）不难看出，$UC(n)$与 n 的关系在双对数坐标系中是一条直线，$-\alpha$ 是直线的斜率，通常称为学习弹性指数。式（9-8）表明，当机组数或机组累积总容量翻一番时，系列的比投资就按因子 $2^{-\alpha}$ 规定的比率下降。因此，如果把 $2^{-\alpha}$ 称为该系列关于比投资的推进率，那么，$(1-2^{-\alpha})$ 就是该系列关于比投资的学习率。例如，若取 $\alpha=0.32$，则推进率为 0.80，学习率为 0.20，这时，比投资就随机组数的翻番按 20%的速率不断下降。

在许多情况下，特别是在能源战略研究中，应用式（9-7）是十分方便的，IAEA 在 2000 年起动的国际革新型核反应堆与燃料循环项目

（INPRO）[6]就是基于式（9-7）评价与建立用户要求，制订经济学指标的。但是，在本文的研究中，条件式（9-6）是不成立的。因此，必须回到式（9-4）。前面的讨论已经表明，式（9-7）是式（9-4）的近似，式（9-2）与式（9-4）是等价的。式（9-2）直接用比投资而不是比投资差值进行运算。为了便于直观地理解，这里以 AP1000 与 AP600 为案例（见表 9-3），用式（9-2）和式（9-7）给出数值结果的比较。在考察这些结果之前，还须强调，只有当式（9-6）成立时，式（9-2）和式（9-4）的参量 α 才与式（9-7）有相同的意义和相同的取值，否则两者完全不能混同。式（9-2）虽然与式（9-7）一样直观地适用于通常意义上的比投资，但是，它与式（9-4）的等价性决定了它的参量 α 在意义和取值上只能等同于式（9-4）而不等同于式（9-7）。基于式（9-2），直接对比投资给出的进展率与学习率比式（9-8）复杂，不仅与 α 有关，还与 β 有关，且随 n 变化。注意到这一点，对于理解这些结果是十分必要的。

表 9-3　AP1000 与 AP600 每千瓦总投资及其相对值与拟合值随电厂数的变化

（对于 4 座双机组电厂的有限系列）

比投资的变化		4 座双机组平均	第 1 座双机组	第 2 座双机组	第 3 座双机组	第 4 座双机组
AP1000	美元每千瓦	1104	1377	1042	1009	987
	相对值	1	1.25	0.94	0.91	0.89
AP600	美元每千瓦	1721	2116	1635	1584	1549
	相对值	1	1.23	0.95	0.92	0.90
式（9-2）：α=1.3，β=0.7		1	1.25	0.96	0.91	0.88
式（9-2）：α=1.0，β=0.7		1	1.23	0.97	0.91	0.88

表 9-3 中，AP1000 与 AP600 的比投资相对值是基于美国西屋公司给出的数据换算得到的。在西屋公司给出的数据中，4 座双机组电厂按每千瓦计的平均总投资对于 AP1000 与 AP600 分别为 1104 美元每千瓦和 1721 美元每千瓦。从表 9-3 可以看到，由 AP1000 与 AP600 比投资相对值给出的学习曲线并不在双对数坐标系中遵循线性规律。从整体上看，

适当调整 α 与 β 的取值，式（9-2）可以更好地拟合 AP1000 与 AP600 的数据。对于式（9-7），在第 1 座与第 1、2 座双机组平均值的关系上，AP1000 与 AP600 的 α 分别取 0.186 与 0.175 为宜，相应的学习率为 12.1% 与 11.4%，而在第 1、2 座与第 1 至第 4 座双机组平均值的关系上，则取 0.131 与 0.124 为宜，相应的学习率为 8.8%与 8.2%。显然，在这里的有限系列条件下，式（9-7）是不适用的。

还需提及的是，法国 EDF 和 CEA 专家在评价欧洲压水堆 EPR 经济性的时候，采用等同于如下形式的表达式描述学习曲线[7]：

$$UC(n)=\left(1+\frac{\beta}{n}\right)UC(\infty)\text{，}n=1\text{、}2\text{、}\cdots\text{、}\infty \qquad (9\text{-}9)$$

式（9-9）与式（9-2）的差别在于 n 的幂指数。式（9-9）相当于把式（9-2）的参量 α 取定为 1。在实际应用中，式（9-9）中的 n 还与式（9-7）一样被限定为有限系列中的累积机组数（或累积总容量）。式（9-9）也是式（9-2）的一个特例，它的局限性是明显的。而且，如果像式（9-2）那样从式（9-9）导出类似的式（9-7），它将给出关于比投资的进展率与学习率都为 50%且恒定不变的结果，这无疑是脱离现实的。基于式(9-9)，直接对比投资给出的进展率与学习率将与 β 和 n 有关，同基于式（9-2）在 $\alpha=1$ 的特定条件下给出的一致。

从表 9-3 可以看到，在学习曲线趋于平缓的区段，拟合结果对式(9-2）中 α 的取值并不敏感，α 对学习曲线曲率的影响主要表现在曲线的前部。原因是 $UC(n)$通常随 n 增大而向 $UC(\infty)$逼近，$UC(\infty)$则与 α 的大小无关。正因为这样，式（9-9）作为式（9-2）的一个近似在实际应用中仍然是有价值的。

学习率是技术与经验持续改进的速率在经济学上的一种度量。它为投资费用的持续下降建立了一个动态图像，这比在一个特定时间点上达到一个特定的孤立的费用目标更有意义、更为重要。从表 9-3 看到，AP1000 在获得显著规模效应的同时，像 AP600 一样，在它投向市场的启动阶段有一个高达 8%～12%的学习率（按累积机组数计算），使它的比投资从 FOAK 阶段的 1377 美元每千瓦快速下降到 1000 美元每千瓦❶附近，并在第 4 座双机组时降为 987 美元每千瓦。这就为增强它的市场竞争潜力奠定了基础。在法国，与建造一台单机组相比，在同一厂址建造 2 台或多台标准型机组时，每台造价平均降低 15%或 20%～40%。在韩国，标准化的结果使费用节省 15%～20%。这些数据[3]表明，不断改进中的传统型压水堆核电技术仍然蕴涵着足够高的学习率，因而仍然有足够强劲的市场竞争力。国际 INPRO 项目在评价未来 50～100 年能源领域的竞争态势时指出，在经济快速增长和人口低速增长以及新的有效技术快速引入的假设条件下，如果学习率低于 7%，核能最终将被“开除”出世界市场。也许不同的研究者会给出不同的数值结果，但是，它毕竟向核能界敲响了警钟，如果不能保持足够高的学习率，核能的前途是不乐观的。我国核能界必须致力于建立一种有利于核能技术得以持续改进的技术发展机制，千万不要陶醉于既有技术暂时占据着的某种市场优势。

4 综合考虑规模效应与学习效应的一种图解法

规模效应与学习效应是两个互相独立、各自分别起作用的效应。但是，它们又常常在同一个决策问题中同时起作用。从表 9-3 给出的数据可以作如下推想：如果第 1 座双机组 AP1000 电厂是在一系列双机组 AP600 电厂已经建成的条件下，与第 $N+1$ 座双机组 AP600 同时投建的，而且 N 足够大，那么，这两座同时投建的电厂很可能是规模大的比规模小的“便宜”得不多，甚至更“贵”些。在这种情况下，追求经济效益的业主是不是愿意从 AP600 转向 AP1000 呢？显然，在推进技术创新与技术转型的过程中，这是一个具有普遍意义的问题。为了以后讨论的方便，把这里引出的“N”作为两种技术方案投入使用的“时间差”的度

❶ 关于 FOAK 附加费的讨论请参阅本书第十章 3.2 节。这里假设附加费未集中计入第一座电厂。——2010 年 12 月，作者加注。

量。在以下的讨论中可以看到，在应用式（9-2）的条件下，对于比投资各自取相对值后大体上可以放在同一条学习曲线上比较（即 α 与 β 大体相同）的两种技术方案，这个“时间差”决定了它们在这条曲线上如何定位于不同的区段，由此反映它们不同的学习率。

在转型期，规模效应与学习效应成为互相竞争的因素。对于拟采用的新技术，这种竞争很可能产生一个关于新建批量的“临界区”。在这个临界区之前，先被采用的技术在成本上优于后被采用的，在这个临界区之后，则相反。这种临界区是否存在、存在于何处以及这种临界区的范围有多大，不仅取决于规模效应与学习效应各自的大小强弱，而且与两种技术投入使用的“时间差”密切相关。图 9-2 与图 9-3 揭示了这一竞争过程的内在机制。

图 9-2 与图 9-3 是以式（9-1）与式（9-2）为基础建立的。在图 9-2 中，参量 α 取定为 1，纵坐标是参量 β。从式（9-3）已经看到，β 是系列中第 1 台机组的比投资与系列趋于无穷时的极限比投资的差值相对值。在 α 取定后，对于给定的“时间差”N，β 是学习效应的唯一度量。图的横坐标是规模因子与 1 的差值。$1-(S_M/S_N)^{X-1}$ 是规模效应的度量。为了便于讨论，对于待比较的两种技术方案，假定时间差 N 等于 1 和 2，即新方案比原方案滞后 1 步和 2 步，也就是在原方案已建成 1 座和 2 座双机组电厂的条件下，两者各新建若干座双机组电厂。这种假定，不会使讨论在方法学上失去普遍性。图中实线和虚线构成了两者在两种条件下的比投资等值曲线族。图 9-3 与图 9-2 有同样的含义。图 9-3 的主要作用是形象地给出式（9-2）中参量 α 的影响。其中的等值线是针对新建 2 座与 3 座双机组电厂给出的，并简单地假定时间差 $N=1$，很清楚，这样的简化与假定同样不会削弱讨论的普遍性价值。

在图 9-2 与图 9-3 中，等值线上的一个点表明某一较大规模（较高容量）的新方案核电厂与某一较小规模（较低容量）的原方案核电厂在该点确定的条件（α 值，β 值，N 值，新建批量）下需要相等的平均比投资。如果实际的规模效应，即 $1-(S_M/S_N)^{X-1}$ 大于该点对应的值，那么，

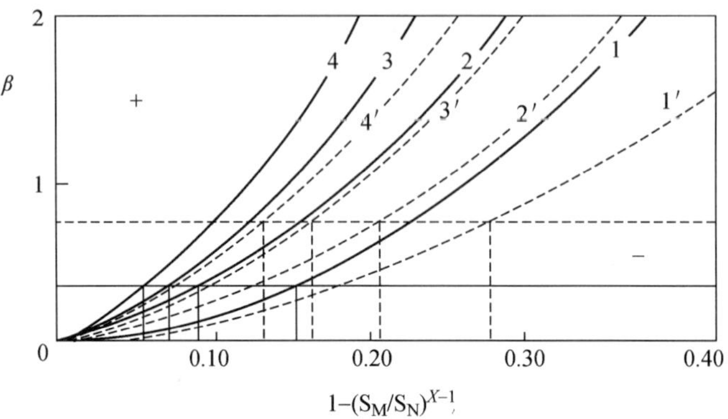

图 9-2　压水堆核电厂比投资等值曲线族，α=1

—— 等值线 1、2、3、4 分别表示新建 1、2、3、4 座双机组电厂，时间差 N=1;

----- 等值线 1′、2′、3′、4′分别表示新建 1、2、3、4 座双机组电厂，时间差 N=2

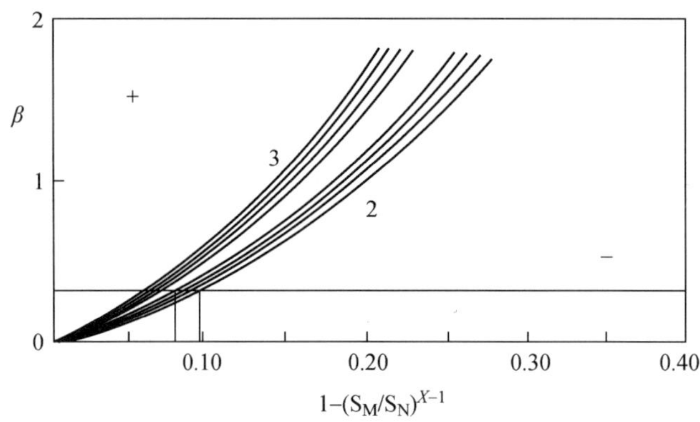

图 9-3　压水堆核电厂比投资等值曲线族，α=1.0～1.3

—— 等值曲线族 2 与 3 分别表示新建 2 座与 3 座双机组电厂，时间差 N=1；两个曲线族各自 4 条曲线对应的 4 个 α 值，从左至右依次为 1.0、1.1、1.2 与 1.3

实际的状态点右移至等值线以下的区域（图中用“–”号表示），相应的较大规模电厂平均比投资低于相应的较小规模核电厂，实际规模效应与该点对应值之差即为比投资下降的幅度。如果实际的规模效应，即 $1-(S_M/S_N)^{X-1}$ 小于该点对应的值，那么，实际的状态点左移至等值线以上的区域（图中用“+”号表示），相应的较大规模核电厂平均比投资高于相应的较小规模核电厂，实际规模效应与该点对应值之差即为比投资上升的幅度。可以看到，随着新建核电厂批量的增加，等值线逆时针向左向纵坐标逼近，即“-”号表示的区域向全平面扩展。这表明，电厂数量足够多以后，两类电厂的比投资差趋向于由规模效应唯一地决定。

还可看到，随着较小规模核电厂相对于较大规模核电厂在本系列中定位的后移，即时间差 N 增大，等值曲线族以原点为轴心顺时针向右偏转，“-”号表示的区域向下向右压缩。反之，逆时针向左偏转，“-”号表示的区域向上向左扩展。当较小规模核电厂与较大规模核电厂在各自系列中的定位相同即时间差为零时，等值曲线族全部收敛于纵坐标，即“-”号表示的区域占据全平面。这时，两类电厂的比投资差由规模效应唯一地决定。

从图 9-3 看到，随 α 增大，每一曲线族中的曲线顺时针向右偏转，“-”号表示的区域向下向右压缩，新方案相对于原方案的比投资下降幅度相应缩小。反之，结果相反。α 仅仅影响学习曲线的下降速率，不影响学习曲线无限延伸时的逼近值。相对于原方案，新方案总是位于学习曲线较前的区段，因此，α 对新方案学习率的影响总是大于原方案。这一特点，有利于更好地用同一条学习曲线去拟合两种方案处于曲线不同区段的学习效应。

表 9-4 以图 9-2 和图 9-3 为基础给出一个数值实例。在这个实例中，假设新方案与原方案的时间差 N=1，β 值为 0.3，α 可在 1.0～1.3 的范围内变动。表 9-4 中新方案相对于原方案的规模效应在 6%～13%的范围内变动，这与表 9-2 给出的两种三环电厂和一种四环电厂的容量关系大体一致。

表 9-4　　　　应用图 9-2 与图 9-3 的一个数值实例

规模效应假设值	学习曲线参量值		新方案相对于原方案比投资下降幅度	
	α	β	建 2 座双机组	建 3 座双机组
6%	1.0	0.3	–2%	0
	1.3	0.3	–3%	–0.8%

续表

规模效应假设值	学习曲线参量值		新方案相对于原方案比投资下降幅度	
	α	β	建2座双机组	建3座双机组
10%	1.0	0.3	2%	4%
	1.3	0.3	1%	3.2%
13%	1.0	0.3	5%	7%
	1.3	0.3	4%	6.2%

从表9-4看到，在时间差N=1的条件下，如果规模效应为6%，那么再建3座双机组电厂后，新方案的平均比投资就低于原方案。在这里，批量3（即再建3座双机组）就是一个临界点。如果规模效应超过10%，那么，临界点就前移到再建1～2座双机组之间。在现实的工程问题中，即使是确定的技术方案，规模效应的取值也必须考虑一定的不确定性。此外，新方案与原方案在学习曲线不同区段的定位也与许多实际因素，例如技术的继承性、经验的成熟性等密切相关，这就给时间差的考虑带来了不确定性。时间差为零，临界点消失。时间差增大，临界点后移。各种不确定性的存在使得“临界”不可能严格地发生在一个点上，只可能发生在一个范围内。由时间差引入的临界区现象给人们的主要启示，一是新技术方案采用越早，转型期比投资下降越快；二是转型期比投资的动态评估比特定时间点上的静态评估更有价值，特别是在需要考虑发展趋势的决策问题中❶。

5 结语

本文关于规模效应的讨论与规模指数的见解，关于新的学习曲线表

❶ 从进一步的考察可以看到，在实际工程对象中，通常存在一个“临界时间差”N_c，当实际时间差$N=N_c$时，采用先前技术的机组比投资下降到与采用新技术的第1座机组的比投资相等，如果$N<N_c$，那么，后被采用的新技术永远在成本上占优，也就无需讨论“临界区”问题。只有在$N>N_c$的情况下才会出现临界区现象。在图9-2的双机组案例中，N_c介于0与1之间。可以推断，对于表9-3列出的AP1000与AP600，这个N_c值大约在8以后。显然，在这里的讨论中，规模效应越大，N_c就越大。——2010年12月，作者加注。

达式的提出以及学习曲线三种表达式的比较，关于规模效应与学习效应综合图解法的制订和应用，是对核电投资估算中一些方法学问题的初步探讨。基于这些探讨，形成了对我国核电进一步发展的若干设想：

（1）规模效应的利用是降低核电投资成本的重要途径。国际经验表明，规模指数随技术进步呈现不断下降的趋势，通过开发、采用先进技术，可以大幅度提高规模效应。我国核电刚迈入机组大型化的门槛，机组容量、环路数与环路负荷都有适度的发展空间，技术进步的需求十分迫切，潜力也很大。充分利用这样的空间，积极推动技术进步是我国核电界的当务之急。

（2）学习效应为核电投资成本的持续下降建立了动态机制。技术与经验的持续改进是维持高学习率的保证。我国核电在推进自主化、国产化的进程中已开始标准化、系列化发展的新阶段，认真研究与充分利用学习效应的作用规律已刻不容缓。任何束缚技术进步的机组选型对我国核电的标准化、系列化发展是十分不利的，是不可取的。

（3）技术转型期的经济评估必须综合考察规模效应与学习效应的共同作用。正确理解这种共同作用产生的“临界区”现象在决策问题中是至关重要的。为了我国核电的可持续发展，既是及时的、积极的，又是逐步的、稳妥的技术转型已在我国核电界引起深切的关注。我国核电的长远规划离不开技术转型的正确决策。在这种决策中，必须重视规模效应与学习效应的联合作用。

（原文发表于 2003 年 6 月《核电工程与技术》Vol.16，No.2，收入本书时略有删节，作者：程平东）

参考文献

［1］耿其瑞，程平东，刘正纶．三环、四环压水堆核电厂技术经济初步分析．核电工程与技术，2002，15（3）

［2］M. Mahlab. CAP600: Economic Comparison of CAP600 for 1200MW Size Plant.

October, 1996.

[3]《核电》编辑部．降低核电造价．核电，2000，(3)

[4] J. M. Dutton and Thomas. Treating Progress Functions as a Managerial Opportunity. Academy of Management Review 9, 1984.

[5] Alan McDonald and Leo Schrattenholzer. Learning Rates for Energy Technologies. Energy Policy 29, 2001.

[6] INPRO-1A. 4. User Requirements and Nuclear Energy Development Criteria. 4.1. Economic User Requirements. January 07, 2003.

[7] Patricia Marcetteau, Jean-Loup Rouyer and Simon Nison. Size and Series Effects on the Economics of Nuclear Power Plants. ICONE 9, 2001.

核电的公众可接受性主要取决于它的安全性以及它对环境的影响，核电的市场竞争力在更大程度上取决于它的经济性。

第十章 AP1000平准化发电成本剖析

这一章是前两章的自然延伸。在这一章与前两章中，人们看到了一个方法论的体系如何从某种迷惑不解所诱发的冲动中产生与发展，并在实际应用中得到检验。它的价值在于揭示了隐藏在复杂经济现象背后的规律。

1 改善经济性是开发AP1000的重要基点

改善经济性是所有先进核电厂设计总目标的重要基点。AP600虽然达到了预期的成本目标，但是西屋公司认识到，AP600不具备与现今燃煤电厂和燃气电厂相匹敌的市场竞争力。在美国，按照2003年价格，在现行环境政策下，也就是不考虑温室气体控制成本，对于煤电与气电，平准化发电成本（LCOE）的一种可作参照的典型评估值分别是3.3～4.1美分每千瓦时以及3.5～4.5美分每千瓦时[1]。开发AP1000的经济目标就是要把规模经济效应应用于非能动核电厂，使发电成本降到可与煤电和气电相抗衡的水平。AP600发电成本的同期估计值是4.1～4.6美分每千瓦时。AP1000的造价相对于AP600增加不多，而功率提高很多，一座双机组电厂的发电成本估计可降至3.0～3.5美分每千瓦时[2]。

核电厂发电成本主要由建设投资、运行与维护（O&M）成本以及燃料循环成本构成。在建设投资中通常包括隔夜成本、因物价上涨而使投资逐年递增的边际成本、因支付利息而必须考虑的贷款成本。总的 O&M 成本又可分为固定部分与可变部分，并包括核电厂退役费与废物处置费。燃料循环成本中除了新燃料费用，还需考虑乏燃料后处理费用以及可能发生的燃料再循环费用。上述成本构成及其费用高低与种种复杂因素密切相关，在技术经济领域，则与核电厂的一系列技术特征密切相关。在一系列影响成本的技术因素中，最主要的是电厂的可建造性、可运行性、可维护性，以及电厂系统、设备、构筑物的复杂程度、安全等级、质量要求、可靠性要求和可实现的电厂建造周期。此外，电厂的容量、效率、可利用率，燃料循环方式（例如 UOX 循环、MOX 循环），以及卸料燃耗深度等都有重要影响。

这一章从平准化发电成本方法与 AP1000 的首次建造、AP 系列的规模效应与学习效应、设计简化与模块化建造的技术进步效应以及 AP1000 的燃料与运行维护成本等几个方面，对 AP1000 全寿期平准化发电成本的基本构成进行了剖析，由此给出了对 AP1000 技术经济优势的简要评估。

2 平准化发电成本方法与 AP1000 的首次建造

要在公允的平台上对不同发电技术、不同能源项目的经济性作出客观、真实的判断，必须正确处理成本估算中各类费用的时间价值，采用科学的评价方法。全寿期平准化发电成本方法就是在国际上得到广泛承认与广泛应用的科学方法。这一节将首先介绍这一方法的基本概念，然后对 AP1000 首座电厂的发电成本进行评估。

2.1 平准化发电成本的基本概念

全寿期平准化发电成本方法的一般表达式可采用

$$\sum_{t}[TCE(t)-I(t)-O(t)-F(t)](1+d)^{-t}=0 \tag{10-1}$$

式中：TC 代表发电成本；$I(t)$、$O(t)$、$F(t)$和 $E(t)$依次为第 t 年的建设投

资、运行维护费、燃料费和净发电量（供电量）；d是折现率（discount rate）。

式（10-1）表明，存在某一折现率，或者说存在某一发电成本，使电厂寿期内的现金流入流量和现金流出流量的现值的代数和为零。这时的发电成本 TC 可以作为评价电厂经济性的客观尺度，称为平准化发电成本 LCOE（Levelized Cost of Electricity）。按照平准化发电成本方法，对于给定的寿期与折现率，TC 值最小的电厂是最经济的。

引入折现因子，定义为

$$\Phi = \frac{d(1+d)^n}{(1+d)^n - 1} \tag{10-2}$$

式中：n 为用于经济评估的电厂寿期。利用式（10-2），可把式（10-1）化成更为简洁的形式，即

$$TC = \frac{\Phi I_0 + O + F}{E} \tag{10-3}$$

式中：I_0 已是贴现至电厂建成时的建厂投资，因而与时间 t 无关；O，F，E 依次为年度运行维护费、年度燃料费、年度净发电量，都已与时间 t 无关。

式（10-3）明显地给出了发电成本与各种经济、技术要素之间的关系。在实际应用中，式（10-3）还可改写成如下形式

$$\begin{aligned} TC &= \frac{100}{8760L}\left(\Phi\frac{I_0}{K} + \frac{O}{K}\right) + \frac{100}{24}\times\frac{C_{\mathrm{f}}}{\eta B} \\ &= \frac{100}{8760}\left(\frac{1}{L}\Phi\frac{I_0}{K} + \frac{1}{L}O_1 + O_2\right) + \frac{100}{24}\times\frac{C_{\mathrm{f}}}{\eta B} \end{aligned} \tag{10-4}$$

式中：TC 是发电成本，美分每千瓦时；K 是额定装机容量，千瓦。式（10-4）表明，影响发电成本的各要素可以进一步分解为：

I_0/K——建厂比投资，可用符号 UC 表示；

Φ——折现因子；

KO_1 与 LKO_2——年度运行维护费 O 的不变部分与可变部分；

C_{f}——燃料单价，美元每千克铀；

B——平均卸料燃耗深度，兆瓦日每吨铀；

η——电厂效率；

L——电厂负荷因子。

显然，降低建厂比投资（I_0/K）、运行维护费（KO_1 与 LKO_2）以及燃料单价（C_f），有利于降低发电成本。而从技术及运行方面看，加深卸料燃耗、提高电厂效率、提高电厂负荷因子也对降低发电成本有重要作用。式（10-4）给出的重要提示是，比投资最低的电厂未必最经济，只有降低比投资与改善电厂技术性能同时起作用而使 TC 达到最低才是最经济的。但是，核电比投资在发电成本中所占比重远高于常规火电，降低比投资对于降低发电成本的贡献更为突出。

2.2 AP1000 首座电厂的发电成本

在平准化发电成本方法的实际应用中，发展了种种计算模型，包括相对简单的若干电厂模型，比较复杂的市场模型和某些混合模型。表 10-1 罗列了用混合模型 SAIC Power Choice、电厂模型 Scully Capital-DOE、市场模型 NEMS-EIA 对 AP1000 第一座电厂（FOAKE，也可缩写为 FOAK）的 LCOE 估算值，并与芝加哥大学（U.C.）在 2004 年 8 月发表的研究结果进行了比较。这里的 LCOE 是出厂母线发电成本（Busbar Cost），包括运行成本以及按年计值的投资成本。这些评估跨越的时间段与 AP1000 设计认证审查跨越的时间段大体一致。其中，科学应用国际协会（SAIC）的能源选择模型采用了 DOE 与卖方的 2001 年数据，Scully 投资报告采用了卖方 2002 年的数据，两者都按不同财务计划给出了针对 AP1000 技术的发电成本评估；国家能源模型系统（NEMS）采用的费用与性能假设取自能源信息管理局（EIA）的 2004 年度能源展望（EIA-AEO 2004）。表 10-1 中引用的 EIA 结果是针对先进新电厂的，适用于 AP1000。这三种模型给出的发电成本落在 3.6～5.3 美分每千瓦时区间内，相应的隔夜价比投资（单位功率的隔夜价投资）范围是 1247～1555 美元每千瓦。

U.C.针对各种核电技术广泛研究了不同隔夜价比投资、建造周期、负荷因子、财务计划、政策扶持、学习效应等主要因素对LCOE的影响。表10-1选列的U.C.研究结果是在以下特定条件下得到的评估值：电厂寿命40年，建造周期5年，机组容量100万千瓦，负荷因子85%。研究表明，电厂寿期从40年变为60年，LCOE的下降不超过0.1美分每千瓦时，影响很小。但是，如果负荷因子从85%提升为90%，LCOE的下降可达0.3～0.4美分每千瓦时，影响较大。AP1000的电厂设计寿命是60年，可利用率不低于93%。如果选用60年寿期与90%负荷因子，那么，AP1000第一座电厂的LCOE可从表中的4.7～5.4美分每千瓦时降为4.3～5.0美分每千瓦时。

表10-1　AP1000第一座电厂的平准化发电成本（2003年价格）

计算模型	隔夜价比投资（美元每千瓦）	平准化发电成本（美分每千瓦时）		参数来源
		d=8%	*d*=10%	
SAIC能源选择	1365	4.6	5.1	DOE与卖方，2001年
Scully投资报告	1455		4.4	卖方，2002年
	1247	3.6	4.0	
EIA-AEO 2004	1555		5.3	EIA，2004年
U.C.研究	1500	5.4①		近期电厂模型及其数据库
	1200	4.7①		

① O&M固定成本60美元每千瓦年，O&M可变成本0.21美分每千瓦时，核燃料成本0.435美分每千瓦时，退役费3.5亿美元，核废物处置费0.1美分每千瓦时；无政策性财务扶持：资本金与贷款各占50%，投资收益率取15%，贷款成本取10%，还贷期15年，折旧期15年（修正的加速折旧），税率38%，资本边际成本21美元每千瓦年（编注：原文为210，疑属排字失误）。

发电成本的风险主要来自隔夜价比投资的上升和建造周期的延长。表10-1已经清晰地表明了LCOE随隔夜价上升而上升的趋势。如果隔夜价进一步上升到1800美元每千瓦，那么，与表10-1 U.C.研究相同条件的LCOE将上升到6.2美分每千瓦时。与此同时，如果建造周期延长到7年，那么LCOE进一步上升到7.1美分每千瓦时。提供适当的政策扶持是应对此类风险的有效措施。例如，在美国，如果能按2004年立法的建议，实行8年期1.8美分每千瓦时产品税减免，并与20%的投资税减免相结合，那么即使隔夜价维持在 1800 美元每千瓦的高位，建造周期长达 7 年，LCOE 仍可回落到 4.6 美分每千瓦时的水平。此时，有效的工程项目管理如果能确保建造周期不超过 5 年，那么，AP1000 第一座电厂的 LCOE 就可回落到不超过 3.7 美分每千瓦时。对于核电，采取这样的政策扶持是不失公允的。因为，如果严格执行温室气体政策，而碳捕集与封存（CCS）的推进不如人们期望的那样有效，那么煤电与气电的 LCOE（2003 年价格）可从现行环境政策下的典型评估值分别上升约 1 倍与 50%，甚至更多[1]。

3 AP 系列的规模效应与学习效应

核电工程项目按单位电功率计算的建设投资——比投资，是评价核电经济性的重要指标。前一节的讨论已经揭示了比投资对发电成本的影响。核电工程比投资的高低不仅与种种技术与管理的因素密切相关，还与国内外复杂的市场因素密切相关，后者又往往与相关国家的政治、经济、外交等战略利益联系在一起。这里仅仅从技术经济的角度研究对工程基础价（即隔夜价）比投资影响较大的规模效应与学习效应。表 10-2 列出了几种先进核电厂的隔夜价比投资评估值。这些评估值是由卖方提供的，被 DOE 用于核能 2010 路线图研究中。从这些评估值既可以看到不同技术及其学习效应对隔夜价比投资的显著影响，也可以看到规模效应的重要贡献。这一节的以下部分将阐明规模效应与学习效应的基本概念，并在此基础上对照表 10-1 与表 10-2 的相关数据，讨论 AP1000 第 *n* 座电厂（NOAK，也可缩写为 NOAKE）的发电成本。

表 10-2　　　　几种先进核电厂的隔夜价比投资

设　计	隔夜价，美元每千瓦	其他相关信息
GE ABWR	1400～1600	135 万千瓦，建造期 48 个月（日本）
GE ESBWR	低于 ABWR	138 万千瓦，可利用率目标值 92%；为降低成本，采用简化设计

续表

设　计	隔夜价，美元每千瓦	其他相关信息
Framatome SWR-1000	FOAK:1150～1270 NOAK:降低 15%～20%	未计冷却塔成本，建造期 48 个月，可利用率 91%
Westinghouse AP-600	FOAK：2175 NOAK：1657	从订单到商业运行 5 年
Westinghouse AP-1000	FOAK：1365 NOAK：1040	假定双机组，包括业主费和应急费
Westinghouse IRIS	FOAK①：746～1343 NOAK①：687～1224	10 万～30 万千瓦电厂，可利用率 85%～99%
BNFL PBMR	NOAK：1250	11 万千瓦机组
General Atomics GT-MHR	1122 NOAK：降低 25%	28.8 万千瓦，包括业主费和应急费

① 原文是 FOAK 687～1224，NOAK 746～1343[3]，疑属排序失误。

3.1 规模效应与机组容量限制

核电的规模具有双重含义，一是机组的容量大小（单机容量），二是机组的数量多少（累积容量）。在核电厂技术经济分析中，通常把规模效应定义为机组容量大小的经济效应。数量效应的特点是与学习效应密切相关，因而在经济学上是一种动态效应。这里首先讨论由核电机组容量大小引入的规模效应。当然，对于一定的单机容量，同一厂址的群堆效应主要取决于机组数量的多少，也对总的规模效应有贡献，这在特定厂址的规模经济中是不可忽视的。显然，所有厂址的累积容量也与单机容量的状况密切相关。

对于给定的工艺与技术类别，核电厂隔夜价比投资 UC 与机组容量大小 S 的关系在理论上可用式（10-5）表述[4]，即

$$UC_M=UC_N(S_M/S_N)^{X-1} \tag{10-5}$$

式中：UC_M 与 UC_N 分别代表机组 M 与机组 N 的比投资，S_M/S_N 是机组 M 与 N 的规模比（容量比），X 是规模指数，$(S_M/S_N)^{X-1}$ 可以称为关于比投资的规模因子。规模指数总是小于 1 的，因此，当规模比大于 1 时，

规模因子恒小于 1，使核电厂隔夜价比投资随机组规模的增大而下降。显然，$1-(S_M/S_N)^{X-1}$ 是较大机组 M 相对于较小机组 N 的比投资下降比率，可以作为规模效应的度量。

对于传统的核电厂设计，已有的数据库表明，机组的规模指数可在大约 0.4～0.6 的范围内取值[5]。例如，在法国建造一台 135 万千瓦机组，相对于 100 万千瓦机组，比投资下降约 13%，规模指数 X 相当于 0.53。从表 10-2 可以看到，AP1000 相对于 AP600，无论是 FOAK 还是 NOAK，隔夜价比投资都下降了 37.2%。AP1000 电厂的系统、设备、构筑物配置与 AP600 相似，超常的规模经济效益已不是简单地来源于设施容量的放大。AP600 属于堆芯低功率密度设计，AP1000 则属于堆芯高功率密度设计，充分利用了先进燃料的安全裕度。可以设想，在 AP 系列的后续发展中，如果维持高功率密度的特点不变，进一步增大单机容量所能取得的规模效应将重新落入通常的范围；如果功率密度调整到介于 AP600 与 AP1000 之间，规模效应将有所下降。

规模效应是存在极限的。在这里，首先要注意的是式（10-5）仅在 $0<X<1$ 范围内有实际应用价值。如果 $X\leqslant 0$，那么，这一表达式给出的结果将是机组的总投资不随机组容量增大而增大，甚至可以降低。当然，对于不同的工艺和技术类别这是可能的，也是技术革新所追求的。但是，对于给定的工艺和技术类别，这显然是不可能的。另一方面，如果 $X\geqslant 1$，那么式（10-5）给出的结果将是机组比投资不随机组容量增大而降低，甚至升高，表明规模效益已不复存在。此外，不难想象的是，对于一定的工艺与技术类别，机组规模的增大既受到技术可行性的限制，又与市场接受度和相关产业的规划部署等潜在因素密切相关。这些因素的制约，使得核电机组的最大单机容量在特定技术环境的一定发展阶段存在特定的限制。单机容量一旦逼近极限，规模效应就会减弱甚至逆转。核电发展史的数据积累，已从统计学的意义上暗示了这一规律。图 10-1～图 10-3 给出的三条包络线是对美国、日本、法国已运行核电机组按机组容量、按年代排序得到的[6]。机组容量包络线清晰地显示了容量限制的

存在，对于美国与日本，大约是140万千瓦，对于法国大约是160万千瓦。美国2010计划中的最大单机容量为138万千瓦，欧洲新设计的轻水堆核电厂单机容量为154.5万～175万千瓦，都与历史经验的提示相吻合。AP1000的单机容量处于包络线的中部，表明AP系列尚有较大的容量拓展空间。当然，各国核电产业的相互渗透与技术转让，也为单机容量在各自国度的适度增大提供了动力。

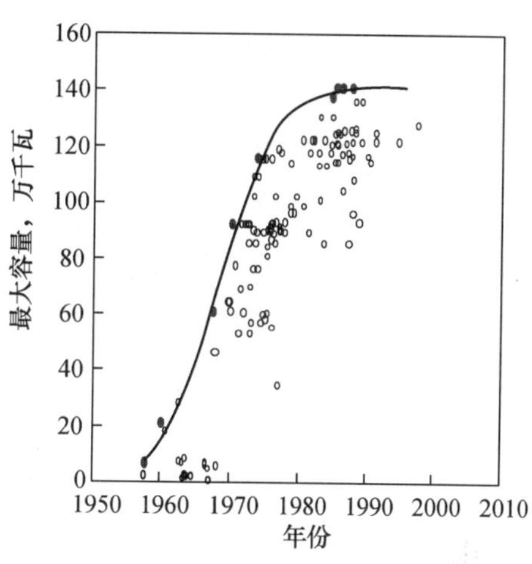

图10-1 机组容量包络线（美国）

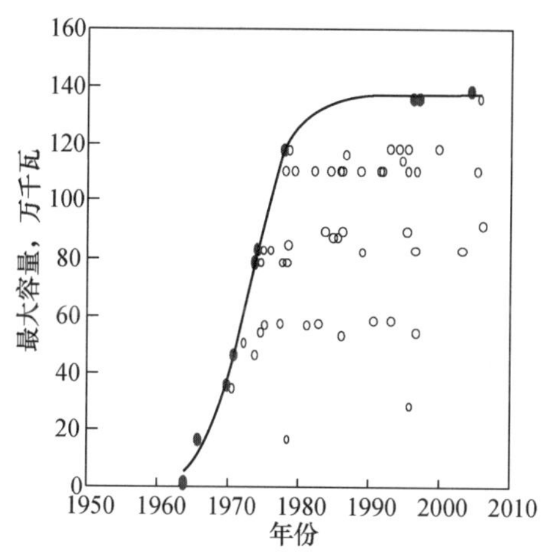

图10-2 机组容量包络线（日本）

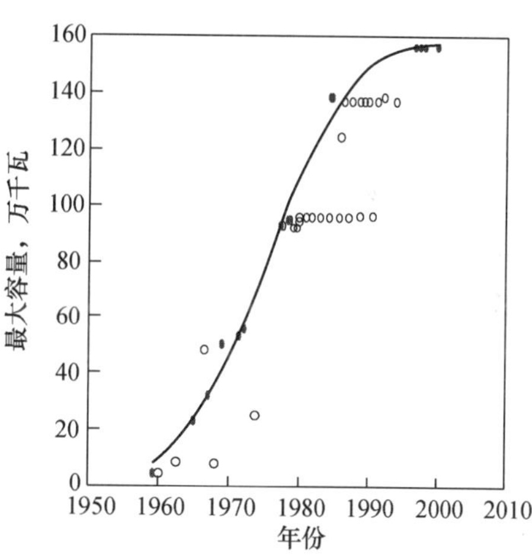

图10-3 机组容量包络线（法国）

3.2 学习效应与后续电厂发电成本预测

核电开发的国际经验表明：标准化机组系列的平均比投资低于具有相同特性但分别进行设计和建造的单个机组的比投资。这里存在两个效应。一个是方案效应，即同类机型的首项工程FOAKE（或称FOAK）所涉及的方案开发附加费。这是完成新系统、新设备的设计、研制、鉴定、试验，并获得制造、建造许可与授权所必需的。它因技术进步与标准化程度以及采购政策的不同而不同，但与标准化系列的机组数无关并相对固定。另一个是学习效应，它来源于系列化、标准化制造建造过程中承包商生产率的提高导致费用代价的减少。持续生产中生产技能的熟练、供应链与生产设施的改良、程序化与信息化管理经验的积累等都是生产率提高的直接原因。

学习效应导致的费用减少可以用学习曲线来描述。不同的产品系列有不同的学习曲线。在核电领域，对于各种确定的机组系列，文献［7］建立了如下数学表达式用以描述它们的学习曲线，即

$$UC(n)=\left(1+\frac{\beta}{n^{\alpha}}\right)UC(\infty)，n=1、2、\cdots、\infty \tag{10-6}$$

在一些案例应用中，n 被定义为系列中机组序号，α 与 β 是决定曲线性状的两个基本参量。n 也可定义为某个特定系列中的累积总数，这时，参量 α 与 β 的取值需作相应调整。两种处理中，α 与 β 的取值通常都由经验与预测决定。

在考察机组比投资与机组建造数的关系时，参量 α 与 β，以及建造数趋于无穷时的极限比投资 $UC(\infty)$都按常数处理。从式（10-6）可以看到，机组比投资 $UC(n)$随机组建造数 n 的增加而持续下降，当 n 趋于无穷时，$UC(n)$趋于 $UC(\infty)$。通常把机组或电厂建造数翻一番的比投资下降率定义为学习率 LR，即

$$LR\equiv 1-\frac{UC(2n)}{UC(n)} \tag{10-7}$$

按式（10-7）的定义，从学习曲线表达式（10-6）可以导出

$$LR=\left(1-\frac{1}{2^{\alpha}}\right)\frac{\beta}{n^{\alpha}+\beta} \tag{10-8}$$

式（10-8）表明，学习率不仅是参量 α 与 β 的函数，还与累积建造数有关。随累积建造数的递增，学习率将持续下降。当累积建造数趋于无穷时，学习率趋于零。这里以 α=1、β=0.7 为例，对这一变化规律作量

化考察。假设 n 依次为 1、2、3、4，从式（10-8）可以求得对应于 $2n$ 为 2、4、6、8 的 LR 依次是 0.21、0.13、0.09、0.07。这一数值结果与一些先进核电厂的预测趋势是一致的[5]。

学习率是技术与经验持续改进的速率在经济学上的一种度量。它为投资费用的持续下降建立了一个动态图像，这比在一个特定时间点上达到一个特定的孤立的费用目标更有意义、更为重要。学习率对参量 α 与 β 的依赖性决定了它不仅与产品系列的技术特性相关，还与种种影响生产率提高的其他实际因素有关。表 10-3 基于美国核电建造业的特点，针对假设的学习率范围，列出了几个主要因素的相应状况[1]。这个对照表适用于系列建造的前期阶段。利用表 10-3，可以根据主要影响因素的实际状况，在核电技术的经济评估中选择适用的学习率参考值。

表 10-3　　对应于核电建造业不同状况的学习率取值范围及其对后续电厂 LCOE 的潜在影响

LR（%）	建造部署	单个厂址建造数	建设市场	设计标准化	管理效果	第五座电厂 LCOE①（美分每千瓦时）
3	分散建造，相隔一年或一年以上	容量饱和，无重复机组	竞争不激烈，能从学习效应节省费用	标准化程度不高	建造有一些延迟	3.5（4.4）
5	少量连续建造	新容量需求增长较高，重复机组较少	竞争较激烈，能从持续学习使多数费用下降	有限的设计系列	建造很少有延迟	3.4（4.2）
10	连续建造	容量需求高增长，重复机组较多	竞争激烈，所有费用持续下降	几种设计，每一种都有足够订单，可实现标准学习效应	建造期缩短，或延迟受到有效限制	3.2（3.8）

① 第一座电厂隔夜价比投资 1200～1500 美元每千瓦，建造期 5 年，无政策性财务扶持，但投资收益率与贷款成本按两种假设取值，第一种取 12%与 7%，第二种取 15%与 10%。表中括号外与括号内的 LCOE 分别对应这两种财务条件。

表 10-3 的最后一栏给出了学习率影响后续电厂发电成本的一个实例。这个实例适用于预测 AP1000 批量化建造后的发电成本。与表 10-1 给出的 AP1000 第一座电厂发电成本预测值相比，这里的第五座电厂发电成本即使按不利的学习率进行评估，也有很大幅度的下降。这首先应该归因于第五座电厂已不存在 FOAKE 费的影响。卖方如何把 FOAKE 费分摊到所销售的核电厂，可显著影响先期核电厂的隔夜成本。卖方基于销售策略的考虑，很可能希望在它的第一个电厂收回 FOAKE 费。这时，第一座电厂的隔夜价就可能因此而上升 35%左右。与表 10-3 第五座电厂 LCOE 对应的第一座电厂隔夜价为 1200～1500 美元每千瓦。在 U.C.的研究中，假设隔夜价 1200 美元每千瓦不包含 FOAKE 费，隔夜价 1500 美元每千瓦包含 20%的 FOAKE 费（即 300 美元每千瓦）。对于这里的讨论，表 10-1 针对第一座电厂给出的 U.C.评估值从 5.4 美分每千瓦时降为 4.7 美分每千瓦时，就可看作扣除 FOAKE 费所致。对于表 10-3 给出的学习率范围，学习效应使第五座电厂隔夜价的降低至少在 6%到 19%之间。这导致相同财务条件下的发电成本从第一座电厂的 4.7 美分每千瓦时进一步下降为第五座电厂的 3.8～4.4 美分每千瓦时（表 10-3 中括号内的值，即对应于投资收益率取 15%，贷款成本取 10%）。FOAKE 费的消失与学习效应的不同贡献还可在适度考虑财务风险的条件下，使 AP1000 第五座电厂的平准化发电成本下降到 3.2～3.5 美分每千瓦时的水平（表 10-3 中括号外的值，即对应于投资收益率取 12%，贷款成本取 7%）。如果 AP1000 第五座电厂的平均学习率可以按 10%考虑，那么，只要财务风险不突破表 10-1 与表 10-3 所设条件（即投资收益率取 12%～15%，贷款成本取 7%～10%），发电成本就可控制在 3.2～3.8 美分每千瓦时范围内。在美国，如果利用政策扶持，使贷款投资比从 50%提高到 60%～70%，那么，第五座电厂的 LCOE 可以再降低 3%～8.5%。

本章参考文献［8］针对 AP1000 给出的第 n 座电厂发电成本更为乐观。它的评估虽然偏于理想化，但是，它按统一的尺度把针对 AP1000

的预测同M.I.T.（麻省理工）和U.C.的相关研究以及传统电厂的历史数据进行比较是有参考价值的。在取自文献［8］的图10-4中，折现率取6%。奥康尼1号（Oconee1）、阿肯色斯2号（Arkansas2）与拜伦2号（Byron2）是美国历史上发电成本最低的三座核电厂，它们分别于1973年、1980年和1987年投运，建造期依次为5.7年、7.2年和11.6年，机组功率依次为85.1万、85.8万和112万千瓦，负荷因子依次为77.7%、89.7%和93.1%。M.I.T.的两类研究，一类是“无政策扶持”的案例，建造期为5年；一类是“一切顺利”的案例，建造期为4年。两类案例的机组功率都是100万千瓦，全寿期负荷因子都取85%。AP1000的比投资估算值取自DOE的2010路线图计划（参阅表10-2），其他成本和假设与M.I.T.的“一切顺利”案例相同（见图10-4）。U.C.的两类研究，一类是针对建在芬兰的法马通（Framatome）设计，另一类是成熟设计。两类设计的机组规模都是100万千瓦，全寿期负荷因子都是85%，建造周期都取7年。从这些案例可以看到，按2004年美元计价，奥康尼1号的平准化发电成本是3.2美分每千瓦时，AP1000第n座电厂的平准化发电成本低于3美分每千瓦时，在图示案例中最低。这一结果对AP1000追求的经济目标无疑是一种支持。

文献［8］在给出以上结果的同时告诫人们，核电建造的经济风险是不能低估的。在美国，20世纪70年代至90年代建设的部分核电厂，进度一拖再拖，工期越建越长，投资越造越高，在实际操作中，不乏成倍甚至成数倍失控的案例[6, 8]，导致最终成本和成本回收的不确定性，使投资者望而生畏，犹豫彷徨，给核电复苏造成严重障碍。进入21世纪后，新的能源形势、新的监管制度、新的环境政策、新的公众氛围等等有利因素，为避免历史的重演创造了良好的外部条件。安全理念的革新与更趋成熟，电厂设计的标准化与简单化，施工技术和项目管理的不断进步，则从技术本性上为降低建造风险提供了内在依据。但是，历史的幽灵仍然在影响今天的现实，人们在风险面前切不可掉以轻心。

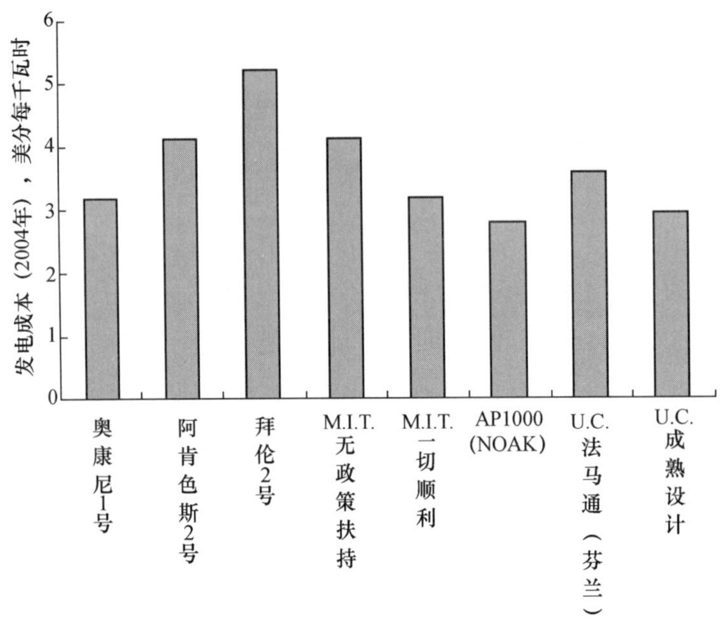

图 10-4　几个典型案例的平准化发电成本比较

4　技术进步的经济效应

规模效应与学习效应的一个基本动力是技术进步。如前所述，从 AP600 到 AP1000 的规模经济效益不仅来源于系统、设备的容量放大，还来源于堆芯功率密度的提高。后者是由高性能的 AP1000 燃料和先进的堆芯设计提供保证的。AP1000 电厂的标准化设计和模块化建造不仅为施工工期的有效控制提供了前提，也为获得高的学习率创造了条件。非能动安全理念导致的设计简化还使 FOAKE 费大幅度下降成为可能。如果按前一节提及的每千瓦附加 300 美元计，一座双机组电厂首次建造的费用增加约 6 亿美元，这与 AP600 和 AP1000 的开发费大致相当。这些分析表明，从表 10-1 的 U.C.研究结果至表 10-3 针对第五座电厂进行的成本推算在技术依据上是合理的。

如果说对于给定的工艺与技术类别或者说对于同一个机组系列，规模效应与学习效应对降低比投资的贡献是渐进式的，那么，设计理念的变革、工艺与技术的革新、机组系列的创新对降低比投资的贡献则往往是跨越式的。这不仅隐含在它们对规模效应与学习效应以及FOAKE费的影响中，而且直接表现为建设总成本的明显下降。在这里，值得指出的是，如果先进的设计与传统的设计相比，这种下降可使规模较小的机组比规模较大的机组更经济。另一方面，技术进步效应与学习效应的相互竞争则可造成投资估算中的“临界区”现象，即先进机组的起步价可能高于传统机组的批量价[7]。显然，这种现象是暂时的，但是必须正视。

第三代核电技术AP1000遵循简化原则，巧妙利用自然力服从的简单物理法则，使得它与一台传统的PWR机组相比，阀门减少50%，泵减少35%，管道减少80%，抗震建筑体积减少45%，电缆减少70%，安全系统没有泵、风机、柴油机或其他旋转机械，无需安全相关的交流电源。图10-5用相同的比例尺给出了AP1000与英国塞兹韦尔B（Sizewell B）的对比。前者的净电功率是111.7万千瓦，后者是118.8万千瓦。

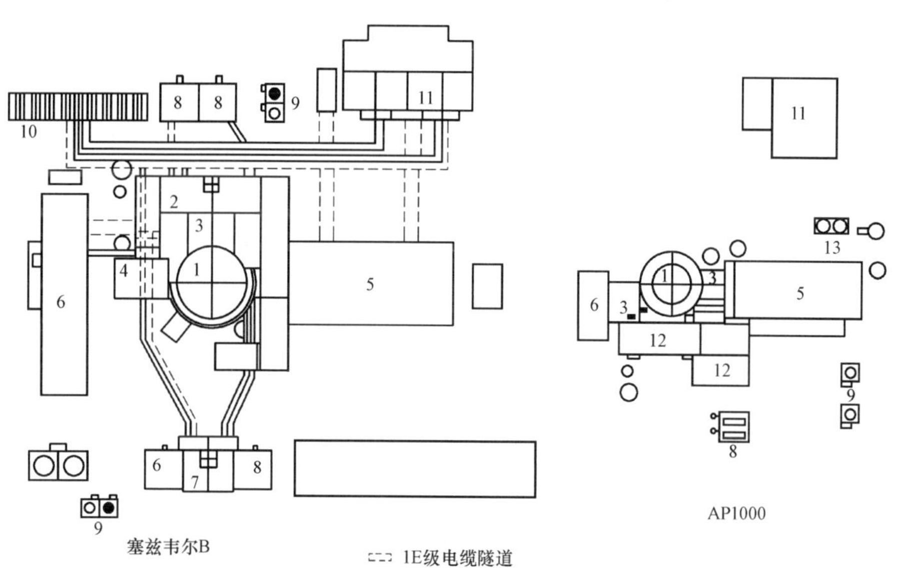

图10-5 AP1000与塞兹韦尔B的对比

1—安全壳/屏蔽厂房；2—控制室；3—辅助厂房；4—燃料室；5—汽轮机厂房；6—放射性废物厂房；7—辅助停堆厂房；8—柴油机厂房；9—燃料油仓库；10—备用最终热阱；11—循环水泵房；12—附属厂房；13—厂用水冷却塔

就规模而言，塞兹韦尔B是第二代现役反应堆的代表。AP1000不仅系统、部件大量减少，按单位输出功率计算的厂房也更小。这些正是建厂比投资与总投资都能明显下降的实体依据。

模块化设计与建造是现代核电工程项目技术进步的另一个重要方向。模块化可以使施工日程安排更加合理、紧凑，现场人力投入大量减少，施工区拥堵现象明显改善，模块的工厂制造还可获得更好的质量控制，降低现场安装风险。这些都为浇注第一罐混凝土至首次装料的36个月理论工期提供了必要的支持。凭借施工经验和电厂知识，利用详细的三维计算机模型或者四维模型（把施工进度作为时间函数并入三维模型），逻辑上可以制订出更为严密可靠的模块化施工进度安排。研究表明，施工活动都采用行业标准期限，施工进度以每周工作5天共50小时为基础，36个月的施工周期至少还能缩短4个月[9]。可以相信，随着AP1000建造成熟性的形成，这种理论上与逻辑上的施工进度预期是能够逐步成为现实的。

简单化、模块化、非能动安全概念与成熟部件相结合、大的安全裕度、高的电厂利用率等带来的技术进步效应在明显降低建厂投资的同时，也使燃料及运行与维护（O&M）成本明显下降，因为在显著增强反应堆功率能力的同时，需要进行计划或非计划维护、在役测试和检查的部件数量大幅减少，所需的运行与维护人员也相应减少。所有这些效应的综合效果是明显降低总的发电成本，明显改善核电经济性。

欧洲压水堆EPR是传统压水堆的改进型设计，也属于第三代核电技术。EPR技术设计的经济目标是比现役最好核电厂的比投资下降10%（取自AREVA集团与法马通核能公司专家的EPR经济性分析）。实现这一目标的基本途径同样是技术进步：大的机组容量、高的热效率、高的燃耗、在功率运行状态下进行维修和减少停堆时间以得到更高的可用率，以及使电厂设计寿命延长到60年。这些措施可以补偿传统改进型设计（相对于非能动设计）由于附加的安全要求和实体保护而引进的隔夜价升高。

技术进步是没有止境的。美国能源部倡导的第4代核能系统在进一步提高安全性，进一步降低核扩散风险，进一步减少核废物产生量的同时，要求进一步提高经济性，使核电初投资（隔夜价）低于1000美元每千瓦，建设周期短于3年，发电成本低于3美分每千瓦时。这已不是一个遥远的目标，而是一个有望在2030年以后达到商业化的现实的追求。

5　运行成本的影响及平准化发电成本目标值的实现

这里讨论的运行成本由两个主要部分组成，一是燃料循环成本，二是不包括燃料成本的运行与维护（O&M）成本。通常所说的O&M成本（包括固定成本与可变成本）都是除去燃料的。在前面几节中，主要讨论了建设投资的变化规律及其对电厂总的发电成本的影响。在那些讨论中，燃料循环成本与O&M成本都取某种假设值。从表10-1的附注中可以看到，芝加哥大学（U.C.）的研究把燃料成本取为0.435美分每千瓦时，O&M固定成本取为60美元每千瓦年，O&M可变成本取为0.210美分每千瓦时，在负荷因子为85%的假设下，总的O&M成本相当于1.016美分每千瓦时，全部运行成本的总和相当于1.451美分每千瓦时。显然，AP1000的运行总成本如果偏离这一假设的预测值，前面几节给出的发电成本就必须依据偏离的额度作相应的调整。前面几节针对批量化建设给出的发电成本预测值，在适当考虑进度风险与财务风险的条件下，已与AP1000目标值相近或略高于此值。在这样的情况下，总的运行成本的不确定性对于实现目标值的影响就不可回避地凸显了出来，成为必须评估的潜在风险。

西屋公司针对UOX一次通过方式给出的AP1000平准化燃料循环成本，如图10-6所示，对于按18个月循环长度估算的首炉堆芯，略低于0.800美分每千瓦时，平衡堆芯则略低于0.700美分每千瓦时。对于AP1000，按18个月平衡循环进行经济评估是恰当的。从上面提及的运行总成本预测值1.451美分每千瓦时，扣除这里给定的燃料循环成本0.700美分每千瓦时，留给O&M固定成本与可变成本的总的许可值是

0.751 美分每千瓦时。幸运的是，能源部在 2010 核能路线图的经济分析报告中，对近期部署的新技术，把除去燃料的运行成本设定为 0.500 美分每千瓦时，与这里的 0.751 美分每千瓦时相比，尚有 0.251 美分每千瓦时的裕量。报告指出，这一设定值与目前最佳运行电厂是一致的。

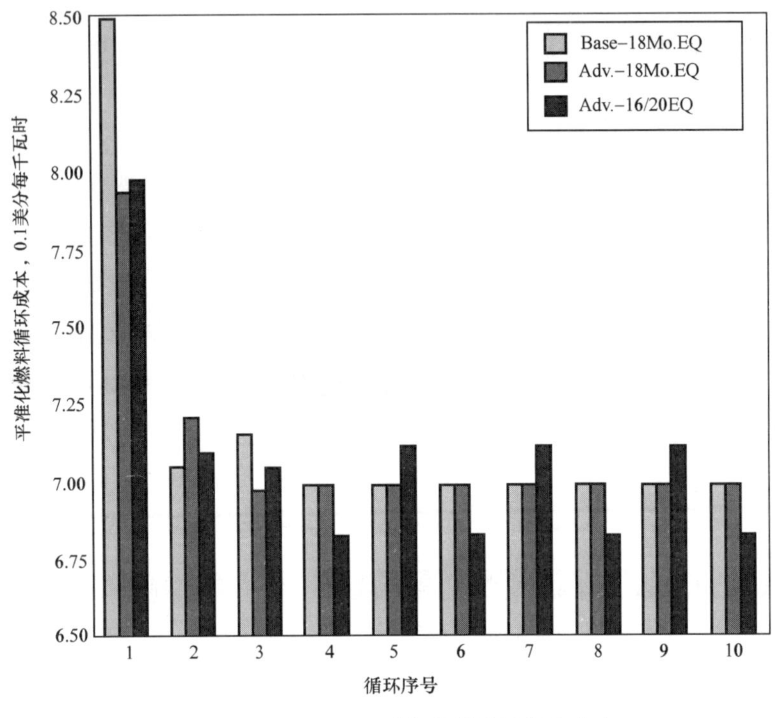

图 10-6　AP1000 平准化燃料循环成本

EIA 的最新估计不及 DOE 乐观，除去燃料的 O&M 总成本相当于 0.800 美分每千瓦时。M.I.T.的取值略高于 EIA，除去燃料的 O&M 总成本相当于 0.900 美分每千瓦时。在不同的评估模型以及大量存在的运行经验中，高于甚至远高于这些评估值的情况是存在的。但是，AP1000 以非能动技术和简单化为标志的设计特点，以及以高利用率、高燃耗为标志的运行性能，使得在它的经济性预测中没有理由把总的 O&M 成本取得过高。把它设定在 DOE 与 M.I.T.的取值范围内，即不包括燃料的 O&M 总成本不低于 0.500 美分每千瓦时，不高于 0.900 美分每千瓦时，是有说服力的。据此，可以把 AP1000 第五座电厂的平准化发电成本归纳为表 10-4 所示的结果。这些结果适当考虑了进度风险、财务风险与运行状况的不确定性。

表 10-4　　AP1000 第五座电厂运行成本与总的发电成本　　美分每千瓦时

燃料循环成本	O&M 成本	LCOE[①]
0.700	0.500	2.949～3.549
	0.751	3.200～3.800
	0.900	3.349～3.949

① 隔夜价比投资为 972 美元每千瓦，建造周期为 5 年，负荷因子为 85%，电厂寿命为 40 年，投资收益率为 12%～15%，贷款成本为 7%～10%，无其他政策性财务扶持（见表 10-1 的附注）。

如果 AP1000 第一座电厂的隔夜价比投资为 1500 美元每千瓦；第二座电厂在第一座电厂全部回收 FOAKE 费 300 美元每千瓦的条件下，不考虑学习效应的贡献，隔夜价比投资降为 1200 美元每千瓦；第三座相对于第二座以及第五座相对于第三座的平均学习率按 10%考虑，那么，第五座电厂的隔夜价比投资则降为 972 美元每千瓦。

如果隔夜价比投资不突破 972 美元每千瓦，建造周期控制在 5 年，机组容量按 100 万千瓦计，负荷因子取 85%，电厂寿命假定为 40 年，投资收益率取 12%～15%，贷款成本取 7%～10%，无其他政策性财务扶持（见表 10-1 的附注），燃料循环成本取 0.700 美分每千瓦时，O&M 总成本考虑到可能的不确定性取 0.500～0.900 美分每千瓦时，那么，表 10-4 表明，按 2003 年美元计价，也就是按 AP1000 获得设计认证证书（DC）两年前的美元价计算，AP1000 第五座电厂的平准化发电成本将落在 3.000～4.000 美分每千瓦时的范围内。这一预测结果与 AP1000 发电成本目标值一致，是在参数取值充分保守、风险因素适当考虑的条件下得到的。

（本文取自孙汉虹、程平东等编著，耿其瑞等审阅的《第三代核电技术 AP1000》（中国电力出版社，2010 年 9 月第 1 版）的第 12 章）

参考文献

[1] The Economic Future of Nuclear Power:A Study Conducted at the University of Chicago, 2004.

[2] 西屋电气公司：W. E. Cummins, M. M. Corletti, T. L. Schulz. AP1000 技术特点及开发进展．核电，2005，AP1000 专刊

[3] Deutsch, J; et al.The Future of Nuclear Power: An Interdisciplinary MIT Study. Massachusetts Institute of Technology, Boston, 2003.

[4] M. Mahlab. CAP600: Economic Comparison of CAP600 for 1200MW Size Plant, 1996.

[5] 程平东，孙汉虹主编．核电工程项目管理．北京：中国电力出版社，2006.

[6] Ning Li.What's Next for Reactors in the Anticipated “Nuclear Renaissance”-Benchmarking Reactor Development and Performance Targets Based on Evolution of Power Generation Technologies and Systems. Workshop SNERDI, Shanghai, 2007.

[7] 程平东．核电厂投资估算中的规模效应与学习效应．核电工程与技术，2003，16（2）

[8] Nathan E.Hultman,Jonathan G.Koomey,Daniel M.Kammen.What History Can Teach Us about the Future Costs of U. S. Nuclear Power. Environmental Science & Technology, 2007.

[9] 西屋电气公司：James W. Winters, Jill A. Clelland. AP1000 设计与建造一体化．核电，2005，AP1000 专刊

"全部科学只不过是对日常思维的提炼。"

"我要反复思考好几个月，好几年；有99次结论都是错的，可第100次我对了。"

——爱因斯坦

第十一章 核电厂工程项目管理模式研究

——关于基本问题的界定与渐进过渡的建议

核电工程是按项目一个一个地建设的。管理技术的构架、开发、运作与评估都离不开一个施展"演技"的舞台——工程项目的管理模式。这种模式规定了"演员们"——业主与承包商——相互关系的格局。舞台上的"唱"、"念"、"做"、"打"都是在这种格局下编排的。

1 引言

"九五"期间，国防科工委下达了"先进压水堆核电站关键技术研究"任务，"核电工程管理技术研究"是其中一个子课题。研究报告《核电厂工程项目管理模式研究》是子课题成果之一，由六个部分组成：第一，绪论，包括"迈入21世纪的我国核电"、"核电发展的战略管理和项目管理"、"核电厂项目管理的特点、职能和知识体系"等内容；第二，核电厂工程项目管理模式研究的基本问题；第三，我国在建核电厂工程项目管理模式的比较研究，包括"合同方式比较"、"组织体制比较"、"AE公司比较"、"综合比较与讨论"等内容；第四，关于我国新建核电厂工程项目管理模式的建议；第五，结语；第六，附件。这里选用了其中的第二、第四、第五部分，作为本章的第 2～4 节。

2 核电厂工程项目管理模式研究的基本问题

核电厂工程项目的管理模式涉及业主与承包商相互关系的一系列问题：管理的实施主体是业主自己还是业主委托的承包商，管理的运作机制是基于合同关系还是行政指挥，业主和承包商实施管理的组织机构是基于团队概念还是矩阵概念，管理的实施方法是基于程序还是基于指令，合同关系的建立是否基于招投标，工程建设的控制是否实行监理制，项目管理的专业化是否借助于 AE 公司，等等。在这些问题中，合同方式以及相应的组织体制是最基本的问题，是业主实现项目目标、维护自己根本利益的最重要的武器和依靠。但是，从根本上说，合同方式和组织体制的确定又是业主对项目管理模式进行优化选择的结果。而在这种优化选择中，AE 公司可以发挥特殊的作用。因此，本章将从业主责任制、合同方式、组织体制、AE 公司❶4 个方面展开讨论。

2.1 业主责任制

我国从 1992 年开始正式实行建设项目业主责任制[1]。我国核电厂工程项目已全面推行业主责任制。业主是项目法人。业主责任制即项目法人责任制[2]。核电厂业主是核电公司，是核电厂建成后的运营单位，也是核电厂固定资产的拥有者，它要负责预测电力需求，确保核电厂适时、经济和安全地供电。这表明，核电厂业主作为核电厂工程项目的法人，必须对保证核电厂工程项目的建造和完成以及达到预期的性能目标负最终责任，必须在政府主管部门和监管机构规定的各项法律、法规、条例、

❶ 程平东、孙汉虹主编的《核电工程项目管理》一书（中国电力出版社，2006 年第一版，2009 年 7 月第二次印刷）把这里的“管理模式”定义为“项目合作伙伴相互关系的规定性”，把这里提出的“基本问题”扩充为 6 个：项目合作伙伴，业主责任制，合同方式，组织体制，专业化服务，管理文化。——2010 年 12 月，作者加注。

细则的范围内，在这些部门和机构的监督下，负责确保核电厂工程项目满足法定的全部要求。

按照 IAEA 的界定，核电厂工程项目的管理活动，从决定着手进行某个核电项目（在规划、可行性研究和选址研究之后）开始，直至将正在运行的电厂移交给负责运行和维护的另一机构为止[3]。作为项目法人的核电公司，必须既对项目的启动又对项目建成后的运行、维护负责。这两种功能通常赋予业主的不同机构，例如，前者为业主的公司总部或总公司，后者为业主的生产运行部。不仅如此，业主还要对项目的实施过程负责。总之，业主对项目的责任是全程性的、全面的。

根据业主的能力和已有的经验，可以由业主自己的机构，或由承包商配合业主，或由业主委托承包商代理业主充当牵头单位来完成各种项目管理任务。业主选择的合同方式虽然决定了项目实施过程中职能和责任在业主与总包商/主包商、AE 公司、分包商、供应商、制造商、建筑安装公司、监理公司、咨询公司等承包商之间的分配，但是，保证及时建成一座安全、可靠的核电厂的最终责任不能转移给作为合作伙伴的任何承包商。按照选定的合同方式，将形成项目管理组织结构的层次体系。在这个体系中，业主拥有最高层次的权力。这种权力确保业主能履行对项目实施所负的最终责任。为此，业主通常建立一个由有权威的项目经理领导的项目管理部（或称项目经理部）来负责项目的总体管理，按照合同条件和条款，监督与控制项目的各承包商，并界定与协调项目组织结构中的所有接口。在业主的总体管理中，对项目总进度和总造价进行计划和控制，建立并实施有效的质量保证体系，领取核电厂建造和运行许可证/批准书，并为此协调各承包商及业主所属各机构与编制安全分析报告、通过安全审批有关的各项工作，在核电厂移交运行之前直接参与电厂的试验和调试活动等都是必不可少的。

2.2 合同方式

在核电厂工程项目的启动阶段，业主必须对工程项目相关的合同进行总体策划，使得据此建立的合同关系能保证项目目标的实现。合同总体策划的基本任务是确定合同方式，包括把整个项目分解为若干独立的合同、界定每个合同的工程范围、建立各个合同在管理上和技术上协调一致的关系。另外一些问题，包括如何通过招投标建立预期的合同关系、如何选择合同形式及条件、如何确定重要的合同条款等也是合同总体策划中的重要问题。

核电项目合同方式按合同范围通常分为三大类，即交钥匙/总承包方式、少合同/分岛方式和多合同/散件方式，见图 11-1。介于交钥匙方式和散件方式之间的少合同/分岛方式在具体实施中还包含多种模式和方案。图 11-1 仅显示三种典型的分岛方式，未给出其他方案，例如核蒸汽供应系统（NSSS）、汽轮发电机组（T/G）、土建、配套机械和电气电子设备各作一包的五包（大块部件采购）方案，以及把核岛、常规岛、BOP 的工程设计（E）、物项采购（P）、土建安装（C）进行适当分割和组合的其他少合同方式等。

合同方式是管理模式的核心，对项目管理的实施及其目标的实现有很大影响。这些影响主要涉及：

（1）业主的管理负荷和业主意愿的贯彻；

（2）风险的分担和转移；

（3）配合管理的复杂性和整体管理的有效性；

（4）技术转让的获得和国产化计划的执行；

（5）管理效益以及对工期、质量和工程总价的影响。

在我国建成和在建核电厂中，秦山 I 期的工程项目管理虽然沿用工程指挥部的体制，实施以行政指挥为主的管理模式，但是设备采购和现场施工采用多合同方式，并由核电公司自行负责全面监理。秦山 II 期已是以业主负责的多合同方式为主的管理模式，由总包设计院提供全面技术服务，并由第三方实行独立监理。大亚湾是业主负责的少合同方式，按岛切块分包，委托法国电力公司承担全面技术责任，起工程咨询公司的作用。岭澳的模式与大亚湾相似，但迈出了国产化的步伐，引入了技术转让，提高了项目管理的自主化程度。连云港的少合同方式比较特殊，

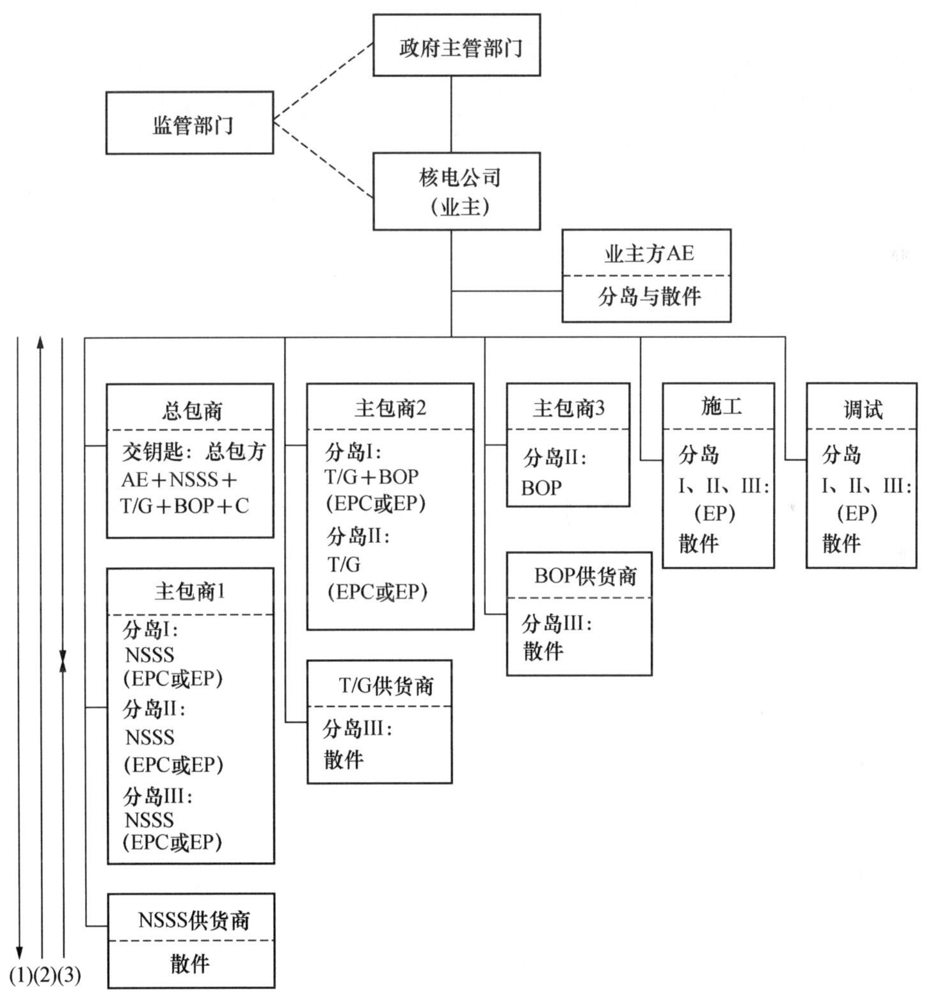

图 11-1　核电项目合同方式概览

EPC—设计、采购、施工；EP—设计、采购；C—施工

（1）业主的参与和风险；（2）承包商的风险；（3）配合的复杂性

由主包商俄罗斯原子能建设出口股份公司负责核岛、常规岛和相应厂区范围内配套设施（BOP）设计和供货，完成机组调试和全厂调试，并在建造中为中方机构提供工程咨询服务，整个工程项目管理由业主自己负责。秦山 III 期是交钥匙项目，由加拿大原子能有限公司作为总包商负责核岛设计和供货，并在整个项目中承担全面技术责任，负责项目管理。恰希玛核电厂对巴方业主也是交钥匙工程，但中方除中原对外工程公司履行总包职责对各分包单位实施合同管理外，还由中核总对总包商和中核总下属单位实施行政指挥。

从以上情况可以看到：在我国核电厂工程项目管理中，多种模式并存，起步阶段 3 座机组两种模式，以后的 9 座机组发展到几乎覆盖了图 11-1 所示的所有模式。

如图 11-1 所示，从交钥匙到多合同方式，在管理模式的演化中，可以把业主直接参与项目管理的程度（注意：这并不改变业主的最终责任）取作基本的控制变量。通常，随着业主参与程度的增加，业主的管理负荷加大，业主承担的风险增加，业主和作为业主伙伴的本国公司掌握技术或从外国公司获得技术转让的机会增加，承包商承担的风险相对减小，承包商对业主决策的制约或者说贯彻业主意愿受到的制约也随之减少。对于核电发展中国家，总的效果首先是国产化水平可以提高。韩国压水堆核电厂工程项目管理模式的演变以及国产化比率从最初的 8%稳步增长到现在大约为 95%的过程是揭示这一基本规律的有说服力的事例，见表 11-1。

表 11-1　　韩国已建成 PWR 核电厂工程项目管理模式的演变

机组名	古里 1 号	古里 2 号	古里 3/4 号	灵光 1/2 号	蔚珍 1/2 号	灵光 3/4 号	蔚珍 3/4 号
总功率（万千瓦）	58.7	65	95	95	95	100	100
建造开始时间	1971.8	1978.9	1979.6	1980.10	1982.1	1989.12/ 1990.5	1992.5

续表

机组名	古里1号	古里2号	古里3/4号	灵光1/2号	蔚珍1/2号	灵光3/4号	蔚珍3/4号
商业运行开始时间	1978.4	1983.7	1985.9/1986.4	1986.8/1987.6	1988.9/1989.9	1995.3/1996.1	1998.8/1999.12
管理模式	交钥匙，外国总包商+外国AE公司		少合同（大块部件或分岛），外国主包商+本国分包商，外国AE公司+本国AE公司			少合同(大块部件)，本国主包商+外国分包商，本国AE公司+外国AE公司	
项目管理牵头	Westinghouse	Westinghouse	韩电①	韩电	韩电	韩电	韩电
NSSS供应商	Westinghouse	Westinghouse	Westinghouse	Westinghouse	Framatome	韩重②/CE	韩重/CE
T/G供应商	GEC	GEC	GEC	Westinghouse	Alstom	韩重/GE	韩重/GE
AE承包商	Gilbert	Gilbert	Bechtel/韩技③	Bechtel/韩技	Framatome	韩技/S&L	韩技/S&L
国产化比率（%）	8	13	29	36	42	73	～95
造价（美元每千瓦）	510*	1420	1150	1230	1250	1950	2120

* 第一次石油危机前签订合同。

① 韩电——韩国电力公社（KEPCO）。

② 韩重——韩国重工业株式会社（Hanjung）。

③ 韩技——韩国电力技术株式会社（KOPEC）。

韩国核电起步于20世纪60年代末，发展到今天，已占全国电力总装机容量的29%。自1978年以来，韩国核电在国产化进程中，仅压水堆曾分批引进10套机组，才在1995/1996年达到73%的国产化水平。近20年时间，一百几十亿美元资金投入绝大部分流进外国承包商的钱袋，并且设计始终依赖外国承包商。为从根本上改变这种局面，在80年代末90年代初，从第9/10台机组（即灵光3/4号）开始，通过4个国家13家公司的竞标，选定美国燃烧工程公司（CE）为主要合作伙伴，从引进系统 80 开始，逐步引进系统 80⁺最新先进技术，踏上设计自主化的道路，并使核电厂工程项目管理稳定在由本国企业自主承包的少合同（大块部件）模式上，见图 11-2。

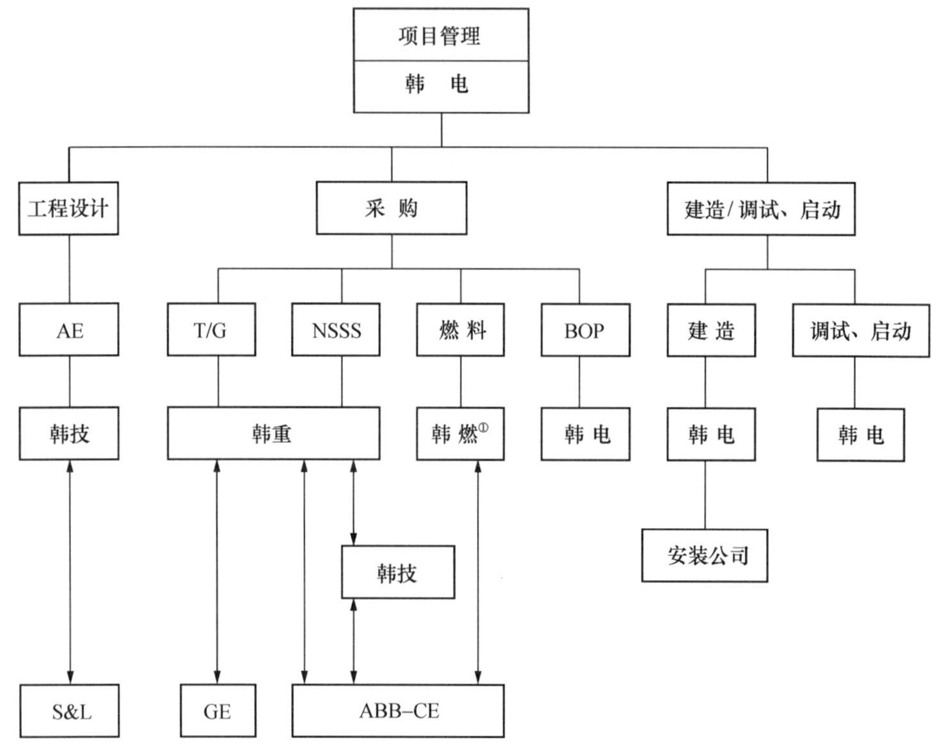

图 11-2　韩国电力公社的核电厂工程项目合同结构

①韩燃——韩国原电燃料株式会社（KNFC）

从表 11-1 可以清楚地看到，韩国的核电厂工程项目管理模式历经 3 个阶段实现了两个转变：从交钥匙转变为少合同；从完全的外国承包过渡到独立自主。从图 11-2 可以清楚地看到，这种独立自主是与按照统一规划逐步建立的核电企业体系相匹配的（见图 11-3）。在这个体系中，各企业分工明确，配置合理。独立自主的少合同模式使管理负荷和工程风险在国内企业之间形成一个合理分配的、可控的机制，有效地提高了工程建设的效率。韩国电力公社预期，随着经验的积累，在建的灵光 5/6

号和蔚珍 5/6 号的 5 号堆以及计划中的新建 1～4 号的 1 号堆，从浇注第一罐混凝土到投入商业运行的合理工期将由通常的 64 个月或更长，逐步缩短到 58、56 和 54 个月。

值得指出的是：韩国的核电管理模式与法国十分相近。核电在法国电力总量中已达 75%。这一比率在世界各国中名列榜首。核电作为经济、安全、可靠能源的地位在法国是不可动摇的。一个是刚迈过自主化门槛的核电发展中国家，一个是在 20 世纪 60 年代中期也曾经历过痛苦抉择[4]然后走上成功之路的核电发达国家，他们十分类似的经验是很值得体味咀嚼的。

工程造价的情况比较复杂，除了机组规模、设计思想等技术因素，以及不同能源供求关系、利息、浮动、汇率等市场因素有重要影响以外，从管理因素考察，通常与业主承担的风险有相反的趋势。

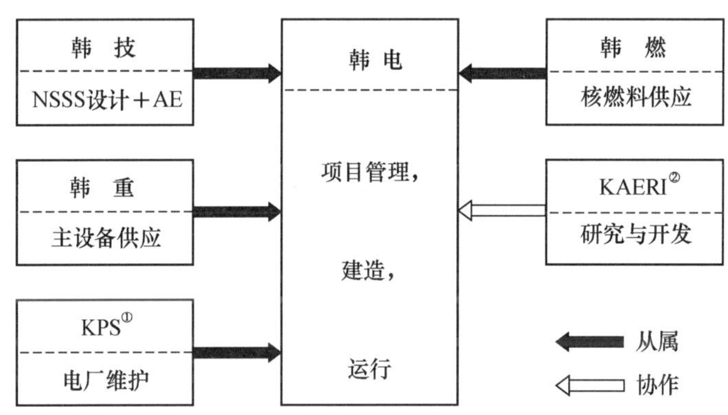

图 11-3 韩国电力集团的分工协作关系

①韩国电厂服务与技术株式会社；②韩国原子力研究所

业主自担风险可以避免过高的风险费支付。总包商（尤其是国外承包商）索取的风险费往往高达整个工程造价的 20%～30%，甚至更高。业主自主管理还可以在工程设计、设备采购、施工安装、调试启动等各个环节择优选择供应商和咨询服务机构，使投资最小化。因此，从交钥匙模式转向少合同或多合同方式通常有利于工程造价的降低。在少合同和多合同方式中，AE 公司（或具有同样功能的实体）分担或降低了业主的风险，提高了管理专业化的程度，由此导致的管理费用增加可以从建设周期缩短、管理效率提高得到补偿。但是，在交钥匙工程中，如果采用某个参考电厂的“翻版”或系列化、标准化设计，则设备以及电厂布置大部分不变，因而工程设计和采购所需的工作大量减少，造价可以降低。而在少合同和多合同方式中，对于核电发展中国家，随着国产化比率的提高，由于国内材料开发、设备试制、国外咨询等附加费用的贡献，很可能使最初的国产机组造价升高，自主化、国产化经济效益的充分发挥会有一个滞后期。韩国是一个实例，我国也有类似的经验。秦山Ⅱ期国产2号压力容器的合同总价比进口高400多万元，原因就在这里。当然，这只是暂时现象。

在项目管理的不同合同方式中，配合管理的复杂性呈现出非单调的变化规律，很可能在图11-1所示某种分岛模式的情况下达到最大。大亚湾项目就是一例，它涉及欧洲两个国家、三大主包商、四大合同，管理上的接口关系相当复杂。其中，在反应堆控制系统、主蒸汽系统等18个系统中存在核岛承包商与常规岛承包商的接口分工，在主控制室系统、各种电源和电气系统、某些数据处理和报警系统、各种汽水系统等26个系统中存在三重交叉接口，整个项目的设计接口多达3881个[5]。接口数据的完整性和准确性、接口含义的正确理解往往要在不同国籍的不同承包商之间多次交换文件甚至召开专业技术会议才能得到保证。接口数据一旦修改，不但导致设计文件修改，有的还导致系统和设备修改，引发承包商向业主索赔。例如，1987年蒸汽发生器排污系统再生热交换器二次侧参数修改和1992年常规岛电气接口的若干重要修改分别使业主损失86.8万法郎和12.8万英镑。在交钥匙模式中，业主的配合管理简单了，但是，总包商的配合管理很可能仍然是复杂的。这取决于总包商建立的分包关系。如表11-1所示，韩国第一台核电机组古里1号是交钥匙工程。它的分包商涉及三个国家四大公司，接口关系更为复杂，建设过程中工期拖延达27个月，业主蒙受重大损失[6]。原因虽然是多方面的，但配合管理的艰难、接口协调的失控直接威胁到项目管理体系整体运行的有效性不能不说是决定性的因素。

在大规模采用一种新工艺如模块化方法以求大幅度缩短施工周期、降低建造成本时，对强有力的配合管理的要求就更为突出。模块化方法对工程设计、设备制造、现场施工以及合同方式、网络计划、质量控制等都将产生深刻的影响。采取新工艺是先进核电厂建设的必然趋势。因此，强化组织上的配合与协作也是不可回避的必然趋势。

整体管理的有效性是项目管理体系的生命所在。通过合同维系在同一体系中的多个实体形成一个分层的、分叉的、相互耦合和相互制约的树状结构。这些实体在项目中既有共同利益，又有利害冲突，既有共同认可的行为准则，又有各具特点的活动方式。使这些实体在项目实施中自始至终保持目标一致和协同动作是任何一种管理模式必须解决的首要问题。无论是业主自己牵头还是业主委托的总包商或 AE 公司牵头，都无例外。在这里，牵头单位在接口协调以及与此关联的冲突管理[7]中的经验、能力、业绩和素养是决定性的。以从事专业化管理的 AE 公司为牵头单位是业主在少合同和多合同方式中乐于采纳的一种选择。牵头单位的合理选择，不仅有利于实现项目管理的专业化，而且有利于通过招投标过程的优胜劣汰实现承包商的优化组合，建立良好的、健全的合同关系，在合作伙伴之间持久地维护谅解与和谐的气氛，从而有利于整个体系自始至终，特别是在面临困难乃至危机的时候，保持或尽快恢复目标一致和协同动作。从 20 世纪 70 年代开始，美国批准建造的大多数核电厂为降低造价，都以多合同散件方式签订合同并委托 AE 公司承担项目管理，基础就是业主已有经验，AE 公司已发育成熟。只把以核蒸汽供应系统（NSSS）为主体的核岛承包给一家主包商，而把包括汽轮发电机（T/G）在内的其他部分留给业主自己处理，可以减少配合关系的复杂性并降低造价。台湾电力公司和西班牙各电力公司选择的就是这种与散件采购相结合的分岛方式。法国和进入 90 年代以后的韩国把本国化的、完整配套的各核电相关企业纳入一个以业主为主体的统一的企业集团，则从根本上解决了整体管理的有效性问题（参阅图 11-3）。

在建筑工程界以及许多其他工程领域，总承包方式以及把 E.P.C.从两端进一步延伸的业主要求已成为国际潮流，相应的 FIDIC 合同条件和条款也在不断完善和发展[8]。但是，前面的分析表明，在核电厂工程项目管理中，虽然共性是大量的，却并不存在一种普遍适用的“最佳”合同方式。通常，对于缺乏独立核力量和配套工业体系以及必要的管理经验的国家，在核电发展的起步阶段选择外商总承包，按交钥匙方式建设核电厂是明智的。对于致力于自主化、国产化以及具备自主发展能力的国家，在从总承包到散件方式的广阔范围内，由于具体条件的不同，业主优化选择的结果可以完全不同。这些条件主要是：

（1）由核电战略管理所决定的项目发展策略，包括中外合作机制、国产化方针、融资方式等；

（2）业主的状况，包括业主的组织体制、目标和动机、经验和能力以及对潜在承包商的信任度等；

（3）承包商的状况，特别是与核电建设有关的各类本国企业的现状和发展，包括它们的组织体制、目标和动机、经验和能力以及对业主的信任度等。

从前面的分析还可以看到，虽然具体条件的不同导致选择结果的不同，但是业主对合同方式的优化选择遵循着若干共同的原则。这些原则主要是：

（1）有利于自主化、国产化等战略管理目标的实现；

（2）有利于管理负荷的合理分配和工程风险的有效控制；

（3）有利于减少配合管理的复杂性和提高整体管理的有效性；

（4）有利于专业化管理的实现，提高管理效益；

（5）有利于对工期、质量和工程总价的控制。

2.3 组织体制

对于核电厂工程，项目管理的组织体制主要涉及三类问题：①业主与承包商组织机构的体系；②组织机构的结构模式；③组织机构的运行机制。业主与承包商组织机构的体系是与合同方式相对应的，是为分层的合同体系的实施服务的。因此，合同方式的设计已经规定了分层的机构体系的设计（参阅图 11-1 和图 11-2）。这里需要进一步讨论的是第二类问题和第三类问题。

在项目管理的概念出现以后，项目管理组织机构的结构模式以及机构管理者的权威经历了从初级到高级、从较弱到较强的演变过程。从纯粹功能性组织跨出的第一步是项目督办员或项目督办机构的产生，经过项目协调组织阶段进入项目管理机构与功能性组织交叉组合的矩阵结构阶段，最后发展形成完全项目化的机构——项目团队（项目组），实现了项目管理职能从分离到统一的转变。无论是在较弱的还是较强的矩阵结构中，人员都归属于他们自己的职能部门，项目管理者只决定做什么以及什么时候做，职能管理者则决定如何做以及由谁做。在团队结构中，人员被指派到项目团队中，做什么、什么时候做、如何做以及由谁做的问题都由项目管理者决定。图 11-4 和图 11-5 是矩阵结构和团队结构这两种模式具有典型性的图例。在实际应用中，可以根据企业和项目的具体情况对图 11-4 和图 11-5 进行裁剪或扩充，调整和细化。

对于以项目为主要任务，特别是同时存在多个项目又不断有后续项目的企业，无论是作为核电厂业主的电力公司/核电公司，还是作为承包商的 AE 公司、设计院、设备制造厂等，项目管理的矩阵模式都是被广泛采用的。项目实施中的技术责任以及其他带有共性的活动由设计、采购、建造等技术职能部门/作业单位以及其他有关职能部门承担；项目的计划管理、进度管理、费用分配、质量监督和接口控制等则由项目管理部门承担（参阅图 11-4）。在这种模式下，技术部门领导/作业线领导在保证项目的质量和进度方面起主要作用。他们在自己的业务领域里掌握任务分配权和人力使用权。他们既要接受自己的主管领导对他们提供的物项和服务进行的监督、检查和检验，又要接受项目管理部门对他们进行的监督、评估和奖罚。显然，项目经理是负责全面控制该项目的核心人物。他必须核对按职能划分的专业组织作出的与项目有关的任何决定，

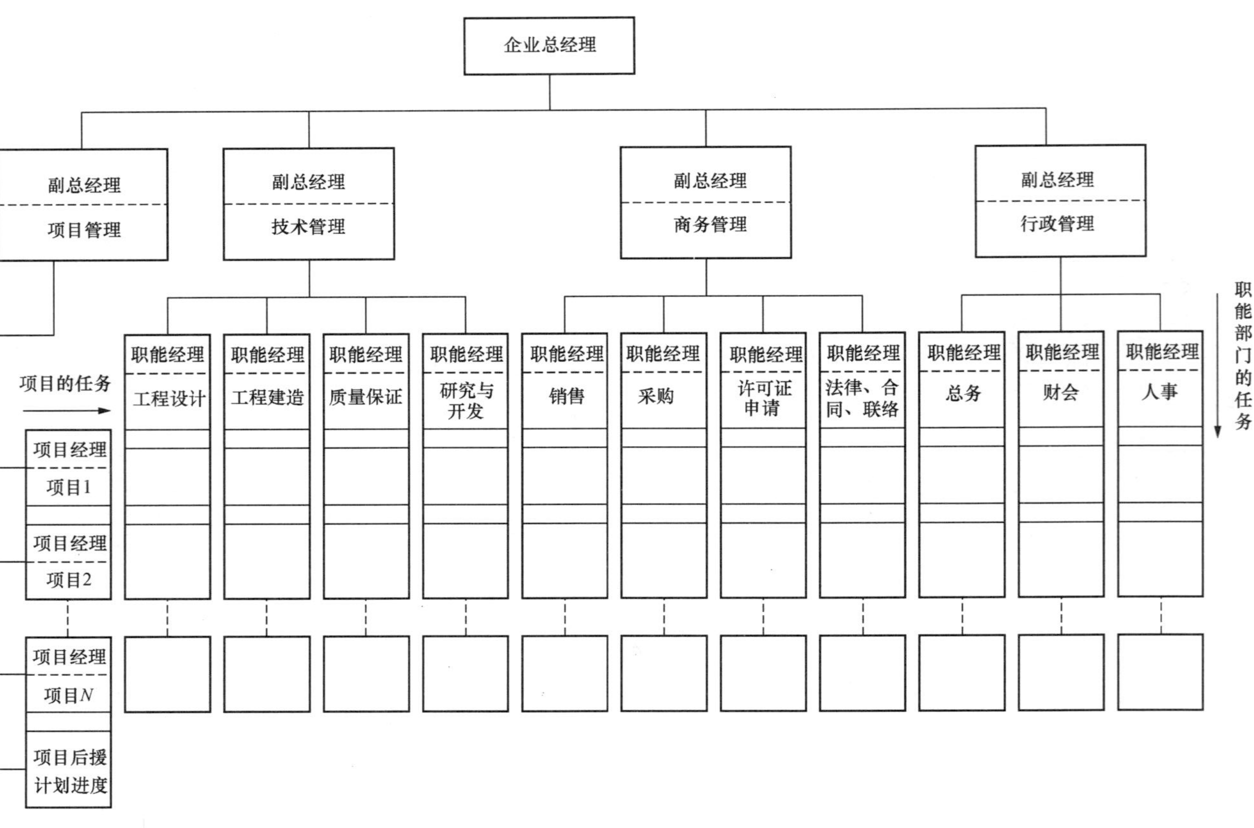

图 11-4 项目管理组织结构的矩阵模式

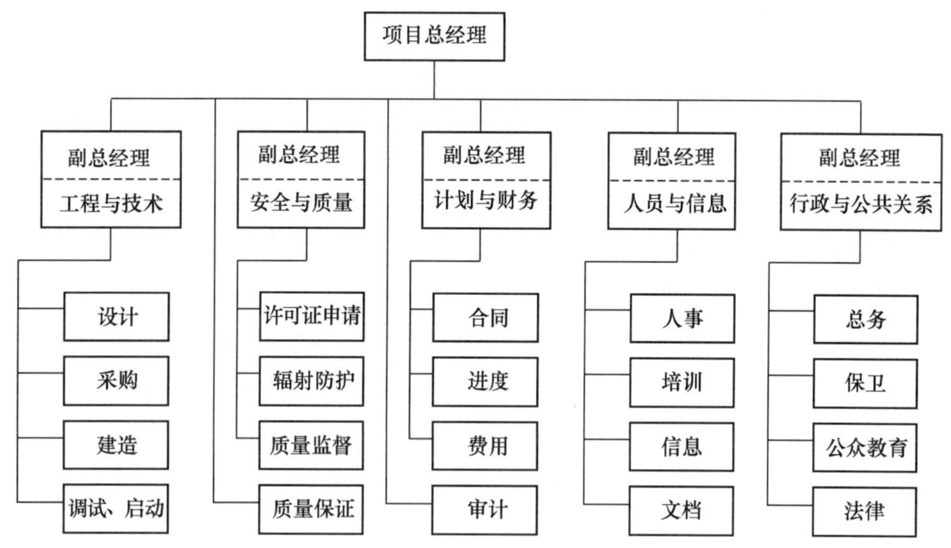

图 11-5 项目管理组织结构的团队模式

确保项目目标的实现。矩阵模式的专业化特性有利于专门知识和经验的积累，有利于各类人员专业特长的发挥，有利于把技术诀窍和经验从一个项目转移到另一个项目，通常也有利于资源共享。但是，实践也暴露出这种模式的一系列缺点，而这些缺点正是从它的本性中产生出来的。这些缺点主要是：

（1）每个项目组织不是独立运作，项目参加者至少要向 2 个管理指挥者报告工作，总的管理负荷也常常会成倍增加；

（2）项目管理者不完整的项目指挥权以及多个职能部门的管理者各自不同于项目管理者的优先权有可能对项目造成威胁和损害；

（3）以上情况导致监督与控制的复杂化，政策和程序的制订要付出更多的努力；

（4）各个项目不同的优化权、供不应求的资源分配以及各种权力争斗会造成许多棘手的问题，使矩阵中更多地潜伏着冲突的可能性；

（5）过于部门化的人员管理不利于改善企业总的成本效益。

团队模式可以在很大程度上克服上述缺点，因而在现代管理中越来越受到器重。对于核电厂工程项目，核电公司/电力公司（或业主的总公司/集团公司）为特定项目组建的项目管理部（项目经理部）普遍采用团队模式。在团队模式下，项目管理部由一名有权威的项目总经理领导，它包括分别负责工程设计、采购、建造、调试/启动、计划、进度、合同、许可证申请及质量保证等专业任务的一系列部门经理和他们所辖的工程师（参阅图 11-5），有时还包括设计单位、供货商、现场承包商和安全管理当局的高级代表。项目管理部对所有技术专业的项目工作实施管理，向项目总经理也只向项目总经理报告作业线发现的问题，并协助项目总经理制定政策和决策。项目管理部还要执行下列管理任务[9]：

（1）编制本项目的详细管理大纲；

（2）把本项目的各项目标通告员工并在必要时通告公众；

（3）制定人员招聘、培训和资格审查的要求并责成其所属专业部门实施；

（4）监督各级管理人员的工作效益；

（5）审查项目的现状，评估项目的进展。

在项目管理部的协助下，项目总经理负有指挥、协调、监督和控制项目实施的全面责任，要把有关项目实施的一切任务和活动，如合同的最后定稿、预算安排、人力开发、支持服务以及对设计、采购、建造和调试等各项工作的控制和检验等，组合成一个整体。

对于交钥匙和非交钥匙的合同方式，项目管理部的作用和任务都是一样的，主要区别仅在于业主直接承担的工作范围的大小；对于 AE 公司和其他承包商，项目管理部或类似团队模式的管理功能也是相近的，主要区别也在于业务范围和管理范围的不同。

实践经验表明，项目管理的团队模式也可能存在一些不足。例如，核电厂工程项目作为庞大的系统工程，通常要求业主项目管理机构的规模较大。团队超过一定规模会发生协调不够的问题。项目总经理会感到他的时间过多地耗费在解决技术问题和人事问题上，因而削弱了协调和控制的力度。而在项目竣工后，如果没有后续项目，这个大团队就要解散，或重新分配工作，由此引发许多矛盾和困难。弥补这类不足的一种选择是适当缩小业主项目管理部的规模，引入 AE 公司作为业主的延伸，把项目管理的实施功能不同程度地（直至完全地）委托给 AE 公司。这种“小”业主加 AE 公司的复合型团队模式在确保业主最终权限的同时充分利用面向项目市场的专业化管理力量，为团队模式创造了一种充分灵活的、高效益的运作机制。

团队是具有相对独立性的、管理功能完整的实体。但是任何团队（包括复合型团队）都不是孤立运行的。对于一个完整的核电厂工程项目，由合同方式决定的业主与承包商体系是一个大系统，业主的项目管理部门只是这个系统的顶层。这个大系统是一个大矩阵。业主把大量的专业技术工作委托给各个承包商，使得业主的项目管理部门及其下属部门与各个承包商及其分包商发生技术工作和管理工作的交叉，形成这个大矩阵的一系列结点。这种情形与企业内的矩阵结构是相似的，但要错综复杂得多。矛盾和冲突往往发生在这些结点上，使得沟通与协调的任务非常复杂和繁重（如果承包商从属于以业主为核心的同一企业集团，沟通与协调的障碍会少得多，但是矛盾和冲突不会消失）。十分清楚，团队模式与矩阵模式的有机结合和协调动作是保证项目管理大系统有效运转的最重要的机制。维系和确保这种有机结合和协调动作的一个重要基础是合同条件和条款以及业主和承包商共同承诺的质量保证总大纲、各种管理大纲和一系列使这些大纲具体化的程序。合同和程序对业主和承包商的行为构成一种法制约束。另一个重要基础是文化，是由组织文化（团队文化和企业文化）以及安全文化和质量文化构成的管理文化。文化是一种内在的力量，它渗透在各级组织、各类人员、各种制度和一切过程与程序中。文化诱导和激励人们自觉维护法制的权威，在一切可能产生矛盾和冲突的场合主动营造一种和谐与谅解的气氛，为沟通和协调扫除法制无法制约的一切障碍。文化创造范例，诱导和激励人们运用卓越的管理艺术、丰富的技术经验和良好的工作习惯去追求项目目标的最佳实现。法制约束与文化诱导的有机结合是项目管理大系统必须具备的最根

本的运行机制，这种机制是要精心设计和精心培育的。图 11-6 以具有核电厂工程项目总承包能力的专业化 AE 公司为例给出了这种机制的一个可供借鉴的图解❶。

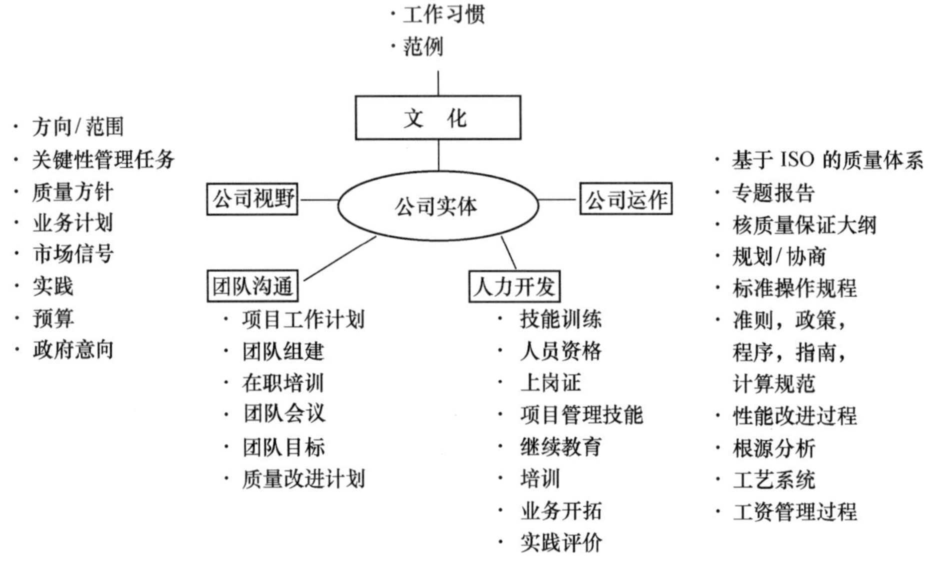

图 11-6　一个专业化 AE 公司的运行机制

在项目管理机构的运作中，公司高层领导的支持和参与是十分必要的。高层管理与质保控制之间存在一种互补的关系。高层经理们应通晓项目数据库并亲自介入工作完成情况和质量趋势的分析，应预先设定项目的里程碑或其他施工目标并以醒目的方式广告全体员工，应在每一项主要任务完成时出面主持适当的庆祝活动以鼓舞士气等。所有这些，都将使管理和控制变得生机勃勃。

团队模式与矩阵模式相结合，法制约束与文化诱导相结合，“小”业主与“大”AE 相结合，高层激励与质保控制相结合，这就是项目管理机构所要求的运作机制的概要。

❶ 程平东、孙汉虹主编的《核电工程项目管理》一书（中国电力出版社，2006 年第一版，2009 年 7 月第二次印刷）把这里的五要素运行机制扩充为六要素：文化建设、企业视野、企业规范、团队运作、人才开发、持续改进。亦见本书第一章附图 1-1。——2010 年 12 月，作者加注。

2.4　AE 公司

AE 公司，即工程承包公司或工程咨询公司，这个名称一般是指专门从事工业设施与建筑物的规划设计、工程业务和管理业务的单位。这样的单位从事的主要是软件工作，它们向业主提供有偿服务。AE 公司能够把从一个项目中获得的大量经验和积累的专门知识应用到另一个项目[10]中。这样的单位在西方工业发达国家已有一百多年的发展历史，20 世纪 50 年代以来，随着现代项目管理需求的迅速增长，进一步形成规模可观的社会化的独立产业；在我国，随着国家经济体制和工程项目管理体制的逐步变革，也已有所发展。因此，从一般意义上论述 AE 公司的价值以及发展 AE 公司的必要性已显多余。但是，在我国核电领域，AE 公司还是空白，因此在需要引入 AE 公司来改善工程项目管理的时候，不得不花高价从国外聘请。而在西方国家，从事核电 AE 的专业公司虽然普遍很发达，但各有自己独特的情况。因此，在核电领域，研究 AE 公司的有关问题却是有必要的。

国外的情况表明，由于核电行业在核安全上的特殊性，AE 公司在一国核电领域的发展模式（地位、作用和形态）首先是由该国核电发展的战略管理或战略导向决定的。AE 发展的基本模式大体上可以归纳为 6 类：

（1）法国模式。在法国，电力工业的国家垄断决定了几乎所有的核电厂都属于一个业主，即法国电力公司（EDF）。它有必要也有可能在独立自主发展核电的过程中形成自己的专业化管理队伍，把 AE 的功能纳入其中，由自己把几乎所有的核电厂建设项目管起来，形成特有的高效的管理模式。这个 AE 实体就是 EDF 的基本建设部。在这种情况下，再另搞一套独立的核电 AE 公司无疑是画蛇添足。

（2）韩国模式。在韩国，也是集中业主体制，现在已发展到由韩国电力公社（KEPCO）作为业主负责项目管理、设备采购和施工、运行，由韩国电力技术株式会社（KOPEC）起 AE 公司的作用，负责总体设计并协助业主进行项目管理。这种组合型管理模式是由韩国作为一个发展中国家有条不紊地有预见地坚持引进国外技术、逐步实施国产化战略计划形成的。

（3）美国模式。美国是分散业主体制的典型，也是独立发展的 AE 公司最为发达的典型，既有像柏克特尔（Bechtel）那样覆盖建筑、矿冶、石化、通信、电力（包括核电）等一系列领域的综合性工程承包公司，也有像萨金伦迪（Sargent & Lundy，缩写为 S&L）那样主要服务于核电与火电的专业性工程咨询公司。这是美国政府从 1954 年修改原子能法后采取一系列扶持和鼓励政策，使大批老牌私营企业迅速成为核电市场发展主体的结果。在美国，约有 80%的业主把核电厂建设的 EPC 全部委托给 AE 公司。

（4）日本模式。日本也是分散业主体制，但 AE 的功能主要隶属于几家大的集团公司，与核电厂系统设计、成套设备供货等结合在一起。这是由 20 世纪 60 年代初期以来，日本政府决定大力发展核电，由国内生产厂家与电力公司相结合，对口引入美国 PWR 和 BWR 技术，每种机型从第二套机组开始就迅速实现国产化的国策决定的。

（5）加拿大模式。加拿大是以省电力局为单元的少业主体制，由国家原子能有限公司（AECL）总负责核电厂设计与建设，加拿大核项目管理和原子公司（NPM-Canatom）配合提供设备采购、现场施工和调试等管理服务，为 AECL 起 AE 搭档的作用。

（6）比利时、西班牙模式。比利时和西班牙也都是少业主体制。它们的共同特点是本国无核岛系统供应商，由业主在 AE 公司密切配合下负责项目管理。比利时原子能公司（Belgatom）是核工程 AE 公司和建设公司的结合体，承担比利时全部 7 座核电厂的建设，还为核废料管理和燃料循环提供工程支持。包括 AE 在内的西班牙各家工程公司的成功是西班牙核电迅速发展的关键因素，它不仅使设备国产化比率大于 70%，核电厂建设的国内承担份额达到总投资的 85%，而且与比利时一样，在核岛系统供应来源不同的情况下能适应不同的工业标准和习惯做法，保证工程的进度和质量。

以上情况表明，AE 公司的发展并没有普遍适用的最佳模式，各国的 AE 模式适合于各国的国情，也各自都是成功的。但是，在进一步分析和比较以后，可以发现上述各种模式有一些共同点或相似点。

首先，在这些国家的电力结构中，核电都有相当规模的发展，因而核电 AE 公司（或 AE 实体）都有相应规模的发展，而且核电的业主都是电力公司，通常已发展到一个业主拥有一批核电机组。但是，一个国家 AE 实体的存在形态并不取决于核电业主的成熟程度，而是取决于该国核电战略管理框架中形成的项目管理牵头单位与业主关系的一般体制以及牵头单位自身的组织功能。在牵头单位是总包商或主包商时，AE 功能直接隶属于总包商或主包商，或者 AE 公司通常作为总包商或主包商的合作伙伴而分别组建。在牵头单位是业主时，AE 功能直接隶属于业主，或者 AE 公司通常作为业主的合作伙伴而分别组建。因此，一般地说，AE 公司的作用通常是项目管理牵头单位的延伸。当然，AE 公司也可以直接充当牵头单位，这时，它起类似于总包商或主包商的作用。

其次，AE 公司的业务范围通常以工程设计和管理服务为主体。AE 的设计工作，从初步设计到详细施工图设计，覆盖了 NSSS 供货商业务范围以外的几乎全部工作。AE 公司的管理服务以工程管理和控制为主，例如，编制工程程序、接口配合手册、工程管理程序；制订工期、预算，实施投资控制、材料控制、文件控制；沟通 NSSS 供货商、T/G 供货商、BOP 设备供货商、施工方、业主方之间的联系与配合，管理合同和接口；在采购服务方面，编制设备规范书，发标、评标并与业主在合同签约中共同工作，承担设备制造监督和储运管理；协助业主进行执照申请、施工管理、调试启动、质量保证和质量控制等。AE 公司的其他服务还可包括可行性研究、规划设计、厂址前期工作，电厂运行改进和事故管理，寿命评估和延寿管理，计算机应用和数据采集管理，环保评价，概率安全分析和严重事故对策，燃料管理和换料服务等。此外，AE 公司通常既服务于核电也服务于火电，一些著名的 AE 公司就是从火电工程起家的。机动的二元机制使 AE 公司在核电与火电的市场变动中具有更灵活的回旋余地。

再次，AE 服务的自主化与国际化也是各国的共同特点。自主化与国际化的努力使各国 AE 在国内与国外的市场变动中赢得更广阔的活动空间。

从以上分析可以看到，无论 AE 公司自身的发展模式如何不同，它对于各个国家、各种情况下项目管理模式的优化都是不可缺少的关键因素。据西班牙 Almaraz 核电项目统计，一座百万千瓦级双机组核电厂建设过程中用于工程设计、项目管理及工程服务的技术工时约 900 万个（业主直接管理的多合同方式），其中工程设计约占 34.1%，设备采购约占 5.7%，施工管理约占 50%，现场详细设计约占 6.8%，调试启动约占 3.4%。AE 业务在电厂投资构成中的份额大约与核岛系统和设备所占比例相当，而后者通常占电厂投资的百分之十几（参见表 11-2）。值得注意的是，AE 的作用并不局限于 AE 本身。由工程设计和管理服务构成的完整的 AE 功能使 AE 公司有能力成为核电厂工程项目管理的组织者和实施者。本国 AE 公司熟悉本国的政策、法规以及适用的标准、规范，熟悉本国制造厂和设计单位的能力与经验，可以因地制宜地组包发包，有利于本国企业竞标中标，可以更有针对性地为本国企业提供各种技术服务和咨询服务，帮助实现与外商的技术合作和联合制造，语言和文化传统的共同性还有利于协调和沟通，有利于团队协作和整个项目管理体系的有效运转。本国 AE 公司是促进国产化的积极因素。韩国、西班牙、比利时等国都有实力雄厚的 AE 公司，它们的高比率的核电国产化可以说都是由 AE 自主化启动和带动的。AE 自主化对降低电厂造价的贡献远远超出了 AE 业务自身的花费。没有 NSSS 供货能力的比利时能在 20 多个国家的核工程建设中发挥作用，凭借的就是 AE 的力量。在这里，AE 公司成为打入国际核电市场的先行者和中坚力量。

表 11-2　　西班牙核电厂的典型投资构成

费　用　类　别	份额（%）
核岛系统和设备	12
汽轮发电机设备	8
工程设计、项目管理及工程服务	12
土建、安装及调试起动	33
配套系统和设备	35

归纳起来，AE 公司（包括具有同样功能的其他 AE 实体）在项目管理模式优化中的地位和作用可以表述为：

（1）AE 公司是核电厂工程项目管理专业化和产业化的客观需要和必然产物；

（2）AE 公司是业主在项目管理中强化自身作用的最佳代理人；

（3）AE 公司可以适应从交钥匙到多合同方式的各种管理模式的不同需求；

（4）发展本国自己的 AE 公司可以为核电建设的自主化提供保证；

（5）自主的 AE 公司可以为增强本国核电在国际市场的竞争力服务。

我国核电 AE 公司尚未成型，在筹建过程中借鉴国外的经验是很有必要的。图 11-7 是美国萨金伦迪公司（S&L）在 1993 年的组织机构。S&L 组建于 1891 年，参与了世界上第一台凝汽运行发电机组的建设，1954 年首次被美国政府批准设计核电厂，40 多年 30 余台核电机组的设

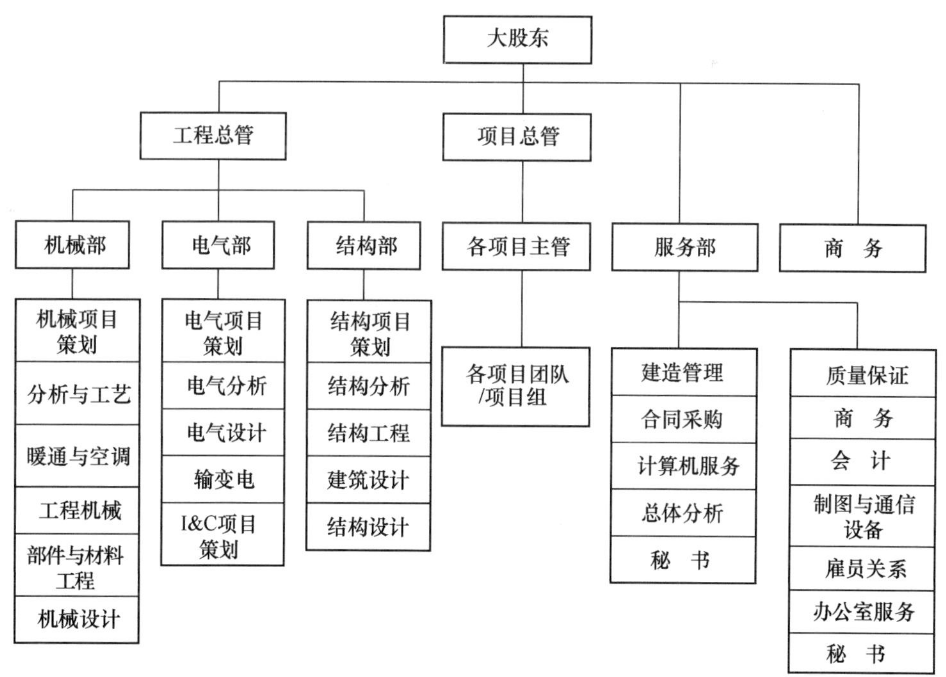

图 11-7　S&L 组织机构（1993 年）

计使它成为唯一的一家连续设计核电厂的美国 AE 公司。1989～1995 年期间，它与韩技（KOPEC）搭档成为韩国灵光 3/4 号核电厂的 AE 承包商，它在 1993 年的组织机构是有典型意义的，可供借鉴。KOPEC 的组织机构与 S&L 不同。KOPEC 在更大程度上是一个包括 NSSS 设计的工程设计单位（见图 11-2 和图 11-3），并不具备完整意义上的 AE 功能。但是，KOPEC 的实践启示人们，可以把 NSSS 设计更多地引入 AE 公司。

在 Bechtel、S&L、KOPEC，工程设计都处于核心地位，这是 AE 公司的普遍特征。采购与设计有着密切的关系，用于采购的设备规格书、材料清单出自设计，采购招标文件可由设计部门提供，采购变更首先要有设计认可，设计单位对设备、材料的市场情况和供应商的能力也最熟悉。施工与设计的关系同样密切，无论土建还是安装，都要根据设计图纸。不言而喻，在我国筹建核电 AE 公司的时候，以有经验的核工程设计院为基础是顺理成章的。

3　关于我国新建核电厂工程项目管理模式的建议

3.1　认真推行业主责任制

业主责任制是市场经济的要求和产物，是在整个经济领域建立现代企业制度的前提和基础。在我国核电事业的进一步发展中，认真推行业主责任制仍然是首要的议题。唯有在更为完整的意义上认真地推行业主责任制，核电厂工程项目的管理模式才可能遵循客观经济规律的要求不断走向优化。基于对我国核电管理现状的分析，可以看到，这里主要涉及三个方面的问题：

（1）政府启动与市场启动的关系问题；

（2）核牵头与多业主体制的关系问题；

（3）行政干预与企业自主权的关系问题。

这三个问题实质上是一个问题——管理体制问题。

核电管理体制主要涉及三个层次，即政府层次、行业层次、企业层次。在我国，政府层次的两大职能——“核安全管理”和“行业管理”在20世纪80年代中期成立国家核安全局时已明确分离。现在，前者由国家环保总局负责，后者则分属国防科工委、计委和经贸委。政府层次两大职能的分离与美、日、法、英、加等发达国家以及韩国、巴西、墨西哥等发展中国家的管理模式一致，在我国核电十几年来的发展中起了良好的作用。在行业层次，长期存在的问题是“核”、“电”、“机”三者的关系在管理上不顺，造成核电姓“核”还是姓“电”的无休止的争论以及核电设备制造业的分散和自发状态。在企业层次，大亚湾、岭澳的现代企业制度有了成功的开端[11]，秦山、田湾也在积极学习和实践。但从总体上看，由于行业层次的不顺，使得现有核电企业相互掣肘，现有核电科研、设计单位卷入项目争夺，既削弱了核电技术长远发展所必需的研究开发力量，又不利于集中有经验的设计队伍投入项目攻关。

政府层次两大职能的分离有利于核电项目的市场启动。市场启动是业主行为。在两大职能分离以后，我国核电的健康发展仍然需要政府启动。但是政府启动的内涵主要是政策启动，通常不是具体的项目启动。政府的职责是明确政策，制订规划，保护、引导和扶持业主的积极性，推动核电发展的产业化进程和核电市场机制的发育成长。

我国核电肩负着能源发展和科技发展的双重任务。我国核电产业将在未来的20年中走出幼稚期迈入成熟期，我国核能科技要为下一代先进核电技术和相关产业开山劈路[12]。因此，我国核电管理体制既不能脱离今天的现实，也不能无视明天的需要。可以估计，在一个相当长的时期内，由“核”牵头，“机”、“电”、“核”三大行业在政府主管部门统一领导下，相互配合，协调发展，仍将是我国核电战略管理的主流。核的牵头作用，一可以是核能科技的研究开发并在此基础上推出符合战略导向和满足业主要求的核电机型，二可以是抓好新一代核电启动项目和搞好示范电厂，三可以是较多地承担以核岛为主的关键设备的设计和确保核燃料供应。自由是认识了的必然。尊重和自觉地维护这种体制的运作是正确的，明智的。但是，必须看到，在我国，核电业主的多元体制作为革命性的活跃因素，实际上已经在现有管理体制的总框架中形成。鼓励和引导这种体制的健康发展有利于加快核电的产业化进程和市场机制的发育成长。在这个进程和这种机制中，作为能源产业核心的电力工业将逐渐地、自然地成为主导。为改变我国核电设备制造业的分散和自发状态，应鼓励和引导主要核电设备制造集团寻求既联合又分工的发展模式和组织方式，形成按岛供货的能力。随着核电产业的日趋成熟，我国核电管理体制的不断演进和不断优化将是不以人的主观意志为转移的客观过程。

维护企业自主权是推行业主责任制的基本要求。企业自主权应该贯穿于从项目启动到项目结束的全过程。在项目实施阶段，企业自主权则是项目管理体系有效运转的根本保证。来自上级部门的行政干预往往对企业自主权的行使构成威胁。对于从政府机构转制建立的集团公司/总公司来说，这是需要特别警惕的。实际经验表明，与这类集团公司/总公司关系越是紧密的项目越容易受到行政干预的困扰。秦山Ⅱ期与恰希玛项目就是两个具有典型性的例子。在秦山Ⅱ期，工程协调管理实行程序化、规范化与行政干预、领导拍板相结合的模式。结合得好，使处理问题更快、更灵活；结合得不好，将造成管理混乱[13]。在这里，“好”与“不好”的判断标准不能是别的，只能是行政力量的行使是保证与促进企业管理规范的实施还是破坏或妨碍这种实施。对于来自企业内部的行政行为，同样如此。在恰希玛项目中，中原公司作为总包商，由于授权有限，因此实际控制项目的能力也就有限。五大分包单位完全由总公司指定，合同范围和价格也由总公司敲定，招投标不见踪影。实践中，分包单位包盈不包亏，可以对合同任意解释，总包单位不得不依靠总公司的行政干预来维护自己的权威[14]。

对于我国核电厂工程项目管理，认真推行业主责任制还有许多难题要解决，还有相当长的路要走。但是，我们必须坚韧不拔地去解决，把已经迈出的步伐坚定不移地走下去。

3.2　关于合同方式

基于本文的研究，特别是基于我国在建核电厂工程项目管理模式的比较研究，遵循“以我为主，中外合作，引进技术，推进国产化”的建设方针，考虑到我国核电科研、设计、制造、建造单位组织体制和技术能力的现状与未来发展，以少合同/分岛为基础，从业主直接牵头负责的分岛与散件相结合的合同方式开始（作为第一步），渐进过渡到业主在AE公司的配合下建立比较完全意义上的分岛少合同方式(作为第二步)，是现实和适当的选择。图11-8和表11-3以及图11-9和表11-4分别给出这两种合同方式的结构。

图11-8和表11-3描述的合同方式，可用于新建的第一或第一、二个项目。每个项目由业主自己负责项目管理，分成设计和工程服务（全厂AE)、NSSS供货、T/G供货、I&C供货、BOP供货、土建安装、核燃料供应等几个合同包。承包责任的具体分配是：

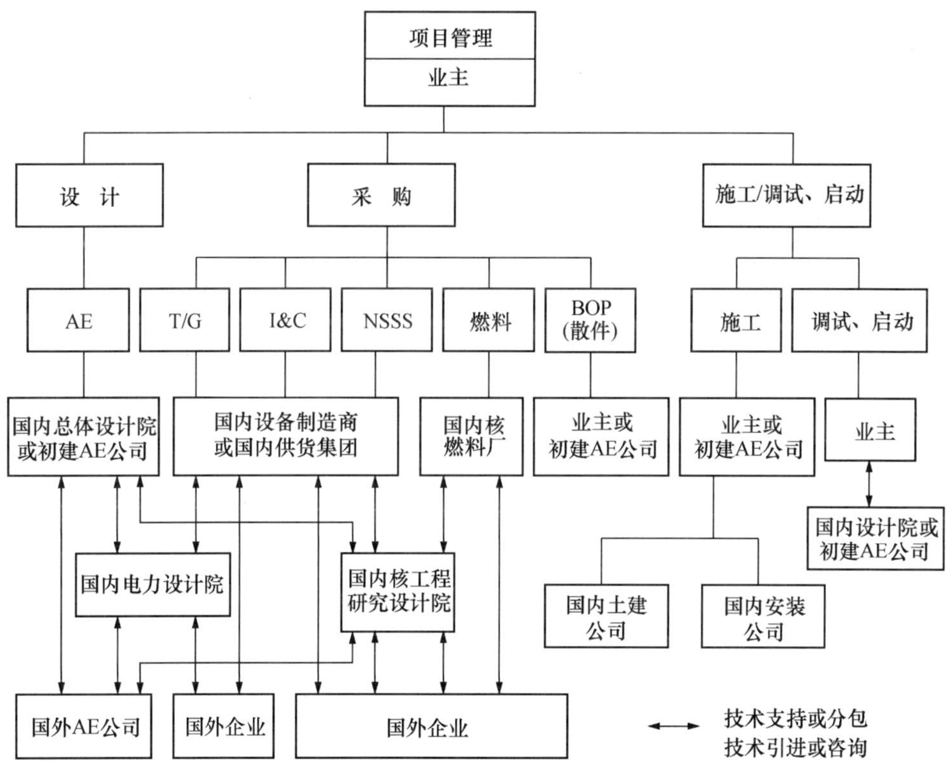

图11-8 业主直接负责总的项目管理

表 11-3　　　　设计与采购/供货责任关系（第一步）

<table>
<tr><td colspan="2" rowspan="3">活动类别</td><td colspan="3">核　岛</td><td colspan="4">常　规　岛</td><td colspan="2">BOP</td><td rowspan="3">总体</td><td rowspan="3">燃料</td></tr>
<tr><td rowspan="2">土建</td><td colspan="2">NSSS</td><td rowspan="2">I&C</td><td rowspan="2">土建</td><td rowspan="2">系统</td><td rowspan="2">T/G</td><td rowspan="2">土建</td><td rowspan="2">机电仪</td></tr>
<tr><td>系统</td><td>设备</td></tr>
<tr><td colspan="2">项目管理</td><td colspan="11">业主（工程一、二级进度管理/投资控制/合同商务/采购/设计制造管理/施工管理/调试启动）</td></tr>
<tr><td rowspan="2">初步设计</td><td>责任单位</td><td>总体院</td><td>分包院</td><td>分包院</td><td>核岛分包院+电力设计院</td><td>电力设计院</td><td>电力设计院</td><td>国内供应商</td><td>总体院</td><td>总体院</td><td>总体院</td><td>分包院</td></tr>
<tr><td>国外支持</td><td></td><td>校核</td><td>缺项技术引进</td><td>咨询</td><td></td><td></td><td>技术引进</td><td></td><td></td><td></td><td></td></tr>
<tr><td colspan="2">详细设计</td><td>总体院</td><td>分包院</td><td>分包院</td><td>供应商（国外或国内）</td><td>电力设计院</td><td>电力设计院</td><td>国内供应商</td><td>总体院</td><td>供应商（国内+国外）</td><td>总体院</td><td>分包院</td></tr>
<tr><td colspan="2">设计审查</td><td colspan="11">业　主</td></tr>
<tr><td colspan="2">设备采购/供货</td><td>国内土建公司</td><td colspan="2">国内为主国外为辅</td><td>供应商（国外或国内）</td><td>国内土建公司</td><td colspan="2">国内供应商</td><td>国内土建公司</td><td>业主/供应商</td><td></td><td>业主/国内核燃料厂</td></tr>
<tr><td colspan="2">设备制造质量监督</td><td colspan="11">业主和/或国内有关设计院</td></tr>
</table>

（1）设计和工程服务（全厂AE）合同包由国内总体设计院或新组建的核电 AE 公司主包，NSSS 设计（包括系统和设备设计以及 I&C 设计）由有能力的核工程研究设计院或他们的联合体分包，常规岛设计（包括系统设计、I&C 设计、土建设计）由有能力的电力设计院或他们的联合体分包（在 AE 公司自己承担常规岛设计的条件成熟后可不分包）。

（2）NSSS 供货由通过竞标或审评确定的 NSSS 设备制造商与 NSSS 设计承包商组成一个以国内企业为主体的供货集团主包，或由前者在后者的支持下主包。

（3）T/G 供货由通过竞标或审评确定的 T/G 设备制造商在常规岛设计承包商的支持下主包。在 AE 公司自己承担常规岛设计的条件成熟后可由 AE 公司按散件方式负责采购。

（4）I&C 由业主在 NSSS 和常规岛设计承包商的支持下通过招标或审评确定供货商（国内和国外）。

（5）BOP 分解为若干小包，由业主在总体设计院的配合下或由新组建的 AE 公司按散件方式负责采购。

（6）土建安装由业主在总体设计院或新组建的 AE 公司配合下组织国内招标，由业主或新组建的 AE 公司在业主参与下负责管理。

（7）核燃料由业主负责采购。

（8）调试启动由业主负责，国内设计院或新组建的 AE 公司提供技术支持。

在具有按岛承包能力的国内供货集团稳定地形成以后，同时国内核电 AE 公司也已发育健全的条件下，可从图 11-8 和表 11-3 所示的分岛与散件相结合的模式转向图 11-9 和表 11-4 所示的比较完全意义上的分岛少合同方式。

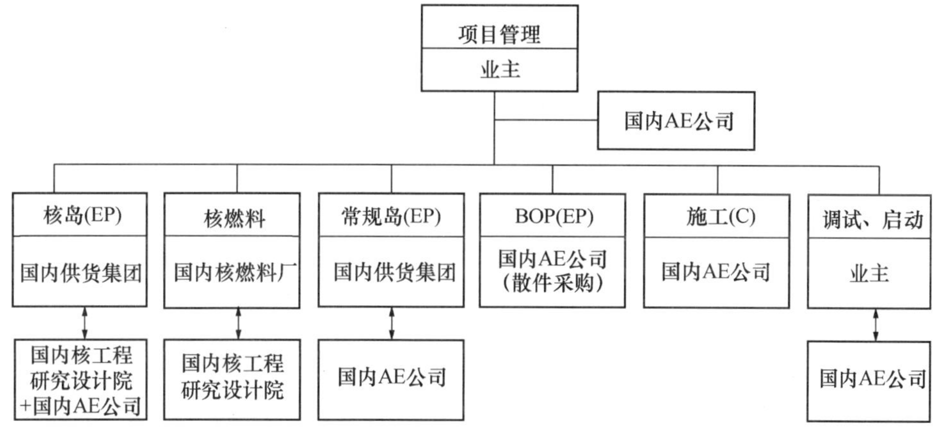

图 11-9　业主牵头，总的项目管理的直接责任委托给 AE 公司

从图 11-8、表 11-3 与图 11-9、表 11-4 的比较可以看到：合同方式分两步走。第一步是以分岛为基础的分岛与散件的结合，业主直接负责总的项目管理，总体设计院或新组建的核电 AE 公司主要承担 AE 设计和技术支持。第二步是比较完全意义上的分岛方式，业主对项目的最终责任并不转移，但是，总的项目管理的直接责任委托给 AE 公司。

表 11-4　　设计与采购/供货责任关系（第二步）

<table>
<tr><th colspan="2">活动类别</th><th>核岛</th><th>常规岛</th><th>BOP</th><th colspan="2">核燃料</th></tr>
<tr><td colspan="2" rowspan="2">总体设计
设计审查
三大控制
商务管理</td><td colspan="5">业　主</td></tr>
<tr><td colspan="5">国内 AE 公司</td></tr>
<tr><td colspan="2">机电设计</td><td>国内核工程研究设计院+国内 AE 公司</td><td>国内 AE 公司</td><td>国内 AE 公司</td><td>设计</td><td>国内核工程研究设计院</td></tr>
<tr><td rowspan="2">机电供货</td><td>主包</td><td>国内核岛设备供货集团（EP 结合）</td><td>国内常规岛设备供货集团（EP 结合）</td><td>国内 AE 公司（散件采购）</td><td rowspan="2">供货</td><td rowspan="2">国内核燃料厂</td></tr>
<tr><td>分包</td><td>中方+外方</td><td>中方+外方</td><td>中方+外方</td></tr>
<tr><td colspan="2">土建设计</td><td>国内 AE 公司</td><td>国内 AE 公司</td><td>国内 AE 公司</td><td colspan="2"></td></tr>
<tr><td colspan="2">土建施工</td><td>国内土建公司</td><td>国内土建公司</td><td>国内土建公司</td><td colspan="2"></td></tr>
<tr><td colspan="2">安装</td><td>国内安装公司</td><td>国内安装公司</td><td>国内安装公司</td><td colspan="2"></td></tr>
<tr><td colspan="2">调试、启动</td><td colspan="3">业主+国内 AE 公司</td><td colspan="2"></td></tr>
</table>

合同方式分成两步走是积极的，稳妥的。我国核电业主的项目管理经验相对丰富，AE 公司积累经验取得业主信赖需要一个过程。第一步的设置正是基于这一考虑而为业主提供选择的灵活性，并为业主支持 AE 公司的发育成长留出必要的空间。第一步各合同包的划分方式也是基于我国现有核电相关设计院、设备制造厂、施工队伍的组织体制的现状、分工与协作关系的传统以及经验和能力的已有水平，并考虑到正在进行的企业重组过程以及可以预见的未来发展。毋庸置疑，在我国核电 AE 公司相对成熟并取得业主信赖以后，总的项目管理的直接责任从业主转向 AE 公司必将成为一种趋势；在我国核电设备制造商成长为具有按岛供货能力的企业集团以后，合同关系转变为更加完全意义上的分岛方式也是适宜的。当然，即使在具有按岛供货能力的企业集团和 AE 公司充分成长以后，业主在合同方式上的选择仍然是灵活的。他们可以继续沿用图 11-8 以分岛为基础的分岛与散件相结合的模式，但是把总的项目管理的直接责任全面委托给成熟的 AE 公司，也可以向实现国内两个主体之间的总承包、交钥匙方式过渡。对于未来的业主，特别是缺乏核电厂

工程项目管理经验的业主，后一种选择可能是更为适宜的。

3.3 关于业主组织机构

无论是沿用 2 级管理还是 3 级管理的业主组织机构，也无论是否借助于 AE 公司作为业主的延伸，团队模式的业主项目管理部/经理部都必须具备健全的项目管理功能。图 11-10 给出与这些功能相对应的业主组织机构的基本框架。表 11-5 是配套的管理手册的组成。表中各手册的程序数是从已完成的程序设计统计得到的。机构框架中各个部门的职责、岗位设置、运作规程以及各部门内部和外部接口等，都在手册和程序中作了明确的规定和详尽的描述。手册和程序还为建立基于实施效果的质量保证体系提供了保证[15]。

表 11-5　　项目管理手册的组成（建议方案）

手册和程序	程序数
公司大纲程序手册	共 8
工程程序手册	共 69
工程管理程序 PMP（Project Management Procedure）	16
工程监督程序 PSP（Project Surveillance Procedure）	26
合同管理程序 CMP（Contract Management Procedure）	27
设计管理程序手册	共 47
通用设计规定	14
设计文件规定	8
设计文件推荐格式	25
内部管理程序手册	共 139
合同管理处程序 CCD（Contract Control Department Pro.）	20
文档管理处程序 DMD（Document Management Department Pro.）	22
设计采购处程序 EPD（Engineering Procument Department Pro.）	21
工程控制处程序 PCD（Project Control Department Pro.）	22
施工管理处程序 CMD（Constraction Management Department Pro.）	23
质量保证处程序 QAD（QA Department Pro.）	22
财务处程序 FMD（Finanical Management Department Pro.）	9
质量保证程序手册（QAP）（Quility Assurance Procedure）	共 33
调试启动管理程序手册（SMP）（Start Up Management Procedure）	共 55
合计	351

图 11-10 把信息技术处作为与其他管理部门平级的单位独立列出，对于现代核电厂工程项目管理是必要的。在这里，秦山III期已先行一步。在现代核电厂工程项目管理中，信息技术的应用已远远超出办公自动化的范围。具有项目管理功能的信息系统与核电厂三维设计系统相结合，不仅直接参与项目管理的三大控制，而且直接为工程设计、设备采购、现场施工、运行维护提供服务。信息化管理与程序化管理的有机结合已成为现代核电厂工程项目管理的基本方法[16]。

在核电厂工程项目管理中，业主组织机构的规模与是否借助 AE 公司作为业主的延伸有密切关系。在我国核电 AE 公司发育健全以后，3 级管理中的大工程部模式将无必要，项目管理的精干的业主班子——“小”业主班子就可以变成现实。这时，在“小”业主与“大”AE 相结合的业主管理体制下，业主项目管理部与 AE 公司形成相互依存的分工协同关系。对应于 3.2 节建议的合同方式，业主与 AE 公司的分工大体上是：

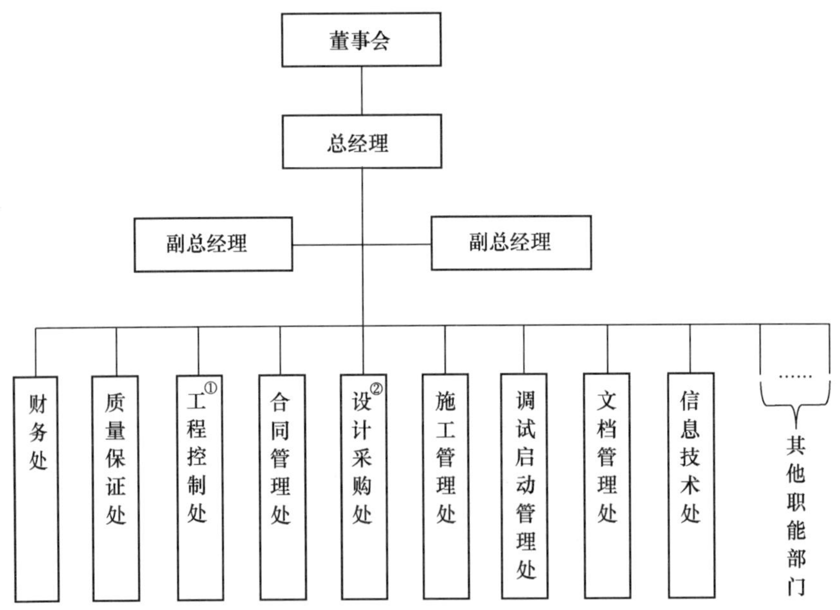

图 11-10　业主组织机构的基本框架（建议方案）

①或称工程计划处；②也可分为设计管理处与采购管理处

（1）业主负责对项目的全面控制，监督 AE 公司和其他主要承包商的工作。

（2）AE 公司负责实施项目管理，主要包括总的 AE 设计以及与设计分包的协调与控制，设计、采购与建造的协调与控制，设备采购与采购管理，现场建造管理以及必要时配合业主进行调试启动的管理等。

（3）主要承包商、供货商的招标或审评由业主负责，AE 公司在编制规范书、发标、评标与签约等工作中协助业主。

（4）质量保证由业主牵头，AE 公司负责实施。

（5）执照申请由业主负责，AE 公司承担环境评价报告、安全分析报告的编制工作并在安全审评中为业主提供支持。

3.4 关于 AE 公司

各国 AE 公司的发展模式虽然不同，但是他们的大部分成功经验是有普遍意义的，可以借鉴的。我国核电已进入第二个发展阶段，既有一定的规模，业主也相对集中，在三个核电基地的建设过程中，项目管理的专业队伍正逐渐形成。我国常规电力有长期发展的历史，实力相对雄厚，而且从一开始就与核电建立了亲密的协作关系，为核电发展作出了贡献[17]。我国核电与常规电力都有广泛的国际联系，在改革开放政策的指引下，不仅在技术开发上，而且在工程项目管理上都同国外著名公司（包括 AE 公司）建立了不同形式的合作体制。综合考虑以上因素，我国核电 AE 公司发展的可能途径很自然地可以设想为以下几类：

（1）以“核”为基础，即以中核集团下属的核工程研究设计单位和项目公司为基础，或者以核电业主的项目管理队伍为基础，当然也可以以他们的适当组合为基础，分别补充所缺的专业人才，经过必要的调整、剥离、改造，形成以核电为主要服务对象的核电 AE 公司。

（2）以“电”为基础，即以国家电力公司下属的具备核电设计资格和能力的设计院以及有条件的电力建设工程（咨询）公司为基础，并与核电业主的项目管理力量适当结合，经过必要的调整、剥离、改造，形成既以核电也以火电为服务对象的兼容型 AE 公司。

（3）以“核”与“电”的结合为基础，即以三个核电基地建设过程中自然形成的核工程研究设计院与电力设计院的结合为基础，适当联合核电项目公司、电力建设工程（咨询）公司和核电业主的项目管理力量，经过必要的调整、剥离、改造，形成既以核电也以火电为服务对象的兼容型 AE 公司。

（4）以“机”为基础，或者说以“机”、“电”、“核”的联合为基础，即以核电设备国产化为立足点，形成包括设备制造厂、核工程研究设计院、电力设计院在内的大型集团公司，适当吸收其他有经验的项目管理力量，在集团公司内部形成综合性 AE 实体。

（5）以工程承包/咨询业的独立发展为基础。随着改革开放的逐步深入，我国工程承包/咨询业在建筑、机械、通信、化工、采矿、冶金等一系列领域都有快速发展，电力工业也不例外。以此为基础，选择有实力、有资质、适应性强的综合型或专业型工程承包/咨询单位，拓展其业务范围，为核电 AE 服务。

以上途径不是相互孤立的，而是可以相互渗透的，各有利弊、难易，如何选择和决策，需要深入分析和论证，加强规划和引导，并运用市场的力量，推动运作，渐进优化。在当前，以具备 AE 实力和经验的核工程研究设计院为基础，从核电厂业主单位以及其他相关单位吸收适量专业技术和管理人员（当前主要是采购管理人员、经济分析与投资控制人员，决策许可时，在项目策划和工程设计方面引入常规岛精干人员），组建核电 AE 公司是条件成熟的、切实可行的。把岭澳工程部这样的管理机构从单一业主中剥离出来，经过改造，与有关设计院的力量结合组建核电 AE 公司也是有良好基础的。

考虑到我国首次组建核电 AE 公司，在公司组建阶段以及承接第一或第一、二个项目的阶段可聘请一定数量的外国专家协助工作，或者通过招标，吸收合适的外国 AE 公司参加，合作组成以我方力量为主体的核电 AE 公司。

AE 公司组织结构与主要功能的建议方案见图 11-11。

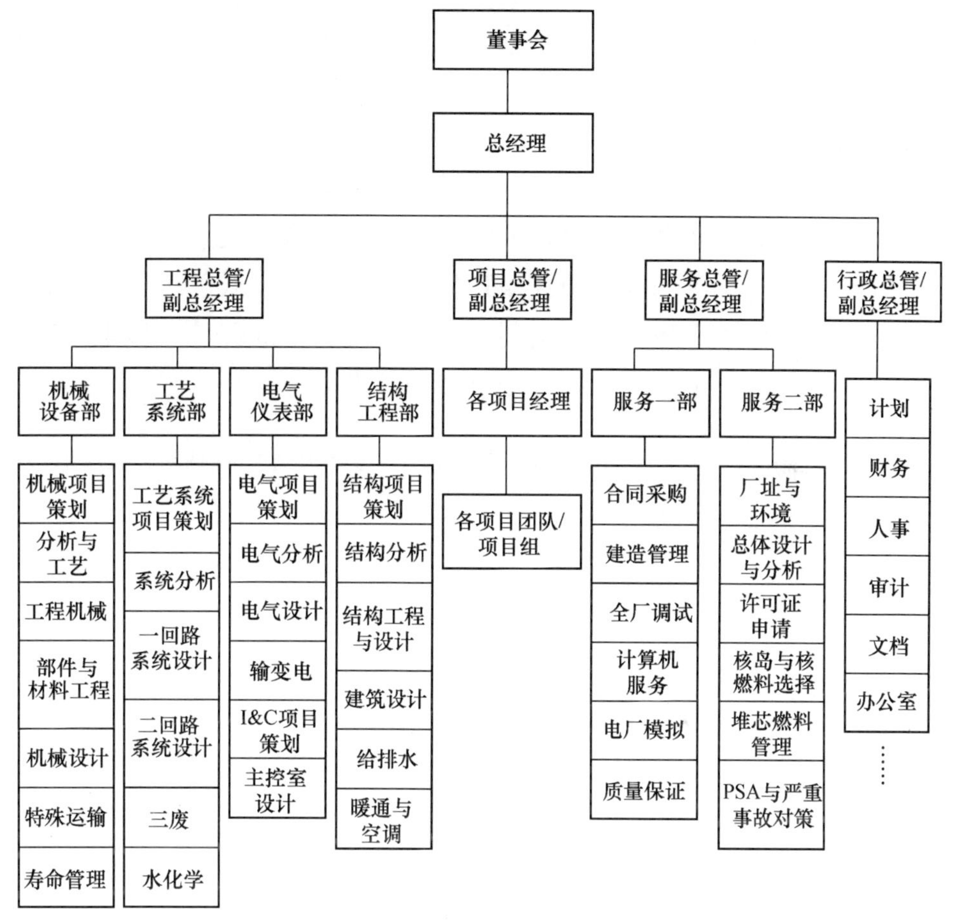

图 11-11　AE 公司组织结构与主要功能（建议方案）

4　结语

研究核电厂工程项目管理模式的目的是通过对国内外经验的考察与比较，在理论与实践的结合上，揭示我国核电厂工程项目管理模式优化的方向，提出我国下一代新建核电厂工程项目管理模式的建议。遵循这一思路，本文[1]深入探讨了建立核电厂工程项目管理模式的决策依据、

[1] “引言”提及的研究报告《核电厂工程项目管理模式研究》。——2010 年 12 月，作者加注。

基本理念和知识体系，详尽分析了核电厂工程项目管理模式的 4 个基本问题以及一系列影响因素相互作用的变化规律，系统总结了 4 座在建核电厂工程项目管理模式运作的基本经验以及一系列涉及未来发展的重要启示，在关于我国新建核电厂工程项目管理模式的建议中，论述了认真推行业主责任制的重要性以及必须解决的 3 个关系问题，阐明了分岛与散件相结合、“小”业主与“大”AE 相结合的管理模式的运作机制和实施方案。本文所作的努力是一系列研究和思考的组成部分。核电厂工程项目管理有大量的课题需要进一步研究和思考。

（原文是上海核工程研究设计院内部资料，2001 年 9 月完成编写，收入本书时略有删节。作者：程平东）

参考文献

[1]《关于建设项目实行业主责任制的暂行规定》，国家计委，1992.

[2]《实行建设项目法人责任制的暂行规定》，国家计委，1996.

[3] IAEA－TRS279　核电项目管理指南．郝东秦，赫金祥，孙光荣译．北京：原子能出版社，1996.

[4] 蔡剑平，程平东．我国核电自主开发的基本经验与可持续发展战略．中国工程院工程科技论坛中国可持续发展核电战略研讨论文．北京：2000

[5] 陆开利. 工程设计技术管理. 核电站建设经验交流会文集．1995.

[6] 罗安仁．核电项目管理导论．北京：原子能出版社，1995.

[7] 邱益中．企业组织冲突管理．上海：上海财经大学出版社，1998.

[8] FIDIC 橘皮书工作小组．FIDIC 设计－建造与交钥匙工程合同条件应用指南（第一版）．北京：中国建筑工业出版社，1999.

[9] 中国核工业经济研究中心．国外核电建设项目管理经验．在建核电站工程建设项目管理交流会资料，连云港：2000

[10] 连培生，樊喜林，陈曝之等．核电站建设的项目管理．北京：原子能出版社，1997.

[11] 荣敬本，赖海榕．现代企业制度在广东核电的诞生和发展－从广东核电合营有限公司到中国广东核电集团有限公司．经济社会体制比较．1999，(1)

[12] 孙汉虹，程平东．迈入 21 世纪的我国核电自主化．迎接新世纪　上海核能专业委员会、上海核能设备专业委员会年会文集．上海：2000

[13] 核电秦山联营有限公司．工程协调管理中的经验与体会．在建核电站工程建设项目管理

交流会资料，2000.

[14] 文圣军．恰希玛核电项目建安分包合同管理及工程进度控制．在建核电站工程建设项目管理交流会资料，2000.

[15] 程平东，沈文龙．建立基于实施效果的质量保证体系．核动力运行研究．1999，12（1）

[16] 邹来龙．核电管理信息系统与程序化管理．核电工程与技术．2001，14（1）

[17] 丁玉佩，夏国钧．电力工业部门在我国核电发展历程中的工作回顾．核电．1998（2）

“事实上，凡事应该尽可能简单，但不能过于简单。”

——爱因斯坦

第十二章 核电转型期的到来与简单化理念的实现

——关于 AP1000 价值定位的基本评估

非能动理念与模块化技术使核电厂设计建造向简单化回归。这是辩证的回归，螺旋式发展的回归，已成为国际核电技术转型的重要标志。这一章评估了 AP1000 在这里充当的“领头羊”作用。这一章与前一章的结合，还可以作为更全面的基础，为先进核电厂工程项目构建一个更为完整的管理框架。

1 引言

世界核电在经历了 20 世纪六七十年代的大规模快速发展后，在 1979 年第二次石油危机导致西方经济衰退，以及随后在 80 年代中期开始的化石燃料生产过剩等因素作用下，需求一再受挫。特别是 1979 年 3 月美国三哩岛事故和 1984 年 4 月原苏联切尔诺贝利事故，更使核电厂安全问题空前地凸显在世人面前。核电的发展陷入了困境，迫使人们一方面思考如何改进运行电厂的安全性和经济性，一方面思考如何开发更加先进、更加可靠的核电新设计。

从 1985 年起，在美国电力界的牵头下，由美国电力研究所（EPRI）主管，世界多家电力公司参与，开始推行美国先进轻水堆（ALWR）研究计划。这一计划得到了美国核管会（NRC）和能源部（DOE）的支持。1986年，NRC发表了先进核电厂管理政策[1]，阐明了先进堆的基本特征，其中包括与采用固有安全机制（例如负温度系数）和非能动安全机制（例如自然循环）有关的要求，针对恶劣工况便于更多诊断和从容处置的宽容性方面的要求，与简化系统配置和方便运行、维修等有关的要求，为使严重事故发生频率和后果最小化而采取相应对策的要求等。在DOE的密切合作下，EPRI在1990年首次公布了“先进轻水堆用户要求文件”（ALWR URD，简称 URD）。这一文件包括四种特定的ALWR概念：压力抑制安全壳的改进型沸水堆和干式安全壳的改进型压水堆，以及压力抑制安全壳的非能动沸水堆和干式安全壳的回路型非能动压水堆。URD 针对改进型和非能动型两大类 ALWR 提出了著名的 14 条关键性政策，涉及：简单性，设计裕量，人因，安全（事故预防与缓解），设计基准与安全裕度，管理稳定性，标准化，成熟技术，可维护性，可建造性，质量保证，经济性，预防人为破坏，睦邻友好（对于环境和居民）。长达6000多页包含20000条技术要求的 URD 为先进轻水堆的开发建立了一整套完备的技术框架和管理框架。

非能动型 ALWR 不及改进型 ALWR 成熟，因为非能动型引进了传统设计中不常用的若干设计特征。但是改进型的设计和已有的轻水堆经验为非能动设计提供了广泛的技术支持。非能动系统在安全理念和运行、维护方面的简单性以及先进的模块化技术，为改进电厂的设计、建造构筑了潜在的依靠。非能动理念与模块化技术使核电厂设计建造向简单化回归。这是辩证法的回归，螺旋式发展的回归，已成为国际核电技术转型的重要标志。AP1000在这里充当了“领头羊”。

这一章基于AP1000的主要设计特征从三方面展开评述，包括对于核电技术转型及其影响的评述，对于核电厂安全设计向非能动理念转化的评述以及对于模块化引发核电厂设计建造管理变革的评述。

2　核电转型期敲开了中国的大门

自 20 世纪 80 年代中期以来，国际核电界广泛展开的先进轻水堆研发，取得了多种具有工程实用价值的成果。AP600/AP1000 是其中的一种。AP 系列的主要特征是采用非能动安全原理，使核电厂的系统、设备、构筑物大幅度简化，安全性、可靠性、经济性大幅度提高。AP600 与 AP1000 在自己的产生地——美国尚未从蓝图变为现实。根据我国核电中长期发展规划以及中美之间关于先进压水堆技术转让与项目合作的相关备忘录、协议与合同，AP1000 核电机组首先在中国的大地上生根发芽。AP1000 为什么会在中国受到如此青睐，AP1000 在国际核电发展史中占据了怎样的特殊地位，AP1000 的引进对我国核电的未来走向意味着什么，在这一节中，首先对这些问题作简要说明是必要的。

图 12-1 基于美国能源部(US DOE)的核电第四代路线图报告(GenⅣ Roadmap Report）及俄勒冈州立大学（OSU）的相关资料，清楚地表明了国际核电发展中“代”（Generation）的演进过程，以及先进非能动（Advanced Passive）600 和 1000MWe 核电厂（简称 AP600 和 AP1000）在这一发展进程中的地位。

在第一代核电(GenⅠ)即早期原型堆的基础上，第二代核电(GenⅡ)即标准化商用堆已有长达 40 余年的服役史，至今仍然是全球约 440 座运行核电机组中的主力。但是，从 20 世纪 90 年代中期开始，国际核能界一方面积极推进第二代核电的延寿挖潜，以应对能源需求增长与大批二代机组因老化而面临退役的矛盾，另一方面在长期研发的基础上，把关注的重点明显地转向第三代（GenⅢ）和第三代+（GenⅢ+）的工程建设，催生了国际核电转型期的到来。转型期的特点是更新换代。特别是进入 21 世纪后，美、法、日、韩等核电发达国家近期部署的新机组都以 GenⅢ 或 GenⅢ+为主，已很少安排传统的 GenⅡ型。GenⅢ包括 ABWR，System80+，AP600，EPR 等先进轻水堆（ALWR）。它们满足美国先进轻水堆用户要求文件（URD）或欧洲用户要求文件（EUR）的基本要求，在加大堆芯安全裕量、增强严重事故预防和缓解能力、提高电厂数字化与信息化水平等方面都比 GenⅡ有明显进步。GenⅢ+不限于 ALWR，例如球床模块堆 PBMR 以及氦气透平—模块高温堆 GT-MHR 都是先进气冷堆。归入 GenⅢ+的 ALWR 普遍具有非能动特征，不仅属于压水堆的 AP1000 如此，属于沸水堆的 SWR-1000、ABWR-Ⅱ以及 ESBWR 也如此。GenⅢ+的绝大多数堆型都采用独特的技术使系统特别简单，例如高温气冷堆的燃料技术与氦气直接循环技术，尚处于概念设计阶段的国际革新型一体化反应堆 IRIS 的主回路一体化技术。GenⅢ+的改进设计使它的经济性优于 GenⅢ，在安全与经济的综合性能上更接近于 GenⅣ。

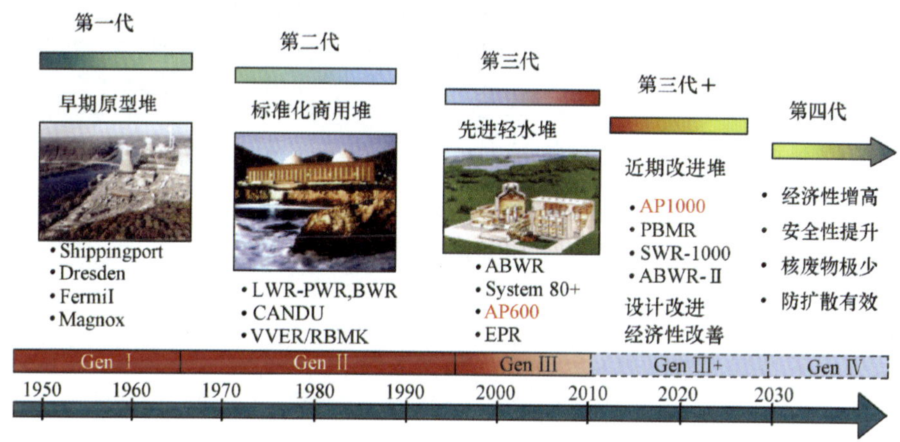

图 12-1　AP600 和 AP1000 在核电发展中的地位[a,b,c]

a. 参阅美国能源部 GenⅣ路线图及俄勒冈州立大学（OSU）的相关资料；
b. 图中仅列出若干实例，其他包括：例如 GenⅢ的 APR-1400、VVER-1000、ACR-700，GenⅢ+的 GT-MHR、ESBWR、IRIS、ACR-1000 等；
c. GenⅣ包括 6 类：气冷快堆系统（GFR）、铅合金液态金属冷却快堆系统（LFR）、熔盐反应堆系统（MSR）、液态钠冷却快堆系统（SFR）、超临界水冷堆系统（SCWR）和超高温气冷堆系统（VHTR）。

在工程实践中，人们并不单纯追求先进性，而是在更大程度上重视技术的成熟性与适用性。在 GenⅢ中，AP600 与 ABWR 和 System80+是获得美国核管会（US NRC）设计认证证书或最终设计批准的三种机型。

在 GenIII+中，AP1000 是唯一获得 NRC 设计认证证书的机型。AP1000 设计的先进性和成熟性与 AP600 是等同的。但是，AP600 未充分利用规模经济效应，单位功率的建设投资较高，发电成本难与气电、煤电竞争。AP1000 在继承和发展 AP600 设计先进性与成熟性的同时，弥补了它在经济性方面的不足，增强了市场适应性。设计成熟性必须经受建造成熟性与运行成熟性的检验。在 GenIII中，建在日本的两台 ABWR 机组已有 10 年以上的成功运行经验，它的工程业绩赢得了市场的信任。但是，作为沸水堆，它与我国已经形成的压水堆技术路线有较大偏离，在中长期发展规划中不具备作为优先堆型的适宜性。System80+是压水堆，它的两环路成熟技术与 AP600 相结合，已被引入 AP1000。但是开发商尚无把前者进一步推向市场的计划。EPR 是得到法国核安全当局批准的压水堆，它的工程实践刚刚起步，这与 AP1000 在中国与美国的情形相似。设计成熟是建造与运行成功的基础。这已被半个多世纪的核电发展史所证实。AP1000 对技术上的先进性、设计上的成熟性、经济上的竞争力，以及与我国技术政策的相容性的兼收并蓄，决定了它在第三代核电技术中成为受青睐的佼佼者。

我国核电的压水堆技术路线是在秦山一期 30 万千瓦机组的筹建中开始形成的。秦山一期从 20 世纪 70 年代初的预研起步到 1991 年 12 月建成发电，历经 21 年的曲折。在国际上，这正是第二代核电从兴旺发达到遭受两次严重事故打击、在美国等国家走向萧条的时期。中国的民族核电在国际、国内的暴风骤雨中站住了脚跟，而且主要依靠自己的力量，从正反两方面吸取经验教训，掌握了第二代压水堆技术的精华[2]。紧接着，通过恰希玛一期援巴项目的再设计、再创新，通过对 URD 以及国外运行反馈的吸收、消化，实现了国产机组与国际规范的接轨，与 20 世纪 90 年代设计理念的接轨。在我国核电从拉开序幕到批量发展的三十余年中，大亚湾、岭澳以及属于同一技术系列的秦山二期，与秦山三期、田湾等项目一起，为我国大型商用核电的产业化作出了不可磨灭的贡献。这一过程从多种角度强化了我国压水堆技术路线，并且形成了第二代核电“引进－翻版－改进”的国内发展模式。

自主创新与引进技术相结合是我国核电走上成功之路的基本策略。三十余年的风雨历程使我国核能界懂得了如何辩证地、历史地，求实地、科学地把握这一策略。在世界核电走向复苏，我国核电从“适度发展”走向“积极发展”的今天，在我国政府已经作出决策，全球第一批 AP1000 机组已经在中国破土动工的今天，可以清楚地看到，这一发展策略获得了前所未有的活力。AP1000 的引进把我国核电推到了世界核电发展的前沿，我国核电在引进、消化、吸收基础上的再创新有了机遇难得的高起点。我国核电的技术体系与管理机制已经为新的腾飞作好准备。我国核电的前景将更加壮丽、更加光明。

3 非能动技术使核电安全理念向简单回归

1942 年 10 月，费米在芝加哥大学一个废弃橄榄球场的西看台下建立的世界上第一座反应堆 CP-1（芝加哥 1 号堆），分散地配置了三类控制棒，一类用于反应性粗调，一类用于反应性细调，还有一类是能自动释放而从堆外落入堆内的安全棒。1942 年 12 月 2 日，在费米的指挥下，历史上第一次自持链式裂变反应在 CP-1 上实现。CP-1 在不超过 1.5 瓦的功率下运行了 28 分钟，然后用安全棒实现了紧急停堆，由此宣告了原子时代的到来。CP-1 的安全系统是简单的，它的安全棒下落依赖重力。CP-1 中非能动自然力的应用与反应堆固有安全机制（缓发中子效应和负温度效应）相结合，为核能安全奠定了最原始、最重要的基础。

核电厂比试验反应堆要复杂得多。但是，建于 20 世纪 50 年代的奥勃宁斯克（Obnisk）和希平港（Shippingport）等第一代核电厂的安全系统仍然是简单的。早期压水堆主要的安全设施除了一套用于快速停堆的控制棒系统外，还设有一套后备的流体中子吸收剂系统用于手动停堆。核电厂在 20 世纪 60 年代进入商用开发阶段后，第二代核电厂的安全系统经历了从简单到复杂的漫长过程。在一系列标志性事件中，首先是

1962 年在美国联邦法规 10CFR100 中规定了厂址准则。而厂址准则的确定是以必须有安全壳为重要前提的。据此，安全壳和为安全壳提供喷淋、冷却、隔离、过滤、通风等功能的安全壳系统，以及关于事故概率、放射性源项、剂量限制等要求陆续进入核电厂建设的法定规范体系。紧接着，针对失水事故（LOCA）开展了大量研究，为避免堆芯熔化、安全壳超压破裂和放射性向环境释放，要求在核电厂中增设专设安全设施。特别是 1967 年以后，为确保压力壳完整性，开始对应急堆芯冷却系统（ECCS）实施改进，并在 1974 年发布了 ECCS 准则（10CFR50，附录 K）。1979 年三哩岛二号机组（TMI-2）由始发事件蒸汽发生器主给水丧失，叠加一系列人员操作失误和个别设备故障，引发小 LOCA 和堆芯部分熔化，导致 10CFR50 增补 TMI-2 后的安全要求，使核电厂引入诸如堆顶放气系统等新的设施与种种系统改进，以及进一步加强人因工程设计等多项对策。针对 70 年代曾经发生的未能紧急停堆的预计瞬态事件（ATWS），1984 年，NRC 在 10CFR50.62 中要求降低 ATWS 风险，又导致西屋压水堆配置 ATWS 缓解触发系统。1986 年，切尔诺贝利的核灾难再次向全世界敲响核安全的警钟。防止和缓解严重事故的一系列措施，例如自动卸压、防止氢爆、防止安全壳直接加热和早期失效、防止蒸汽爆炸、堆芯熔融物堆内保持或堆外捕集等，纷纷进入轻水堆安全系统，促进了核电厂从第二代向第三代的转化。

防止和缓解严重事故的专设设施绝大多数是核安全级的。如果沿着第二代核电发展过程中形成的定式，继续为这些设施配置核安全级的辅助系统，进行供电、供水和通风，必将造成第三代核电厂更趋复杂。先进轻水堆计划和 URD 的历史功绩首先在于把简单化作为新一代核电厂的设计哲理。AP600/AP1000 非能动安全理念在轻水堆工程领域引领了一场使整个安全系统简单化的革命。这一理念与简单化的设计思想已构成许多第三代+与第四代核能系统的设计基础。从这里可以看到，在核电厂从原型阶段发展到第二代、第三代，进一步走向第四代的过程中，核电安全设计经历着三个阶段的发展：从安全系统相对原始、相对简单的第一阶段，发展到以能动安全为主、安全系统日趋复杂的第二阶段，现在已开始进入以非能动安全为主、安全系统向简单回归的第三阶段。AP1000 在压水堆领域成了这个第三阶段的领头羊。正因为这样，把 AP1000 归入“第三代+”不能被看成是取宠于人的标签。

AP1000 尚无运行业绩。但是，AP1000 的非能动技术给核电厂安全性能和功能带来的改善是可以量化评估的。1975 年的 WASH-1400 报告用定量的概率风险评价（PRA）方法首开了核安全风险评估的先河。三哩岛事故的发生从反面支持了这份报告的主张。此后的相关研究在肯定这份报告的同时，克服了它的局限性，促使 PRA 方法走向成熟。三哩岛事故和切尔诺贝利事故后，PRA 方法的迅速发展已推动全球商用核电机组纷纷开展内部和外部始发事件的电厂独立验证，使 PRA 方法趋于完善。AP1000 的设计分析充分利用了 PRA 方法。AP1000 安全性的量化指标标志着核电安全进入了更加成熟、更有保障的新阶段。AP1000 非能动技术与模块化设计、建造技术相结合，大幅度提高了核电厂的可建造性、可运行性、可维护性。AP1000 在设计层次的成熟性，正在成功地转化为建造层次和运行层次的成熟性。由于采用非能动技术而大大增加了的操纵员可不干预时间，使先进核电厂的宽容性要求也将成为工程现实，为大幅度减少人因失误提供客观条件的保证。非能动技术还将使核电厂遭遇失去外部供电、供水的意外事件时仍能安全停堆和长时间导出衰变热，从而大幅度增强抵御外部干扰的能力。所有这些，把技术上更加先进、安全上更趋成熟、经济上更具潜力的新一代核电厂的基本特征充分展现了出来。诚然，先进非能动核电厂仍然是发展中的技术，将在不断解决种种新问题的实践过程中发展得更完善。不难理解，这一过程与整个核电发展史是一脉相承的。

4　模块化带来的设计建造简化改变了生产组织模式

模块化技术给核电厂设计建造带来的变化涉及生产组织的广泛领

域。这里仅就设计建造管理的一个核心问题——施工组织模式，以及由此派生的模块工厂化生产与现场拼装问题作简要说明与讨论，并通过设计建造一体化的四维虚拟验证对这些变化可能产生的效益作出评估。

4.1 施工组织模式

核电厂建造中的施工活动包括土建工程和安装工程两个大类。安装工程又分为机械设备与系统的安装，以及检测仪表与电气设备的安装。因此施工活动涉及土建、机械和电气三个专业。两个大类、三个专业通常又分属核岛、常规岛和 BOP 三个功能区，构成一个规模宏大的核电工程系统。

在传统的核电厂建造施工程序中，除了隐蔽工程、预埋管、预埋板及少数特殊设备需在土建施工时先安装就位外，通常是先土建施工，待厂房结构封顶后，再安排设备吊装就位和管线安装。采用模块化技术后，厂房土建施工和各类预制模块的就位必须同步进行，即当土建施工完成一个层面时，设置于该层面的各类模块必须吊装就位，土建才能继续施工。因此传统的“先土建后安装”的两阶段组织模式，在引入模块化技术后转变为土建与安装的界限趋于淡化的集约化组织模式。这种集约化组织模式是模块化建造模式与传统建造模式的优化组合，是对传统建造模式的改造。这种转变使施工设计与土建、安装、设备制造的接口关系，设备、材料的采购计划与调度，现场施工场地的统筹安排，施工网络计划的编制与控制等一系列环节的管理要求都发生了巨大变化。

在传统的施工组织模式中，施工设计为配合施工进度要求，首先应完成的是土建施工有关图纸，其余如电气、仪表等只需先给出预埋件图，而把安装施工图相应推后。在模块化建造中，现场土建施工和模块工厂加工与现场拼装是同步与交叉进行的，各工种的施工设计要齐头并进，因而设计管理的难度增大，开展施工设计的各项基本条件与先决条件的要求提高，特别是设备的设计和制造要满足模块加工的需要。

在传统的施工组织模式中，专用设备、阀门、泵、工艺管线、管件风管和电缆桥架等都委托专业制造厂加工，业主或安装单位分别采购后，在现场进行安装。在模块化建造中，生产关系改变了，通常把模块所包含的设备、工艺管道、管件风管、电缆桥架等采购后集中于模块加工厂，由它组装成模块。这样，从事模块加工的新型工厂就应运而生，成为模块化建造体系中的重要成员。

在传统的施工管理中，施工周转场地以考虑原材料堆放，以及部分大型预制件，如安全壳顶盖的安装周转为主。在采用模块化技术后，必须综合考虑部分结构模块的现场加工、制造场地，待装模块的储存场地和大型模块的拼装场地等不同需求，并且，大型吊装与运输设备的频繁使用，安全壳未封顶条件下的大量“开顶法”安装施工，对现场吊装条件和运输通道也有更高的要求，因此必须统筹安排。

采用模块化技术后，现场施工与模块加工、安装同步进行，同一模块同时包含传统土建和安装的物项，并行施工、交叉施工使模块内部接口增多，计划与控制的协同性要求更高，施工程序与网络计划必须作相应调整。设计建造一体化的四维虚拟系统为施工程序与网络计划的优化提供了强有力的支持。

4.2　模块的工厂化生产与现场拼装

模块的工厂化生产是施工组织模式转变的必然产物。过去功能相对单一的专业化设备制造厂已不能适应模块化生产的需要。新型的模块加工制造厂把相关的设备、管道、钢结构等集成在一个模块中，完成组装与焊接，以及相关的试验。因此，模块加工制造厂应具备如下条件：

（1）具备加工、制造各类钢结构的能力，有足够的空间安排模块的加工、储存和运输，有足够的起吊能力；

（2）具备各类设备、管道的安装能力，包括管道管件加工、焊接、检验及模块试验；

（3）对于核安全级模块，必须具备相应的制造资质，焊接、无损检验等应持有专项许可证；

（4）具备足够的设备、材料采购和管理能力，有健全的质量保证与质量控制体系。

模块的现场拼装在新的施工组织模式中具有特殊的重要性。AP1000 有几个大型结构模块的体积与质量都超出了模块加工制造厂的加工制造能力和吊运能力。典型的安全壳内部结构模块，包容换料水池、压力容器间和两个蒸汽发生器间，不仅重而庞大，而且外形复杂。核辅助厂房 5-6 区结构模块，质量更是达到 700 吨。这些大型模块必须分成多个能适应工厂加工和运输条件的分模块，如前者分成 40 个分模块，后者分成 31 个分模块。模块加工制造厂进行分模块的加工制造，然后运至现场拼装。在 AP1000 厂区总平面布置中，根据施工组织的特殊要求，在现场预留了大型模块的拼装场地。在现场把相关分模块按要求拼装成大型结构模块，用起吊能力达 2600 吨的现场大吊车，通过特设的宽 45 米的大件运输通道运至吊装位置并吊装就位。

4.3 设计建造一体化的四维虚拟验证

AP1000 通过非能动理念的应用，简化了系统，减少了设备，在提高电厂安全性的同时提高了可建造性。模块化技术的应用使现场施工和模块加工可同步进行，以缩短工程建造周期。在此基础上，为验证电厂设计的可建造性、进一步降低建造期的财务成本和合理安排现场施工组织管理，西屋公司在厂房布置设计采用三维设计的前提下，把设计产生的产品空间与建造时间过程结合在一起，创建了设计与建造一体化的四维虚拟系统。这一系统也得到 EPRI 的认可，证实了虚拟建造对制订核电厂建造施工计划有明显的效益。

AP1000 的设计建造一体化四维虚拟系统采用的工具是 Intergraph PDS，Intergraph Smart Plant Review（SPR）和 Primavera Project Planner（P3）。Intergraph Smart Plant Review 是一个模块化的、可扩展的、灵活的可视化软件，适用于对大型复杂流程和电厂三维模型进行交互式审查和分析。它把设计产生的图形集合在一起，形成厂房布置的动画漫游，帮助设计审查和改进、施工和维修，并可通过消隐和渲染、动态浏览，使设计与用户、与项目管理实现互动。它提供的全方位视图，表达十分清晰，能有效地审查工程布局，并且使用极为方便，可以在任何地点展示完整的工厂模型和相关数据。P3 是人们熟知的用于进度计划、动态控制、资源管理和成本控制的项目管理软件，现已发展为 P6（Primavera 6.0 或 Oracle Primavera P6）。

在 PDS 与 SPR 和 P3 工具组中，PDS 将厂房布置建成三维模型，SPR 从 PDS 中获取图形文件，将其组合成供审查的可视化文件，加载到 P3 进度表的各项活动中去，成为与设计同步的可成功演示整个施工过程的四维虚拟建造系统。这一系统可在建造工序中的任一节点，展示该节点应达到的三维状态。图 12-2 按优化的理想建造周期，依次给出了第 1、5、9、23、61、74、108、116 周八个时间节点的 AP1000 核岛建造进展。全过程的四维图像清晰地展示了模块化建造的逻辑顺序，为全面、直观地对设计和施工进行审查和调整创造了条件，为建造方案的可行性分析、设计安排的优缺点评估、优化决策提供了依据。

AP1000 的 4D 研究已证实，设计建造一体化虚拟系统的使用可以为核电厂的设计、审查、建造和施工进度管理带来明显的效益。这些效益主要体现在以下几方面：

（1）使设计审查与可建造性验证有机结合，把可能遇到的问题解决在现场施工之前；

（2）优化大型模块的钢结构组装与集成建造；

（3）建立优化的建造工序，避免待工、窝工，以缩短总的进度；

（4）对进度安排的准确性与可实现性进行验证，使工程进度得到有机协调；

（5）合理规定现场施工使用的设备器具与工艺流程，改进施工人员的培训和施工准备；

（6）增强核电厂投资者对实现预期目标的信心。

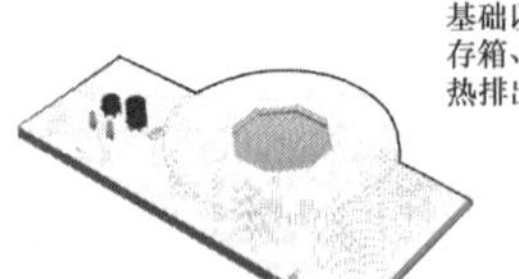
底座钢筋模块就位于地坪以下 12.04m的基岩垫层上，完成混凝土浇筑；辅助厂房基础以上部位已安装废物暂存箱、化学废水箱、正常余热排出泵等设备模块。

第 1 周时的 AP1000

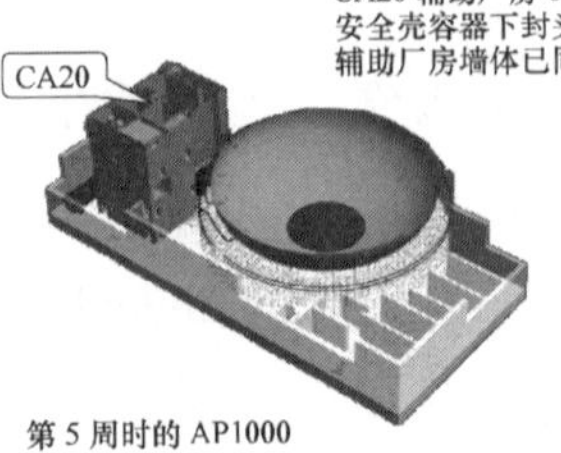

CA20 辅助厂房 6M 区域模块已就位；安全壳容器下封头已就位；辅助厂房墙体已同步向上浇筑。

第 5 周时的 AP1000

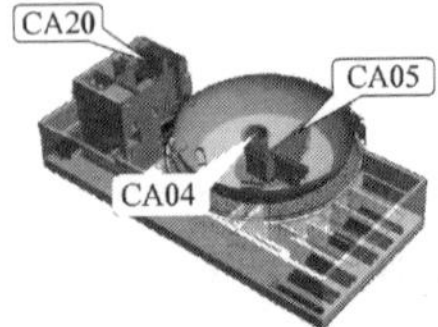

CA04 反应堆堆腔/反应堆冷却剂疏排水箱墙体模块已就位；CA05 化学和容积控制系统/出入通道/非能动堆芯冷却系统–B隔墙体模块已就位；辅助厂房内蓄电池架已部分就位。

第 9 周时的 AP1000

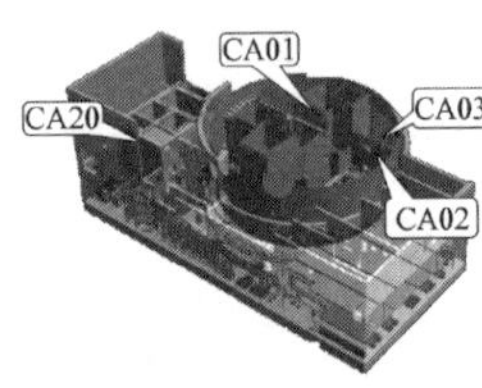

CA01蒸汽发生器与换料通道M模块已就位；CA02 安全壳内置换料水箱/稳压器墙体 M 模块已就位；CA03 安全壳内置换料水箱西南方向墙体 M 模块已就位；安全壳容器下部环段已就位；屏蔽厂房下部已开始浇筑；辅助厂房侧翼已安装乏燃料池冷却系统与三废系统的部分设备模块。

第 23 周时的 AP1000

安全壳容器中部和上部环段已就位；屏蔽厂房筒体部分已完成浇筑，冷却空气进风口（齿状结构）清晰可见；辅助厂房燃料池上空已封顶，其他部位墙体已达设计高度。

第 61 周时的 AP1000

环形吊车已就位；屏蔽厂房侧面烟囱已安装；辅助厂房已全部封顶。

第 74 周时的 AP1000

安全壳容器上封头已就位；屏蔽厂房锥形顶模块已就位。

第 108 周时的 AP1000

非能动安全壳冷却水箱已完成安装；屏蔽厂房构筑完工。

第 116 周时的 AP1000

图 12-2　虚拟系统中的核岛厂房模块化建造进展

（第 1、5、9、23、61、74、108、116 周）

5 结语

EPRI 在 2003 年 2 月 10 日发布的 AP1000 符合先进轻水堆用户要求文件的评估报告[3]中，作出了 AP1000 的设计与 ALWR URD（第三卷，第 8 次修订版）相符的结论，并指出了存在的 8 项偏离。这些偏离或者同 ALWR URD 第三卷未考虑的增大电厂规模有关，或者同 NRC 要求的变化有关，或者同现代工业实践涉及的某些细节和能力有关，或者同相对于燃气发电的经济性竞争目标有关。EPRI 的设计评估与 NRC 在 2004 年 9 月 13 日完成的设计认证审查，为 AP1000 设计的先进性和成熟性给出了最全面的描述。在美国，NRC 的设计认证（DC）和早期厂址批准（ESP）是新建核电厂取得建造和运行联合许可证（COL）的基本条件。取得最终 DC 证书是核电厂设计具有许可证成熟性的基本标志。

AP1000 的先进性和成熟性正在中国的大地上从蓝图变为现实，国际核电技术转型的大潮将由此及彼、澎湃推进。非能动安全技术与模块化建造技术带来的简单化理念及其实践，不仅深刻地影响着核电技术的发展方向，也深刻地影响着核电工程项目的管理模式与管理机制。这一章与第十一章的结合，可以作为更全面的基础，为先进核电厂工程项目构建一个更为完整的管理框架。

（本文取自孙汉虹、程平东等编著，耿其瑞等审阅的《第三代核电技术 AP1000》（中国电力出版社，2010 年 9 月第一版）的前言、第一章、第九章的部分内容。）

参考文献

[1] USNRC 51FR24643. Policy for Regulation of Advanced Nuclear Power Plants. 1986.

[2] 李鹰翔．国之光荣——秦山核电站建设者之歌．北京：原子能出版社，1992.

[3] EPRI 1007741. Assesment of AP1000 Conformance with the ALWR URD. 2003.

“我们现在能够把概率包括到物理学基本定律的表述之中。只要做到这一点，牛顿确定论就破产了；未来不再由过去所确定，过去与未来之间的对称性被打破了。”

——伊利亚·普利高津

第十三章 立足于现实 致力于发展

——关于概率安全的辩证法

中国不是美国。中国无需像美国那样不得不接受已有百余座二代机组正在运行的既成事实。中国虽然必须面对二代与三代技术共存60年以上而不是短短20年的现实，但是中国已建和在建核电机组的总数仍然不多，完全可以不再重复先让二代机组不加控制地任意膨胀而后再来整治的老路，完全可以在现在就从容有序地建立优化的机型结构并合理布局。“掷币警告”已为我们敲响辩证法的警钟。

1 引言

《核电工程与技术》在2009年第一期刊登了一篇题为“核电规模发展必须提高单堆机组的安全水平”的论文（简称“A文”）。发行不久，编辑部收到了针对A文表达不同见解的另一篇文章（以下简称“B文”）。作为负有责任的编辑人员，我不希望我们的期刊有误导公众之嫌。因此，我不仅支持发表各种负责任的见解，也响应B文的建议，提笔以个人名义在期刊第三期上参加核电概率安全问题的讨论，既是与同行们切磋，也希望起到抛砖引玉的作用。

2　法规要求与可比指标

我国核安全法规 HAF102《核动力厂设计安全规定》指出："核动力厂的安全设计适用以下原则：能导致高辐射剂量或大量放射性释放的核动力厂状态的发生概率极低，具有大的发生概率的核动力厂状态只有较小或者没有潜在的放射性后果"。为此，HAF102 要求对核动力厂设计进行全面的安全分析，即不仅进行确定论安全分析，还必须进行概率论安全分析。HAF102 在规定上述原则的同时，没有规定定量的概率安全目标，但是明确要求核动力厂的概率安全分析必须"核实是否符合概率目标（如果已有的话）"。显然，这括号中的"如果"二字为核电厂选择自己的概率安全目标留下了足够广阔的空间。但是，同样显然的是，某种选择如果背离了"极低"，又经不起"核实"，那么这种选择就不可能在法规给出的空间中站住脚。毫无疑问，任何选择都不能违背法规，更不能违背法规所体现的公众愿望和社会意志。否则为什么要用"极低"这样的措词，又要求通过概率安全分析来"核实"呢？

人们有理由提出这样的质疑：概率安全目标值低到什么程度才算"极低"？10^{-7} 与 10^{-8} 是"极低"，10^{-4} 与 10^{-5} 就不算"极低"？为便于讨论的展开，表 13-1 列出了几组可供比较的典型的定量指标。首先考察一下这些指标，对于全面理解和正确贯彻 HAF102 的原则应该是有帮助的。

表 13-1　　几组典型的概率安全指标

安全指标	堆芯损坏频率（CDF）（每堆年）	大量放射性释放频率（LRF）（每堆年）
NRC 目标	$\leqslant 10^{-4}$	$\leqslant 10^{-6}$
URD 要求	$\leqslant 10^{-5}$	$\leqslant 10^{-6}$
HAD102/17（新建电厂）	10^{-5}	10^{-6}
二代现役核电厂	$\sim 5\times10^{-5}$	（1～9）$\times10^{-6}$
EPR	1.18×10^{-6}	0.96×10^{-7}
AP1000	5.08×10^{-7}	5.94×10^{-8}

从表 13-1 可以看到，美国核管理委员会（NRC）为核电厂运行规定的概率安全基本目标有两个：每堆年发生堆芯损坏事件的频率（CDF）低于 10^{-4}，每堆年发生大量放射性释放事故的频率（LRF）低于 10^{-6}。这样的目标值是针对核电厂严重事故的，是从以下两个社会学指标导出的：“邻近核电厂的个人由于核电厂事故所导致的立即死亡风险不超过美国人所面临的其他事故所导致的立即死亡风险的总和的 0.1%”，以及“核电厂邻近区域人口由于核电厂运行导致癌症死亡的风险不超过其他全部原因所导致癌症死亡风险总和的 0.1%”。这两个 0.1%是美国公众能够接受的。NRC 据此导出的次级目标值的指导性意义可以作如下解读：CDF 为 10^{-4} 的核电机组是安全的，能在可接受的概率水平上保证任何运行反应堆不发生严重事故；但是，在一个特定的厂址，如果原本允许 10 座 LRF 平均值为 10^{-6} 的机组同时运行，那么，对于 CDF 为 10^{-4} 而 LRF 仅达 10^{-5} 的机组就只能允许 1 座，以保证该厂址总的 LRF 与前述 10 座等价。此外，人们合乎逻辑地可以进一步提出这样的问题：难道美国公众不希望把那两个 0.1%降为 0.01%，0.001%，甚至逼近零，也就是把核电厂严重事故可能造成的“立即死亡”和“癌症死亡”风险降到实际上可以忽略不计的程度？美国 NRC 批准以二代技术为主体的现役核电厂延寿至 60 年是基于前述现行指标。与此同时，美国以三代技术为主体的新建核电厂参照用户要求文件 URD 的推荐，把 CDF 和 LRF 两个概率安全目标值大幅度降低，何尝不是后一种驱动力所致？一方面，已有的，挖潜改进，继续存在，另一方面，新建的，升级换代，不断创新，用大约 20 年的时间完成旧的核电产业体系平滑过渡到新体系的转变，这不正是讲究实用主义的美国模式的明智之处吗？我国核安全监管部门对此并不迟钝。核安全导则 HAD102/17《核动力厂安全评价与验证》就在针对已有核动力厂向 NRC 要求看齐的同时，对新的核动力厂提出了向 URD 靠拢的目标（见表 13-1）。

从表 13-1 可以看到，URD 的 CDF 要求比 NRC 高了一个量级。URD 的一个历史性功绩是催生了一批像 AP1000 这样的先进轻水堆走向国际核电市场。AP1000 是非能动型先进轻水堆，建立了独具特色的核安全体系，它的设计充分体现了 URD 的要求，两个概率安全指标分别比现有二代核电厂下降了两个数量级。同样是第三代核电技术的 EPR，它的两个概率安全指标虽然与 AP1000 相比只差半个量级，但是在技术体系上则属于改进型先进轻水堆的范畴。AP1000 首先在我国建造，使我国有机会站在世界核电技术的制高点上，实现从第二代核电技术向第三代核电技术的过渡，创建我国全新的先进的核电产业体系。历史已降大任于我国核电界，我们不能掉以轻心，再入误区。

3 用 B 文推荐的模型可以描绘怎样的蓝图

B 文提出了“全国核严重事故概率总量”的概念，给出了推荐的我国核电发展模型。按照 B 文的定义，可以把这一概念写成如下形式：

$$P_{\mathrm{t}} = \sum_i n_i p_i \qquad (13\text{-}1)$$

式中，P_{t} 是全国核严重事故概率总量，n_i 是我国第 i 类核电机组的数量，p_i 是我国第 i 类核电机组的单堆堆芯损坏概率，i 是我国已建与拟建核电机组的类别编号。

在 B 文推荐的模型中，两个基本的约束条件是：

$$\sum_i n_i \leqslant 400 \qquad (13\text{-}2)$$

$$P_{\mathrm{t}}^{s} \leqslant 2\times10^{-2}\text{每年} \qquad (13\text{-}3)$$

B 文明确指出，式（13-2）在我国是“合理现实”的，式（13-3）对我国“可以说是一个既合理可行，又有前瞻性和足够裕量的限值”。为标明是限值，式（13-3）中的符号 P_{t} 加了肩标 s。当然，式（13-3）中用的单位“每年”表明这里已是事件的发生频率，而且限定为“堆芯损坏（CD）”。虽然从关于公众健康与安全的两个社会学指标直接导出的是 LRF，但是，由于同一类机组的 LRF 通常比 CDF 低一个量级（见表 13-1），这样的限定可以不认为是失之片面的。另外，B 文作者也是知道的，在他关注的问题中，约束条件式（13-2）将使式（13-1）给出的结果带有可察觉的近似性。当然，这里的近似在 B 文关注的范围内是许可的。

那么，由式（13-1）～式（13-3）建立的模型究竟为我国核电描绘了一幅怎样的发展蓝图呢？为了便于表述，不妨把我国已建与拟建核电机组分为两类，即 i=1 和 2，并假定：

$$p_1 = 1\times10^{-4}\text{每堆年} \tag{13-4}$$

$$p_2 = 5\times10^{-7}\text{每堆年} \tag{13-5}$$

这里，“1×10^{-4}”大体上用以代表二代技术，“5×10^{-7}”则可代表 AP1000。这里的假设与 B 文的关注重点并无二致。

利用式（13-1）～式（13-5），经过简单的四则运算，可以得到如表 13-2 所示的结果。表 13-2 中的 P_t^c 是 P_t 的计算值，用于同限值 P_t^S 比较。

表 13-2　　用式（13-1）～式（13-3）建立的模型评估“全国核严重事故概率总量”P_t

n_1	n_2	$\sum n_i$	P_t^c
400	0	400	$4\times10^{-2}=2P_t^S$ *
200	0	200	$2\times10^{-2}=P_t^S$
200	200	400	$2.01\times10^{-2}=1.005P_t^S$
199	200	399	$2\times10^{-2}=P_t^S$
0	400	400	$2\times10^{-4}=0.01P_t^S$

* 按离散事件概率的二项分布，$P_t^c=3.92\times10^{-2}=1.96P_t^S$。

从表 13-2 可以看到：

（1）如果我国全部已建与拟建核电机组都属单堆堆芯损坏概率为“1×10^{-4}”一类，那么 B 文推荐的模型已把我国已建和拟建核电机组的总数限制为 200 座。这与 B 文的“合理现实”的期望值 400 座相去甚远。这表明，我国核电必须引入堆芯损坏概率低得多的机组才能使可持续发展不会变成一句空话。

（2）如果“1×10^{-4}”类机组的总数从 200 座减为 199 座，把留出的一个空位用于建造 200 座“5×10^{-7}”类机组，那么，机组总数只比 400 座少一座，P_t 则可不突破 B 文提出的限值。

（3）如果仅有“5×10^{-7}”类反应堆，那么，400 座机组的 P_t^c 仅为限值的百分之一，这表明即使机组总数达到假想的 40000 座，P_t^c 也才刚刚达到 P_t^s。换言之，如果现实数量的“5×10^{-7}”类机组按累计运行达假想的 40000 堆年预测，每年发生堆芯损坏的概率仍然满足 B 文建议的限值。当然，B 文在这里的“累计运行”之前是不能轻易外加“已”字的。因为“已累计运行”只适用于已发生的既成事实，与这里的概率预测风马牛不相及。

从表 13-2 给出的结果不难进一步作出以下推论，并由此构思不同的发展蓝图：

如果把 P_t^s 缩小为 1×10^{-2} 每年，那么，“1×10^{-4}”类机组的许可总量立刻下降为 100 座。反之，如果把 P_t^s 放大为 4×10^{-2} 每年，那么，“1×10^{-4}”类机组的许可总量就可上升为 400 座。这种数字变换 B 文作者也许没有做过。当然，B 文说了，把 P_t^s 取为 2×10^{-2} 每年，只是举例。

既然是举例，就不妨先把这个限值取为 1×10^{-2} 每年，也就是在所有被考察机组都运行 100 年的假想情景中把“百有一失”的概率从 86.74% 降为 63.40%。从以下的推算可以看到，这不会失之过严。

如果 P_t^s 取为 1×10^{-2} 每年，那么，在“只此一家，别无他号”的条件下，“1×10^{-4}”类机组的总数就不能超过 100 座。当然，基于技术改进，我国二代核电机组的 CDF 可降为 5×10^{-5} 每堆年。即使这样，它的总数也不允许突破 200 座。顺着这个思路，我认为把 P_t^s 进一步改成 1×10^{-3} 每年更为恰当，这相当于在大约是 63%“可能性”的同等意义上，把严重事故“百年一遇”降为“千年一遇”。如果这样，那么 CDF 为 5×10^{-5} 每堆年的改进型二代机组至多只能有 20 座。

表 13-3 把上述推论过程进行了归纳。在 P_t^s 取值 1×10^{-3} 每年的条件下，二代机组可建造总数仅为 10～20 座。这似乎过于苛刻了。是的，100 年是假想的，但是，60 年却是可预期的。遵循考虑机组总量的相同逻辑，人们不难推算，对于预期寿命为 60 年的一大批核电机组，如果 P_t 取值 1×10^{-2} 每年，那么在 60 年运行期内不发生严重事故的可能性仅达

54.88%，这种“正”与“反”的概率几乎对半分的情景已与掷币博弈相差无几，还能算是可接受的安全预期吗？这是对二代机组限制发展数量、提高单堆安全水平的明确警告。为了鲜明地肯定它的警示作用，在这里我把它称为关于核安全的“掷币警告”。诚然，我国核电发展到今天的现实情况已使“5×10^{-5}”类机组限定在不超过 20 座成为不可能。人们不得不对二代机组的建设规模在 20 座与 200 座之间寻求折中，人们也有必要在“百年一遇”和“千年一遇”的设计思想之间作出抉择。

表 13-3　　由不同 P_t^s 值限定的二代机组可建造总数

P_t^S 值（每年）	CDF 目标值（每堆年）	
	1×10^{-4}	5×10^{-5}
2×10^{-2}	200	400
1×10^{-2}	100	200
1×10^{-3}	10	20

资本的本性会驱使人们疯狂地冲击理性的束缚。这时，公权力的干预就变得不可缺少了。核电大发展所激发的核电圈地运动如果是为“1×10^{-4}”或“5×10^{-5}”抢地盘，那么，这决不是中国核电的福音。

现实生活本身就是一个或然世界。因此，人们无需从或然世界“回到”现实生活，而是必须正视现实生活的或然性本质。或然性与确定性的相互依存，就像太阳下的形与影那样不可分离。

幸运的是，我国的核电资本是由社会主义的国有企业运作的。有效的公权力集中存在于这些企业和他们的主管机关中。应该不难通过科学的规划与和谐的协调，在适度建造二代机组与积极推进换代创新之间找到符合我国国情的结合点。中国不是美国。中国无需像美国那样不得不接受已有百余座二代机组正在运行的既成事实。中国虽然必须面对二代与三代技术共存 60 年以上而不是短短 20 年的现实，但是中国已建与在建核电机组的总数仍然不多，完全可以不再重复先让二代机组不加控制地任意膨胀而后再来整治的老路，完全可以在现在就从容有序地建立优化的机型结构并合理布局。毋庸讳言，这正是我国核电发展规划中迫切需要反复审视与妥善处理的战略性课题。

4　优化结合点，共谋大发展

至此，前面所作的讨论都集中在种种极限状况。在这些极限中，包含着明显的“排他性”和机械论色彩。但是，现实世界是客观的。虽然40000座“5×10^{-7}”类机组与200座“1×10^{-4}”类或400座“5×10^{-5}”类机组对“全国核严重事故概率总量”的贡献是相当的，但是既不可能用尚处于起步阶段的“5×10^{-7}”去排斥已成定势的“1×10^{-4}”或“5×10^{-5}”的存在，也不允许由“1×10^{-4}”或“5×10^{-5}”包打天下。同样，机械地看待“1×10^{-4}”、“5×10^{-5}”和“5×10^{-7}”也是与实事求是相悖的。二代机组可以改进，它的CDF不仅有继续存在的合理空间，也有有所下降而适度扩大自己空间的余地。“5×10^{-7}”是AP1000概率安全评价的科学结论，是经受了“核实”的。AP1000及其后续发展正在从蓝图变成现实。但是，建设的道路不会平坦，人们必须有付出艰辛劳动与应对各种潜在风险的充分准备。“5×10^{-7}”仍然不是尽头。核安全毕竟与出门预防下雨有天壤之别，人们希望的是严重事故的发生概率随技术进步而不断降低，合理可行尽量低。我想，这就是“极低”二字的本质内涵吧。我们知道，把严重事故发生的可能性降到不需要任何场外应急的程度正是第四代核能系统或者说更先进核能系统追求的一个重要目标。

如果关于核安全的“掷币警告”能被接受，按照“千年一遇”的设计思想，也就是把我国全部已建与拟建核电机组关于堆芯损坏频率的基本概率安全目标设定为总量不超过1×10^{-3}每年，那么，对于适度发展二代改进型机组与积极开发非能动型先进机组的有机结合，就可以提出以下设想：

（1）二代改进型机组的CDF目标值按HAD102/17对新建电厂提出的期望向1×10^{-5}每堆年靠拢，用提高单堆安全水平换取更大的发展空间。

显然，二代机组的建设总量能在多大程度上超过 20 座，取决于有多少二代改进型机组能在多大程度上达到 10^{-5} 的水平并经得起“核实”。表 13-3 的结果已经预示，如果所有二代机组的 CDF 都达到 1×10^{-5}，那么，限额将是 100 座。

（2）由于 20 座“5×10^{-7}”类机组与 1 座“1×10^{-5}”类机组对“全国核严重事故概率总量”的贡献相当，因此，只要少建 10 座“1×10^{-5}”类机组就可为“5×10^{-7}”类机组留出 200 座的发展空间。这个结合点的简单表述就是：90 座“1×10^{-5}”类机组加 200 座“5×10^{-7}”类机组构成 $P_t=1\times10^{-3}$ 每年，使 60 年运行期全国发生一次堆芯损坏严重事故的概率降为约 5.8%。这样，具有上述构成的全部核电机组在其运行期内不发生任何严重事故的可能性就将接近 95%，公众的核安全预期就可大幅度提升。

（3）在上述结合点中，占总数略低于 1/3 的 90 座“1×10^{-5}”类机组对 P_t 的贡献率达 90%。因此，在满足近期需求的框架内，二代机组的发展以“宁肯少些，力求好些”，“宁肯慢些，力求稳些”为妥。不要急于过多过快地重复翻版，把更多精力放在改进创新上会得到更大成效。

（4）在上述结合点中，占总数略高于 2/3 的 200 座“5×10^{-7}”类机组对 P_t 的贡献率仅为 10%，60 年运行期内不发生任何严重事故的可能性达到 99%以上。因此，无论在满足近期需求还是中长期需求的意义上，非能动型先进机组都有极为广阔的发展空间。面对巨大的需求压力，既要加紧工作，又要从容应对，把建设、研发、创新的每一个环节都扎实地搞好，做到不负众望。

冗长的分析不过是在不断重复同一个简单逻辑。或许这是不得已的、不必要的。但是，在一定时期内有控制地适度新建二代机组与积极稳步地推进非能动型先进核电的开发建设是我国核电界的共同任务。优化结合点，共谋大发展，是我国核电界的共同愿望。

5 结语

兄弟提携，登高望远，沧海桑田是正道。我国核电新时代的光明前景已经展现在世人面前，我们既要防止心浮气躁，也有必要把一切芥蒂统统抛掉，敞开胸怀，义无反顾地投身变革。

公众对核安全有更高的期待，这是由核风险的特殊性决定的。追求更低的严重事故概率是为了最大限度地降低甚至彻底消除公众对核风险的担忧，这是我们核电人的社会责任。

（原文发表于《核电工程与技术》Vol.22，No.3，2009 年 9 月，作者：程平东）

附录　积极的安全文化

2009 年 11 月，美国核管会（NRC）在进一步总结核事故经验教训的基础上，在一个把核保安（Nuclear Security）与核安全融合为一体的核安全体系中提出了“积极的安全文化”（Positive Safety Culture）的概念。当时公布的是《安全文化政策声明草案》（NRC-2009-0485），经过预定 90 天、延长 30 天的征询公众意见并进行评估之后，形成了《安全文化政策声明修正案》；再经过 30 天征询公众意见并进行评估与表决后，推出了《安全文化政策声明最终案》（NRC-2010-0282），并于 2011 年 1 月发布。

根据 NRC-2010-0282 的定义，积极的安全文化有以下 9 个特征：

（1）领导层的安全准绳与行动——领导以决策和行为履行安全承诺。

（2）问题的发现和解决——迅速找出可能影响安全的问题，全面评估，并依其严重性及时解决和纠正。

（3）个人责任——任何个人都对安全负有个人责任。

（4）工作流程——按流程对工作实行统筹和管控，使安全得到维护。

（5）不断学习——寻求和利用机会，学习如何确保安全。

（6）促进关注的氛围——维持一个具有自觉安全意识的工作氛围，工作人员可自由提出安全方面的关注，而无需担心遭受报复、恐吓、骚扰和歧视。

（7）有效的安全交流——交流内容始终围绕安全。

（8）相互尊重的工作环境——组织内充满信任和尊重。

（9）质疑的态度——人人都避免自满，对现状和活动不断提出疑问，以找出可能导致错误或不当行为的偏差。

后　　记

——绝对零风险与逼近零风险

在本书完成编撰、送交出版社审查的过程中，福岛核事故发生了。本书文稿的成文时间都在福岛核事故发生之前，似乎与认识和评估这次事故无关。但是，事态的发展很快表明，书中包含的哲理对于吸取事故教训、审视核电走向是有价值的。因此，我们决定尽快推出此书，并在书的前端增加了题记以及中国核能行业协会理事长张华祝先生撰写的序言，在书的末端则增加了附录“积极的安全文化”以及这篇后记。

福岛核事故震惊了世界。奥地利等一贯反对核电的国家更加坚定了反核立场，德国、瑞士等有核国家宣布了“弃核”计划，意大利重启核电的方案在全民公投中遭否决。但是，法国总理菲永认为，完全放弃核电是“乌托邦”式的想法；国际原子能机构总干事天野之弥则明确指出，对待核能应从长计议，因为在全球气候变暖的今天，在排放温室气体方面，相对清洁的核能对于很多国家而言有着重要的作用。我国在全面检查在役与在建核电厂、暂停审批/核准新项目的同时，明确表示发展核电的方针不变，但要制定新的核安全规划、调整原定的项目安排。日本首相则在 7 月 13 日发表“去核”宣言的第三天，又声明这仅仅是“个人见解”，是希望减少对核能的“依赖”。——福岛核事故把全球推入了一场关于核理念、核政策的大考试。

福岛事件是大自然强加给人类的一次无法在任何实验构想中演绎的大试验，展示了外部超设计基准事件引发核电厂严重事故的全景式过程与情景，揭露了现代科技成就中潜在的设计危险因素的巨大破坏力，撕下了资本利益链催生的管理危险因素的层层面纱。但是，这一次大试验恰恰从正面与反面、从现象到本质验证了核安全是可认识、可驾驭、可实现的，也给事故当局的监管缺位以当头棒喝，警告管理者要做老实人、说老实话、办老实事。

在核安全领域，核能界追求的“天然安全”（Natural Safety）也许能达到“绝对零风险”的理想状态。但是，通过彻底放弃核电使“理想状态”一蹴而就，并不是一种普遍可接受的选择。通过持续不断的技术进步，从能动安全走向固有安全，向“绝对零风险”逼近才是正道。从秦山—恰希玛到 AP1000，再从具有固有安全特性的非能动系列反应堆到第四代、第五代核能系统，正是向理想状态逼近的可行的路线图。什么是“逼近”？逼近，讲的是方法与路径、理念与追求、精神与意志。“逼近零风险”，是核安全领域的科学发展观。

本书第六章曾详尽地描述了上海核工程研究设计院在秦山—恰希玛时期形成的对员工素养的基本要求。在向核安全终极目标进军的历史性过程中，献身奋斗的精神、求索质疑的态度、严谨科学的方法、互助合作的习惯，仍然可以是有效管理的工具。2011 年 1 月，美国核管会在最新发布的安全文化政策声明中定义的“积极的安全文化”，对“领导层的安全准绳与行动”、“问题的发现与解决”、“有效的安全交流”、“质疑的态度”等 9 个特征所作的界定，是对核安全文化的进一步归纳，也是核安全管理中的行动纲领。它似乎在潜意识中预感到了某种事态的缘由。正是种种现实的事态，一再证明安全文化是核电事业科学发展的灵魂与支柱，是渗透在纵深防御体系中的第 6 屏障。

作　者

2011 年 7 月